机车新技术 第四版

主　编◎张中央　李益民
副主编◎江利国　何成才　刘敏军
主　审◎李　霞

西南交通大学出版社
·成　都·

内 容 简 介

本书共计七章，主要内容包括：① 铁道牵引动力技术发展概况及发展动向，我国新型内燃机车、电力机车简介；② 高速铁路及重载运输的最新发展情况和关键技术应用，国内外高速动车组简介；③ 机车走行技术的最新发展情况，高速客运机车、动车组走行部的结构特点，机车径向转向架的基本结构等；④ 轨道交通牵引传动与控制技术的最新进展情况和应用；⑤ 车载计算机控制系统的基本组成、功能与故障应急处理；⑥ 以我国自行研发装车应用的 DK-2 型制动机为例，介绍了机车制动新技术；⑦ 我国铁路机车、动车组最新监控诊断技术和主要新型行车安全装备的组成、特点及应用。

本书可作为职业院校铁道机车专业的教学用书，也可作为铁路部门的职工培训教材及现场工程技术人员的学习资料，还可作为应用型本科相关专业的教学参考用书。

图书在版编目（CIP）数据

机车新技术 / 张中央，李益民主编. -- 4 版. --成都：西南交通大学出版社，2023.1（2014.1 重印）
ISBN 978-7-5643-9141-6

Ⅰ. ①机… Ⅱ. ①张… ②李… Ⅲ. ①机车－高技术 Ⅳ. ①U26

中国版本图书馆 CIP 数据核字（2022）第 255229 号

Jiche Xin Jishu
机 车 新 技 术
（第四版）
主编　张中央　李益民

责任编辑　张华敏
特邀编辑　唐建明　杨开春　陈正余
封面设计　何东琳设计工作室

出版发行　西南交通大学出版社
（四川省成都市二环路北一段 111 号
西南交通大学创新大厦 21 楼）
邮政编码　610031
营销部电话　028-87600564
官网　http://www.xnjdcbs.com
印刷　成都勤德印务有限公司

成品尺寸　185 mm × 260 mm
印张　13
字数　326 千
版次　2009 年 6 月第 1 版　2014 年 8 月第 2 版
2017 年 2 月第 3 版　2023 年 1 月第 4 版
印次　2024 年 1 月第 14 次
定价　42.00 元
书号　ISBN 978-7-5643-9141-6

课件咨询电话：028-81435775
图书如有印装质量问题　本社负责退换

第四版前言

从21世纪初至今这二十几年间，特别是中国特色社会主义进入新时代以来，我国铁路建设取得了令人瞩目的成就：技术装备快速升级换代；牵引动力实现了从交直传动到交流传动的飞跃；运载工具实现了从普通列车到优质空调列车再到高速动车组的飞跃。在“引进先进技术，联合设计生产，打造中国品牌”的发展战略思想指导下，更是带动了铁路牵引动力领域以高速动车组和大功率交流传动机车为引领的铁路牵引动力技术的巨大进步与飞跃，以大功率交流传动技术、计算机网络控制及监控诊断技术、新型行车安全装备、新型制动技术、高速转向架和径向转向架技术、直驱转向架等为代表的牵引动力领域典型新技术，已融入我国铁路技术装备中。

为了让我国铁路机务从业人员能方便地学习新知识、新技术，及时掌握和了解铁路新型技术装备的技术特点和应用，提高他们的专业综合素质，以适应铁路行业快速发展的需要，我们于2009年编写出版了《机车新技术》一书。《机车新技术》的内容紧跟国内外铁路牵引动力技术发展的最新动态，较好地反映了国内外铁路技术的发展水平及铁路新型牵引动力的技术特点，一经推出便受到好评，影响广泛。随着我国铁路技术的不断发展，为了使本书内容与时俱进，我们在收集牵引动力领域新技术、新知识，并依据读者反馈意见的基础上，分别于2014年和2017年对《机车新技术》进行了两次修订，推出了第二版和第三版。如今，我国铁路建设全面进入“十四五”新发展阶段，我国已成为当今世界铁路商业运营速度最高的国家，为了让读者及时了解我国铁路技术尤其是牵引动力技术发展的新水平、新趋势，我们再次全面收集了相关技术资料，对《机车新技术》的内容进行第四次修订。

《机车新技术》（第四版）在第三版的基础上，对各个章节的内容进行了更新，如第四章（现代轨道交通牵引传动与控制技术）和第七章（列车监控诊断与新型行车安全设备），增加了我国自主研发拥有自主知识产权的复兴号动车组、复兴型机车的相关新技术内容；同时，对第三版中的“机车柴油机的优化技术”这部分内容不再保留。全书内容主要包括：① 国内外内燃机车及电力机车的技术发展概况，近年来我国自主和引进技术研发的新型内燃、电力机车和动车组；② 针对当前我国铁路客运高速、货运重载的发展情况，介绍了国内外高速铁路及重载运输发展的最新进展情况和关键技术应用；③ 机车走行技术的最新发展情况，高速客运机车、动车组走行部的结构特点、机车径向转向架的基本结构等；④从车载大功率交流牵引传动系统的应用特点出发，介绍了大功率牵引传动系统在实际工程应用中的诸多技术难题和核心技术的最新进展情况；⑤ 车载计算机控制系统是机车、动车组实现网络信息化控制、监控诊断的基础，本书介绍了其基本原理、结构与故障应急处理；⑥ 介绍了机车制动新技术及我国自行研发装车应用的 DK-2 型制动机；⑦介绍了我国铁路机车、动车组最新监控诊断技术和主要新型行车安全装备的组成、特点及应用。

本书可作为职业院校铁路机车专业的教学用书，也可作为铁路职工培训教材，同时可供铁路现场工程技术人员和管理人员学习参考。

本书由郑州铁路职业技术学院张中央、西安铁路职业技术学院李益民任主编，湖南铁路科技职业技术学院江利国、武汉铁路职业技术学院何成才、华东交通大学职业技术学院刘敏军任副主编，特邀请中国铁路郑州局集团有限公司机务部朱军、赵永锋、杨勇加入教材编写团队。具体编写分工如下：张中央编写第一章、第四章；刘敏军、杨勇编写第二章；李益民编写第三章；何成才、朱军编写第五章；郑州铁路职业技术学院马金法编写第六章；江利国、赵永锋编写第七章。全书由张中央统稿，由中国铁路郑州局集团有限公司洛阳机务段教授级高级工程师李霞主审。

在编写本书的过程中，得到了许多铁路院校领导和老师的大力支持与帮助，特此致谢，同时对本书参考文献中的作者也表示感谢。

现代科技发展日新月异，国内外铁路牵引动力在技术上和运用上发展很快，先进技术和工艺、新机型和新装备不断涌现，由于我们掌握资料和信息有限，不能将其全部囊括书中，敬请读者谅解；同时请广大读者提出宝贵意见，以期再次修订时更正与完善。

编　者

2022 年 10 月

目　　录

第一章 铁道牵引动力发展概况及趋势

第一节 我国内燃机车发展概况及内燃机车发展新动向

一、我国内燃机车发展概况

1958 年 9 月 9 日，北京长辛店机车车辆厂制造成功了我国第一台内燃机车，掀开了中国内燃机车发展的新篇章。经过 60 多年来几代人上下同心协力的艰苦拼搏，我国内燃机车的发展取得了举世瞩目的成就。我国内燃机车工业至今共设计、制造了 4 代产品，累计生产了 17 000 多台内燃机车。批量生产的货运内燃机车有 DF_{4B}、DF_{4C}、DF_{4D}、DF_{4E}、DF_{6}、DF_{8}、DF_{8B}、DF_{10} 等型号，客运内燃机车有 DF_{4D}、DF_{9} 和 DF_{11} 等型号。目前，我国已经建立了完整的、实力雄厚的、有很高技术水平的内燃机车工业，能够批量制造内燃机车的主要工厂有 5 家：大连机车车辆有限公司（原大连机车车辆厂，以下简称大连厂）、二七机车厂有限公司（原二七机车厂，以下简称二七厂）、资阳机车有限公司（原资阳内燃机车厂，以下简称资阳厂）、戚墅堰机车车辆厂（以下简称戚墅堰厂）和四方机车车辆股份有限公司（原四方机车车辆厂，以下简称四方厂）。此外，还有大同电力机车有限责任公司（原大同机车厂，以下简称大同厂）、唐山机车车辆厂、济南机车车辆厂、长春机车车辆厂、成都机车车辆厂和沈阳机车车辆有限责任公司等企业。

回顾我国内燃机车 60 多年来的发展历程，大体可以分为以下几个阶段。

1. 早期内燃机车样车的试制（试验）**阶段**（1958—1963 年）

我国内燃机车的设计起始于 1958 年 2 月。当时，由国家技术委员会、一机部和铁道部等相关单位商讨了试制双节 2 940 kW（4 000 马力）货运内燃机车的工作，制订了试制技术任务书。从 1958 年 6 月至 1959 年 4 月，有 4 家工厂在相关科研院所及高等院校的协助下，利用军用发动机和仿制的国外柴油机，克服了柴油机和传动装置匹配方面的技术难题，在很短的时间内，先后试制出了建设型电传动调车内燃机车、巨龙型电传动货运内燃机车、先行型电传动客货两用干线内燃机车、卫星型液力传动客运内燃机车 4 种内燃机车和 1 种 DF 型液力内燃动车组（当时称为摩托车）。

早期试制的内燃机车的主要特点是：① 柴油机基本上仿制国外产品；② 采用直流电传动和液力传动；③ 技术性能和可靠性较差。

2. 第一代内燃机车的仿制阶段（1964—1968年）

（1）DF型直流电传动货运内燃机车。1964年，在巨龙型电传动货运内燃机车的基础上，我国研制出了属于第一代产品的DF型电传动货运内燃机车，并投入了批量生产。该型机车的柴油机经过改进，其装车功率调整为1 320 kW。至1984年停产时，我国共生产了该型机车706台，运用至2005年全部报废。

（2）DFH_1型液力传动客运内燃机车。1965年，四方厂在对卫星型机车进行大量试验改进的基础上，研制出了比较成熟的DFH_1型液力传动客运内燃机车，并投入了批量生产。该型机车装用了四方厂自制的12V175Z型高速柴油机。至1972年，我国共制造了该型机车106台，运用至1998年全部报废。

作为第一代内燃机车，除了上述有代表性的以外，还有其他机车制造厂批量生产的电传动DF_2型调车机车、DF_3型客运机车、液力传动红星型调车机车以及试制的液力传动飞龙型货运机车等。

第一代内燃机车的特点是：① 柴油机基本上是仿制产品，采用自主设计的电传动装置或液力传动装置；② 技术性能和可靠性较早期试制的机车有一定提高，可以有效地投入铁路牵引作业。

3. 第二代内燃机车的自主开发阶段（1966—1988年）

1966—1979年，我国先后研制出了5种新型机车柴油机。1966年8月，大连厂首先自主研制出“新中速”柴油机——16V240ZJ型柴油机。此后，二七厂、四方厂和资阳厂分别自主研制出12V240ZJ型中速柴油机、12V180ZJ型和16V200Z型高速柴油机。1979年5月，戚墅堰厂研制出16V280型柴油机。我国铁路工业从此具备了研制国产第二代内燃机车的条件。

（1）DF_4型交直流电传动货运内燃机车。1969年9月，大连厂研制出完全自主设计的2 940 kW DF_4型交直流电传动内燃机车。该型机车装用了自主开发的“新中速”柴油机——16V240ZJ型中速柴油机。随着实践经验的积累，该型柴油机的装车功率从最初的2 940 kW，先后调整为2 650 kW和2 430 kW。从此，国产内燃机车开始进入第二代产品的开发和生产时期。DF_4型机车及随后研制出的DF_{4B}、DF_{4C}和DF_{4E}型机车，逐渐成为我国铁路内燃牵引的主型机车。之后在DF_4型机车大修时，通过更换柴油机，DF_4型机车都改成了DF_{4B}型机车。

（2）北京型液力传动客运内燃机车。1971年8月，在已研制出的双机组4 410 kW北京型6001号机车的基础上，经过改进设计，二七厂研制出2 210 kW的北京型液力传动客运内燃机车。该型机车装用了该厂自主开发的12V240ZJ型中速柴油机。该型柴油机装车功率后来调整为1 985 kW。至1994年停产时，二七厂共生产了北京型机车372台，目前仍有142台机车在运用中。

（3）DFH_3型客运内燃机车。1971年11月，在已有的多种DFH型系列援外机车的基础上，四方厂研制出双机组1 985 kW的DFH_3型客运内燃机车。该型机车装用了2台12V180ZL型高速柴油机。

二七厂研制的北京型机车和四方厂研制的DFH_3型机车是我国铁路第二代主型客运内燃机车。

1977—1981 年，资阳厂在四方厂和戚墅堰厂的两种早期 DFH_4 型机车的基础上，通过改进生产出了 3 台 3 310 kW 的 DFH_4 型液力传动内燃机车，这是当时我国功率最大的内燃机车，由于技术政策的原因而未投入批量生产。

（4）DF_8 型交直流电传动货运内燃机车。1984 年 10 月，戚墅堰厂在自己开发的 16V280ZJ 型柴油机的基础上，研制出 3 310 kW 的 DF_8 型交直流电传动货运内燃机车。该型机车逐渐成为我国铁路重载牵引运输中的主力军。

作为第二代内燃机车，除了上述有代表性的外，另外还有多种用于窄轨铁路和工矿铁路的内燃机车，主要有 DF_5 系列、DF_7 系列、DFH_5 系列及 GKD 系列内燃机车。

第二代内燃机车的特点是：① 其柴油机完全是我国自主开发的产品，采用自主设计的交直流电传动装置或改进的液力传动装置；② 技术性能和可靠性有较大提高。

第二代电传动内燃机车的主要技术参数见表 1-1。

表 1-1　我国开发和生产的第二代电传动内燃机车的主要技术参数

机车型号		DF_{4B}	DF_{4C}	DF_{4E} 双机	DF_5	DF_7	DF_{7B}	DF_{7B} 双机	DF_{7C}	DF_{7D}	DF_8
制造厂		大连 资阳 大同	四方	四方 大连	二七	二七	二七	二七	二七	二七	戚墅堰
首台生产年份		1984	1985	1994	1984	1982	1990	1993	1991	1995	1984
轨距/mm		1 435	1 435	1 435	1 435	1 435	1 435	1 435	1 435	1 435	1 435
装车功率	/马力	3 300	3 600	2×3 300	1 650	2 000	2 500	2×2 500	2 000	2 500	4 500
	/kW	2 426	2 647	2×2 430	1 213	1 470	1 840	2×1 840	1 470	1 840	3 309
用途		货/客	货运	货运	调车	调车	调车	货运	调车	货运	货运
轴式		C_0-C_0	C_0-C_0	2(C_0-C_0)	C_0-C_0	C_0-C_0	C_0-C_0	2(C_0—C_0)	C_0-C_0	C_0-C_0	C_0-C_0
整备质量/t		138	138	2×138	135	135	135	2×138	135	138	138
轴重/t		23	23	23	22.5	22.5	22.5	23	22.5	23	23
最高速度（km/h）		100/120	100	100	80	100	100	100	100	100	100
传动方式		交直电	交直电	交直电	交直电	交直电	交直电	交直电	交直电	交直电	交直电
柴油机型号		16V 240ZJB	16V 240ZJC	16V 240ZJB	8240ZJ	12V 240ZJ1	12V 240ZJ7	12V 240ZJ7	12V 240ZJ6	12V 240ZJ6A	16V 280ZJ
缸径/mm		240	240	240	240	240	240	240	240	240	280
行程/mm		275	275	275	275	260	260	260	275	275	285
转速/(r/min)		1 000	1 000	1 000	1 000	1 000	1 000	1 000	1 000	1 000	1 000
机车轮周效率/%		33.9	32.4		31.0	31.5					

4. 第三代内燃机车的发展阶段（1989—1998 年）

自 1989 年起，我国在自主开发和与国外合作生产的 16V240ZJD 型、16V280ZJA 型柴油机的基础上，开始应用计算机控制技术开发出国产第三代内燃机车。

（1）DF$_{6}$ 型交直流电传动内燃机车。1989 年 1 月，利用与英国里卡多公司合作开发的新一代的 16V240ZJD 型柴油机，消化吸收了从美国进口的 ND$_{5}$ 型机车的技术，采用了与 GE 公司合作设计制造的计算机控制系统，开发出新一代 2 940 kW 的 DF$_{6}$ 型交直流电传动内燃机车。该型机车虽然只制造了 3 台，但却代表了我国第三代内燃机车的诞生。

（2）DF$_{11}$ 型准高速客运内燃机车。1992 年 12 月，我国利用与奥地利李斯特公司合作开发的新一代的 16V280ZJA 型柴油机，在 DF$_{9}$ 型机车的基础上，进一步开发出功率为 3 680 kW、最高速度达 170 km / h 的 DF$_{11}$ 型准高速客运内燃机车。该型机车的成功开发，为我国 1997 年 4 月 1 日开始的铁路第一次大提速做了准备。随着我国铁路提速的逐步实施，先后又开发出双节 DF$_{11Z}$ 型和 DF$_{11G}$ 型提速机车，为我国铁路 6 次大提速做出了重大贡献。

（3）DF$_{4D}$ 型提速客运内燃机车。1996 年 12 月，为满足 1997 年 4 月 1 日开始的铁路提速需要，大连厂专门开发出 DF$_{4D}$ 型提速客运内燃机车。该型机车最高速度开始为 132 km / h，后来提高到 145 km / h 和 170 km / h，并且根据铁路运输需要，利用不同缸数的 D 型柴油机，先后开发出多种调车机车和货运机车，形成了一个机车系列。目前，DF$_{4D}$ 系列机车约有 1 200 多台，同样为铁路提速做出了重大贡献。

（4）DF$_{8B}$ 型货运内燃机车。1997 年，为满足铁路重载牵引的需要，利用 16V280ZJA 型柴油机，戚墅堰厂开发出功率为 3 680 kW 的 DF$_{8B}$ 型货运内燃机车。机车轴重首次达 25 t。目前，这种机车的保有量为 800 多台。

2002 年 11 月，在 DF$_{8B}$ 型内燃机车的基础上，戚墅堰厂研制成功了 2 台可用于青藏铁路格拉段运行的雪域神舟号内燃机车。2006 年 3 月，又有 10 台青藏铁路用的 DF$_{8B}$ 型内燃机车交付格尔木机务段运用。

2006 年 2 月，二七厂制造了 3 台 2 200 kW 的 DF$_{7G}$ 型高原调车内燃机车交付青藏铁路运用。

值得指出的是，目前在非国家铁路上运用着大量的第二代和第三代内燃机车，既有各厂开发的多种 DF 系列和 GKD 系列交直流电传动内燃机车，也有自 1989 年起开发的 GK 系列液力传动内燃机车。

第三代内燃机车的特点是：① 柴油机主要是与国外合作开发的新型产品，采用自主设计的交直流电传动装置；② 采用计算机控制系统；③ 技术性能可与国外先进的同类产品媲美，可靠性有很大提高，在我国铁路六次大提速中起到了重要作用。

第三代电传动内燃机车的主要技术参数见表 1-2。

表 1-2　我国第三代电传动内燃机车的主要技术参数

机车型号		DF6	DF4D	DF8B	DF11
制造厂		大连	大连	戚墅堰	戚墅堰
首台生产年份/年		1 989	1 996	1 997	1 992
轨距 / mm		1 435	1 435	1 435	1 435
装车功率	/马力	4 000	4 000	5 000	4 910
	/ kW	2 940	2 940	3 680	3 610
用途		货运	客运	货运	客运
轴式		C_0-C_0	C_0-C_0	C_0-C_0	C_0-C_0
整备质量 / t		138	138	150	138
轴重 / t		23	23	25	23
最高速度 /(km / h)		118	140	100	160
传动方式		交直电	交直电	交直电	交直电
柴油机型号		16V240ZJD	16V240ZJD	16V280ZJA	16V280ZJA
缸径 / mm		240	240	280	280
行程 / mm		275	275	285	285
转速 /(r / min)		1 000	1 000	1 000	1 000
计算机控制系统		Intel80C186		计算机控制	计算机控制
机车轮周效率 / %		35.4		33.93	34.3

5. 第四代内燃机车的发展阶段（1999-2007）

20 世纪 90 年代末，我国立足独立自主、自主研发的发展思路，在内燃机车交流传动技术方面进行了大量探索和实践，成功研制出第一台交流电传动内燃机车，这标志着我国内燃机车进入了交流电传动时代。从此，我国内燃机车发展开始进入第四代。

（1）1999 年 9 月，四方机车车辆厂利用日本三菱公司的智能功率模块（IPM），成功研制出了我国第一台交流电传动内燃机车——1 324 kW 的 NJ1 型（捷力号）调车机车。

（2）2000 年 6 月，大连机车车辆厂利用西门子公司的 IGBT 功率模块，成功研制出了 2 台 2 940 kW 的 DF4DJ 型客货运交流电传动内燃机车。

（3）2001 年 11 月，资阳机车车辆厂利用株洲电力机车研究所的 GTO 功率模块，成功研制出了 4 000 kW 的 DF8BJ 型货运交流电传动内燃机车。

（4）2003 年 2 月，戚墅堰机车车辆厂利用庞巴迪公司的 IGBT 功率模块，成功研制出了 4 410 kW 的 DF8CJ 型货运交流电传动内燃机车。

（6）2003 年 10 月，二七机车车辆厂利用株洲电力机车研究所的 IGBT 功率模块，成功研制出了 2 200 kW 的 DF_{7J} 型交流电传动调车内燃机车。

（7）2005 年，大连机车车辆厂为马来西亚提供了 20 台 2 580 kW 的 CKD_{8E} 型交流电传动内燃机车。这是我国首批出口的交流电传动内燃机车。

（8）2006 年，利用美国 Caterpillar 公司的 Cat 3616 型中速柴油机，资阳机车车辆厂成功研制出了 4 780 kW 的 DF_{8DJ} 型交流电传动内燃机车。这是当时世界上功率最大的交流电传动内燃机车。

2008 年以来，我国内燃机车应用 IGBT 变流器技术，实现了交流传动技术国产化。在继承以往成功经验的基础上，不断吸收世界先进内燃机车制造技术，形成了我国第五代大功率交流传功内燃机车自主品牌，相继推出“和谐”系列、“复兴”系列内燃机车，其单机功率、采油机燃油技术、整车网络控制技术、稳定性、安全性、节能环保技术等均达到世界先进水平。

二、我国内燃机车发展展望

目前我国国家铁路以发展电力牵引为主，主要干线要求实现电气化。但是应当看到：许多二级干线、支线铁路、专用线和其他铁路（地方铁路、工矿铁路和合资铁路等），以及大量的调车小运转作业，仍然要大量采用内燃机车，所以，在未来我国铁路机车总保有量中，内燃机车仍会占有较大的比例。另外，由于中车集团公司和各机车制造工厂的努力，我国内燃机车产品在国际市场上已经占有了一席之地，并且有进一步扩大市场份额的趋势。所以，我国内燃机车仍然具有相当大的发展空间，前景看好，内燃机车技术也进入第五代。

2008 年 7 月，由大连机车车辆公司与美国 EMD 内燃机车公司联合设计生产的“和谐内 3”型（HX_N3 型）6 000 马力（4660 kW）大功率交流传动内燃机车在大连正式下线；同年 9 月，戚墅堰机车车辆公司与美国 GE 公司联合设计制造的“和谐内 5”型（HX_N5 型）6 000 马力大功率交流传动内燃机车也正式下线。近年来，HX_N3B、HX_N5B、HX_N6、HXN3C、HXN5C、FXN3 等内燃机车陆续研发成功投入运用，这是我国在 21 世纪研发生产的新一代具有世界先进水平的大功率交流传动内燃机车。

为响应“双碳”战略目标，我国新近研发了 FXN3 混合动力内燃机车，动力源由动力电池组、柴油发电机组共同组成，优先采用动力电池组提供动力，具有经济、节能、环保等特点，实现了绿色低碳、节能环保的发展目标。

三、内燃机车最新发展动向

美国内燃机车技术发展很快，其技术水平可以代表国外内燃机车的先进水平。20 世纪 90 年代，美国内燃机车技术的发展水平主要体现在机车功率大幅度提高，出现了功率达 4 632 kW 的内燃机车。随着三相交流传动技术在内燃机车上的成功应用，试制生产单发动机大功率内燃机车的条件逐渐成熟，于是美国的内燃机车主要生产厂商 EMD 和 GE 等公司开始成批生产 4 410 kW 等级的大功率内燃机车。进入 21 世纪后，我国也相继研发出代表世界先进水平的大功率交流传动内燃机车系列产品，并陆续投入运用。代表产品有 HXN3、HXN5、HXN3B、HXN5B、FXN3、FXN3C 等，单机功率均达到 6000 马力（4660 kW）。

1. 单机大功率柴油机的发展动向

目前机车柴油机的发展方向和趋势是：① 加大行程缸径比（S/D），一般为 1.1 ~ 1.3；② 活塞平均速度限制在 11 ~ 12 m/s；③ 提高平均有效压力至 2.0 ~ 2.4 MPa；④ 提高压缩比至 13 ~ 14；⑤ 爆发压力 P_Z 至 15 ~ 18 MPa；⑥ 改善工作过程，提高柴油机效率，降低油耗，最低油耗达 185 g /(kW·h)；⑦ 采用电子喷射、电子调速等电子控制技术。

美国 GE 公司和德国 DeutzMWM 公司合作研制出的 7HDL 型柴油机，功率为 4 632 kW，装在 AC6000CW 型内燃机车上。美国 EM D 公司研制的四冲程 4 632 kW、16V265H 型柴油机，装在 SD90MAC 型机车上。

2. 内燃机车的交流传动技术和混合动力技术

交流传动技术是近代铁路牵引技术中的重大突破，该技术自 1971 年在原联邦德国问世以来，已取得了很大的发展。20 世纪 90 年代初，世界上最大的两个内燃机车制造公司——美国 EMD 公司和 GE 公司研制和生产了六轴、径向转向架、计算机控制的大功率交流传动内燃机车，使交流传动内燃机车的性能和可靠性有了较大的提高。

20 世纪 90 年代以来，IGBT 的应用逐渐成熟，智能型 IGBT 模块（称为 IPM），也开始在中小功率逆变器中推广采用。随着节能减排环保要求的提高，响应“双碳”战略目标，我国研发了新能源混合动力内燃机车，由“动力电池组+柴油发电机组”组成动力源，优先采用动力电池组提供动力，具有经济、节能、环保等特点。

3. 计算机控制及诊断技术

早在 20 世纪 80 年代，随着计算机技术的发展，计算机控制技术在内燃机车上得到应用。内燃机车车载计算机控制系统的主要功能有：机车控制、柴油机转速与负荷调节、恒功励磁控制、驱动控制、车轮空转和打滑控制、电空制动控制及故障诊断等。

近年来，用于交流传动内燃机车的技术先进、可靠性较高的计算机控制系统有：德国 ABB 公司研制的 MICAS 系统、德国西门子公司研制的 SIBAS-16 系统和 SIBAS-32 系统、美国 GE 公司开发的用于 AC4000 型和 AC6000 型交流传动内燃机车上的计算机控制系统等。

4. 径向转向架的开发

20 世纪 70 年代，第 1 台径向转向架在南非投入使用。美国 GM 公司于 1992 年在 SD60MAC 型大功率交流传动内燃机车上首次采用了新型 HTCR（高牵引力、三轴、径向）径向转向架，以后推广到其各种新型内燃机车上。其后 20 多年来，径向转向架成为各国内燃机车竞相采用的新技术之一。

5. 智能、互联、环保技术的应用

近年来，围绕自主创新、突破核心技术等发展方向，我国新一代内燃机车已经应用人工智能技术在高速柴油机及其配套的高压共轨电子喷射技术、高效高压比增压技术、米勒循环技术、SCR 排气后处理技术等方面开展技术创新，取得许多重要成果，为中国铁路发动机技术进步和产品更新换代奠定了坚实基础。智能、互联、绿色、环保、节能已经成为内燃机车技术新的发展方向。

第二节　我国新型内燃机车简介

一、东风 8B 型（DF8B 型）内燃机车

东风 8B 型内燃机车的代号为 DF8B，它是大功率交直流电传动干线货运内燃机车，装用 16V280ZJA 型柴油机、JF204D 型同步主发电机和 ZD109C 型牵引电动机，装车功率为 3 680 kW，并采用计算机控制系统和具有全功率自负荷试验功能的电阻制动装置等新技术。

1. 机车总体

机车总体布置分上下两部分，上部为车体及安装在其上的设备，下部两端为转向架，中间为可拆式燃油箱。燃油箱的前后两端设置总风缸，左右两侧为蓄电池箱。

机车上部车体以五道间壁将其分隔成六室：第Ⅰ司机室、电气室、动力室、冷却室、辅助室和第Ⅱ司机室。

东风 8B 型内燃机车装用的 16V280ZJA 型柴油机为四冲程、16 缸、V 形 50° 夹角、废气涡轮增压、增压空气中间冷却、直接喷射燃烧室的中速大功率柴油机。该型柴油机已用于东风 11 型准高速客运内燃机车，且已通过 UIC 100 小时性能试验和 UIC 360 小时耐久性试验。该型柴油机用于东风 8B 型内燃机车时，装车功率为 3 680 kW。

DF8B 型内燃机车转向架的基本结构与东风 8 型内燃机车转向架的结构相同，都是由构架、轴箱、轮对、旁承、牵引杆装置、基础制动装置和牵引电动机悬挂装置等组成的三轴转向架。东风 8B 型与东风 8 型内燃机车转向架的最大不同是，其基础制动装置采用了单元制动器。

东风 8B 型转向架的构架是由侧梁、横梁、前后端梁、上下拉杆座、牵引电动机吊座、制动座和减振器等组成的全焊接结构，其外形尺寸与东风 8 型内燃机车的构架基本相同；为适应机车 25 t 轴重的需要，其侧梁主要钢板改用 16Mn 钢。

为防止机车施行紧急制动时，轮箍过热而造成脱箍现象，东风 8B 型内燃机车的轮对在东风 8 型内燃机车轮对的基础上增加了扣环。

旁承采用橡胶堆四点支承，橡胶堆直接采用东风 8 型内燃机车的橡胶堆，不同之处是将橡胶堆的左右间距从东风 8 型内燃机车的 1 920 mm 增大到 2 050 mm。牵引杆装置采用东风 4 型内燃机车的牵引杆装置。

基础制动装置采用了东风 11 型内燃机车用的独立作用式单元制动器，但闸瓦改用粉末冶金瓦。

电动机悬挂装置除牵引电动机采用焊接机座的 ZD109C 型电动机外，其余零部件都与东风 8 型内燃机车的一致。

2. 机车特点

东风 8B 型机车是东风 8 型、东风 11 型机车的系列产品，也是东风 8 型机车的换代产品。设计中充分考虑了产品的通用性和继承性，尽量借用东风 8 型、东风 11 型机车的成熟部件，尤其是东风 11 型机车上先进可靠的新型部件，如具有全功率自负荷试验功能的电阻制动装置、双流道散热器等，同时，为了提高机车的性能，并根据货运机车牵引力大的特点，还采用了不少新技术、新部件，主要有：

（1）以东风11型机车的计算机控制系统为基础，开发了适应东风8B型机车需要且更加可靠的计算机控制系统，并采用彩色液晶显示屏。

机车设有以80C186CPU为核心的计算机控制系统，该系统与东风11型内燃机车的计算机控制系统的功能基本相同，具有恒功励磁控制、电阻制动恒流控制、防空转/防滑行控制、机车保护及故障诊断和显示等功能，使机车在牵引、电阻制动等各种工况下都处于最佳工作状态。

（2）采用功率大、质量小的ZD109C型牵引电动机（焊接机座），这样一方面提高了机车的牵引性能，同时也降低了机车的簧下质量，改善了轮轨动力作用，这对25 t轴重的机车尤为重要。

（3）转向架的结构与东风8型机车转向架的结构基本相同，具有较高的黏着性能和动力学性能。

（4）机车效率较高。机车最大轮周功率的计算值为3 030 kW，为柴油机功率的82.3%，这是一个较高的数值。机车最大轮周效率的计算值达33.93%（待机车作牵引热工性能试验后，方能了解有关效率的试验值）。

此外，东风8B型机车还有一个较大的特点，就是轴重为（23＋2）t，即通过在车体两侧各加一块大压铁将轴重从23 t提高到25 t，而这两块铁又是可拆的，这既解决了在车内难以加压铁的一大难题，又可扩大该机车的适用范围，可满足不同线路对大功率重载货运内燃机车轴重的不同要求。

东风8B型内燃机车由于采用了一些新技术、新部件，并充分吸收东风11型机车上先进可靠的新型部件，成为我国目前单机功率最大、电气控制技术先进、动力学性能优良的新一代重载提速货运内燃机车，并成为繁忙干线货运提速较理想的牵引动力。

根据计算，该型机车最大起动牵引力可达532.1 kN，持续牵引力可达339.5 kN，恒功率最高速度可达92.3 km/h。该型机车在限制坡度为4‰的线路上可牵引5 000 t的重载列车，以87 km/h的均衡速度运行。

二、东风11型（DF11型）客运内燃机车

东风11型准高速内燃机车是戚墅堰机车车辆厂在东风9型内燃机车研制成功的基础上开发的新机型。

东风9型客运内燃机车的最高运行速度为140 km/h，该型机车于1990年年底研制成功，总共只造了2台，接着就开始研制生产最高运行速度为160 km/h的东风11型内燃机车，用来牵引广深线准高速列车。第一台东风11型内燃机车于1992年底研制成功，至1994年，共生产了5台东风11型机车，并于1994年12月起，正式牵引准高速列车在广深线运行，运行情况良好。1996年2月，东风11型机车通过了铁道部的技术鉴定，此后，戚墅堰机车车辆厂又生产了百余台东风11型机车，供广深准高速线及主要干线旅客列车提速之用。

1. 机车总体

东风11型机车装用16V280ZJA型柴油机。该型柴油机是在16V280ZJ型柴油机的基础上强化并改进提高的系列产品，其标定功率由16V280ZJ型柴油机的3 680 kW提高到3 860 kW，装车功率由3 310 kW提高到3 610 kW，在满足提升功率、降低油耗和提高可靠性、耐久性的前提下，尽量保持与16V280ZJ型柴油机的通用性和互换性。

机车车体采用桁架式承载结构，两端司机室、车体上部用间壁分隔为第Ⅰ司机室、电气室、动力室、冷却室、辅助室和第Ⅱ司机室六个部分。

机车转向架采用牵引电动机全悬挂、轮对空心轴、六连杆两级弹性驱动装置，高柔度螺旋弹簧串联瓦片式橡胶垫的二系悬挂装置，配用抗蛇行减振器、轴箱拉杆定位、低位牵引等结构。基础制动装置采用独立作用式单元制动器。该转向架既保留了我国机车转向架中性能优良、结构简单可靠的传统结构，又采用了一些新的结构以满足准高速的要求。该型转向架属国内首次研制，性能优良，结构可靠，并有进一步提高速度的潜力。1994年在北京环行道试验过程中，其最高速度达到186 km/h。

该型机车转向架采用架悬式牵引电动机，减轻了簧下质量，且使牵引电动机的垂向加速度大为减小，牵引电动机的故障大幅度下降，这对提高机车速度极为有利。

机车主传动为交直流电传动。采用JF204C型同步主发电机，其额定容量为3 600 kV·A；ZD106型架悬式牵引电动机，其额定功率为530 kW；为了提高温升裕度，这两种电机均采用了H级绝缘。装有大功率电阻制动装置；电气元件采用高、低压柜分开布置，提高了各类电气装置的抗干扰性能和工作可靠性，且便于检查、调试和维修。

机车的计算机控制系统具有恒功率励磁、防空转、防滑行控制及故障诊断和显示功能。机车设有速度监控装置，按线路要求对机车运行速度进行自动监控。

机车设有轴温检测仪，对转向架轴箱、空心轴和牵引电动机及主发电机轴承温度进行监控和报警。

机车冷却系统分高温和低温两个冷却循环系统。V型冷却装置采用48组管带式双流道铜散热器，冷却风扇为组装式铝叶片风扇，由静液压系统驱动，风扇的转速随柴油机转速和冷却水温度变化自动控制。

2. 机车特点

东风11型机车是我国当前单节功率最大、速度最高的客运内燃机车。

2003年11月，担负着铁路第五次大提速任务的跨越号东风11G型内燃机车下线。东风11G型内燃机车的代号为DF11G，是戚墅堰机车车辆厂为完成我国铁路第五次大提速而专门研制的双机重联型准高速客运内燃机车。该机车装配16V280ZJA型牵引用主柴油机、JF204D型同步主发电机、ZD106E型牵引电动机、进口的MTU12V183TB12G型列车供电用辅助柴油机及LSA47.1L11-4P型发电机。机车整体具有以下一些特点：

（1）机车牵引功率大。柴油机装车功率为 2×3 610 kW，牵引 20 节客车，速度为 160 km/h 时仍有 0.024 5 m/s^2 的剩余加速度。

（2）机车具有列车供电功能。机车装有辅助柴油发电机组，最大供电功率 2 400 kW，供电制式为 AC380 V。

（3）机车技术先进。采用计算机 Lonworks 网络控制新技术，该系统具有完全的机车逻辑控制、网络重联控制、完善的机车故障诊断功能和远程监控、诊断功能。

（4）机车技术成熟可靠。充分借鉴 DF11 型、DF11Z 型机车成熟可靠的先进技术，其关键部件采用进口部件。

（5）机车适应性强。为适应特长交路和一个司机操纵的特点，采用了大容量的承载式油箱、火灾报警灭火装置，并将常用转换开关集中于司机室内。

（6）机车设计制造更加精良。吸收和借鉴了提升机车制造水平的所有技术成果，全面提升了机车设计制造水平。采用流线型车体，管路规范化。

三、和谐 3 型（HXN3 型）大功率交流传动内燃机车

由美国 EMD 内燃机车公司与大连机车车辆公司联合设计制造的首台和谐 3 型大功率交流传动内燃机车于 2008 年 7 月在大连正式下线。这台机车功率为 6 000 马力（4 660 kW），是目前国内外同类产品中技术最先进、功率最大的节能环保型内燃机车。HXN3 型内燃机车的主要技术参数如表 1-3 所示。

表 1-3 HXN3 型内燃机车的主要技术参数

型 号	HXN3	最大起动牵引力（按 1 013 mm 轮径）	620 kN
轨距	1 435 mm	持续牵引力	598 kN
限界	符合 GB 146.1—2020	恒功率速度范围	23 ~ 120 km/h
传动方式	交流主传动，架控	柴油机型号	16V265H
轴式	C_0-C_0	柴油机装车功率	4 660 kW
轮径	1 050 mm	主发电机型号	AT20/CA9
轴重	25 t（1±3%）	转向架轴距	（1 925 + 1 755）mm
机车重量	150 t（1±3%）	牵引电动机型号	A2938-5
最小摘挂曲线半径	250 m	电阻制动功率	（3 700±100）kW
最大运行速度	120 km/h	转向架轴距	（1 925 + 1 755）mm
持续速度	20 km/h	机车外形尺寸	22 250 mm×3 370 mm×4 705 mm

四、和谐 5 型（HXN5 型）交流传动内燃机车

戚墅堰机车有限公司与美国通用电气（GE）公司合作，研发生产了目前我国功率最大的 HXN5 型交流传动内燃机车。

和谐 5 型内燃机车的最大亮点是排放低、节能环保，与目前国际同类产品相比，和谐 5 型机车节省油耗 10%，减少氮氧化物等排放 50%，达到美国 Tier2 标准，是全球最绿色环保的内燃机车，机车上贴有绿色环保标签。

和谐 5 型机车装用了大功率 IGBT 变流器，额定功率达到 6 000 马力（4 660 kW），最大起动牵引力为 620 kN，最大运行速度和最大恒功率速度为 120 km/h。机车采用模块化设计、外走廊、底架承载结构，机车轴重为 25 t，大大方便了制造组装及规模化生产。HXN5 型机车具有卓越的防空转、防滑行功能，具有轮周效率高、黏着利用率高、起动加速快、动力学性能和制动性能良好的特性。机车的主要技术经济指标均达到国际先进水平。

五、和谐 6 型（HXN6 型）混合动力内燃机车

HXN6 型油电混合动力机车是我国最新研发的一款新能源机车产品，动力源由“动力电池组+柴油发电机组”共同组成，柴油机装车功率为 1 250 kW，动力电池组装车容量为 1 268.6 kW·h，并优先采用动力电池组提供动力，具有经济、节能、环保等特点。与传统内燃机车相比，该机车具有世界先进的节能环保技术，单机每年可减少 30% ~ 40%的燃油消耗、3 ~ 5 t 的污染物排量以及 280.5 ~ 467.5 t 的碳排放量，单机调车牵引货物能力超万吨，可全面满足铁路管内调车作业及短距离小运转等工况作业需求。

六、复兴 3 型（FXN3 型）内燃机车

FXN3 型内燃机车装用的是我国中车集团公司自主研制的大功率高速柴油机——D180-16 型柴油机。D180-16 型高速柴油机的装车功率为 3000 kW，标定转速为 1800 r/min，燃油消耗率 193 g/(kW·h)，排放满足 EUIIIB 标准。该型内燃机车在高速柴油机及其配套的高压共轨电子喷射技术、高效高压比增压技术、米勒循环技术、SCR 排气后处理技术等方面汇聚了许多重要的创新成果，为中国铁路发动机技术进步和产品更新换代奠定了坚实基础。

七、复兴 3C 型（FXN3C 型）内燃机车

FXN3C 型内燃机车是中车大连公司在已成熟的和谐系列内燃机车基础上开发的新一代干线货运交流传动内燃机车，具有智能、互联、节能、环保等优点。

FXN3C 型机车采用 12V265C 型中速柴油机，配置了 PHM 健康管理系统，具有远程数据传输、大容量数据存储、故障统计、智能化故障诊断及运用维护管理功能，使机车在智能、绿色、环保等方面得到提升。此外，机车采用了内电统一平台驱动装置，实现了各系统模块化设计。机车设计为底架承载式燃油箱、隔离式双司机室结构，可有效提升司乘人员的舒适度。该机车对提升货物运输能力、提高路局经济效益、促进轨道交通行业快速发展具有重大意义。

第三节　我国电力机车发展概况

我国的电气化铁路从 1958 年开始筹建，1961 年 8 月 15 日，宝鸡—凤州段 91 km 电气化铁路通车。我国电力机车的研究与铁道电气化同步，也始于 1958 年。经历了 60 多年的不懈努力，我国的电气化铁路得到迅速发展，电力机车的研究、生产已成为世界上一支不可忽视的力量。目前我国已形成了 4 轴、6 轴、8 轴的韶山型系列电力机车型谱，拥有 4 轴、6 轴、8 轴交流传动系列客货运车型。已经有 SS$_1$、SS$_3$、SS$_4$（SS$_{4B}$、SS$_4$ 改）、SS$_6$（SS$_{6B}$）、SS$_7$（SS$_{7B}$、SS$_{7C}$、SS$_{7D}$、SS$_{7E}$）、SS$_8$、SS$_9$（SS$_9$ 改）等交直传动系列干线客货运电力机车在线运营，还有 HX$_D$1、HX$_D$2、HX$_D$3、FXD1、FXD1B、FXD2B 型等交流传动机车也陆续投入运营。和谐型、复兴型大功率交流电力机车的运用，为实现我国铁路重载、高速运输的跨越式发展起到了巨大的推动作用。据 2021 年铁道统计公报显示，全国铁路机车拥有量 2.17 万台。其中，内燃机车 0.78 万台，占 35.9%，电力机车 1.39 万台，占 64.1%。和谐型、复兴型大功率机车 HX 型机车已经达到 12207 台。标志着我国牵引动力的升级换代即将实现。

我国电气化铁路里程于 2001 年末已达到了 1.7 万多 km，跃居亚洲第一、世界第三，铁路电气化率为 24%。2010 年，我国电气化铁路里程已达到了 4.2 万 km。至 2012 年 12 月哈大高铁正式开通时，我国电气化铁路总里程在 54 年里突破至 4.8 万 km，超越了原电气化铁路世界第一的俄罗斯，跃升为世界第一位，铁路电气化率已经接近 50%。据 2021 年铁道统计公报最新资料显示，我国铁路运营里程已达到 15 万 km，其中，高铁营业里程达到 4 万 km，居世界第一位；电气化铁路里程 10.9 万 km，稳居世界第一。

一、我国电力机车发展历程

我国电力机车技术的发展大体经历了以下四个阶段。

1. 第一阶段（1958—1979 年）

第一阶段是从 1958 年到 20 世纪 70 年代末，共 20 多年。这一阶段是我国电力机车发展的起步期。第一台干线交流电力机车由湘潭电机厂（负责电气和总装）、株洲田心机车车辆工厂（负责机械部分）共同研制。1958 年试制成功韶山型引燃管整流器式电力机车，该车参照苏联 H60 型电力机车设计，命名为 6Y1 型电力机车。1969 年，株洲电力机车工厂与株洲电力机车研究所共同研制了一台韶山$_2$型（SS$_2$ 型）电力机车（试验型）。从此，我国电力机车从无到有，从模仿苏联的技术入手，经过三次大的技术改造，生产出了性能稳定、运行可靠的 SS$_1$ 型电力机车，作为客货牵引动力的第一代主型干线电力机车。到 1988 年止，共生产了 SS$_1$ 型机车 828 台。

2. 第二阶段（1979—1989 年）

第二阶段是从 20 世纪 70 年代末到 80 年代末。这是我国电力机车发展的成长期。这一阶段发展的主要目标是：研制我国自己的相控机车，提高机车功率和可靠性，充分发挥电力机车的优越性。这时期的代表机型是 SS_3 型和 SS_4 型电力机车。

SS_3 型电力机车采用调压开关级间平滑调压方式，是调压开关调压向相控调压过渡的方案。这种调压方式实现了调压开关无弧断开，提高了工作可靠性，既保留了调压开关调压功率因数高、整流电压脉动小、对通信干扰小的优点，又具有平滑无级调压、能充分利用机车黏着重量的优点。但由于该调压方式仍采用调压开关作级间转换，主电路结构较复杂，之后利用引进技术已将 SS_3 机车改成了全相控方式（即 SS_{3B} 型或 SS_34000 型），改进的项目主要包括：① 8 级级间平滑调压改为三段不等分桥相控调压、机车特性控制；② 两级电阻制动改为加馈电阻制动；③ 中心销牵引装置改为低位平拉杆牵引装置等。

SS_4 型电力机车是我国自行研制的第一代重载货运、全相控调压、B_0 转向架机车。该型机车由相同的两节车组成，每节车上只有一台劈相机，用一台通风机作先导机，当劈相机故障时该通风机代替劈相机为辅助机组提供三相电源。该型机车从性能指标上已达到我国货运主型电力机车的要求。由于该型机车从 20 世纪 80 年代初开始研制，其技术水平仍属于 20 世纪 70 年代的开发研究层次，且由于运输需要，从样机到大批量生产的过程太短，初期生产的 158 台机车至今仍遗留了一些技术问题没有彻底解决。针对早期存在的质量问题，1993 年对原 SS_4 型机车进行了重大改进，俗称 SS_4 改进型（SS_4 改）。改进的主要项目有：① 经济四段桥相控改为不等分三段桥相控；② 加装功率因数补偿装置；③ 二级电阻制动改为加馈电阻制动；④ 恒流、恒压控制改为恒流准恒速特性控制；⑤ 加装空转（滑行）保护装置和轴重转移补偿装置；⑥ Z 形低位斜杆牵引装置改为推挽式低位斜杆牵引装置等。

3. 第三阶段（20 世纪 90 年代中期—21 世纪初）

第三阶段是从 20 世纪 90 年代中期到 21 世纪初，这段时间是我国电力牵引发展的全盛时期。通过消化吸收和应用 6K 型、8K 型等国外电力机车的先进技术，开始自主研发交流传动技术，我国电力机车的研发水平在这一阶段有了长足进步。在这一阶段，电力机车的开发年年出新，机型全面换代，所采用的新技术主要有：① 8K 型机车的电子控制柜、大功率晶闸管及硅机组、受电弓、空气断路器，预布线、预布管工艺，单边刚性齿轮传动及滚动抱轴承结构；② 6K 型机车的 $3B_0$ 转向架；③ SS_{6B} 型机车的 ZD114 型牵引电动机；④ 8G 型机车的牵引装置；⑤ 车载计算机控制系统；⑥ 列车供电技术；⑦ 轮对空心轴高速传动技术；⑧ 逻辑控制单元（LCU）等。

结合我国传统的牵引电动机并联的主电路形式，应用新技术相继研制或改进了 SS_5、SS_8、SS_{3B}、SS_6、SS_{6B}、SS_7、SS_4 改、SS_{4B}、SS_{7C}、SS_{7D}、SS_{7E}、SS_9 型等交直传动电力机车和 AC4000 型交直交传动电力机车，以及 DJ、DJ_1、DJ_2 型等交流传动电力机车。

4. 第四阶段（2004 年至今）

第四阶段开始于 2004 年，我国“十一五”规划确立了大力发展轨道交通的宏伟蓝图，拉开了我国铁路建设飞速发展的序幕，大力扩展我国铁路路网规模和提高机车车辆技术装备水平的发展战略为牵引动力的大发展迎来了又一次飞速发展的黄金时期，使我国牵引动力和运载工具进入了一个升级换代时期。

在这样的背景下，我国提出了“引进先进技术，联合设计生产，打造中国品牌”的发展思路，积极采用“先进、成熟、经济、适用、可靠”的技术和标准。2004 年以来，我国铁路部门与日本、德国、法国等合作，引进了世界一流的大功率交流传动技术和动车组技术，同时进行一些国产化改造工作，进展比较顺利。大连机车车辆有限公司与日本东芝公司、株洲机车车辆有限公司与德国西门子公司、大同机车车辆有限公司与法国阿尔斯通等公司合资研发生产出我国新一代大功率交流传动电力机车，即最大持续功率为 9 600 ~ 10 000 kW、轴重（23 + 2）t、牵引定数 2 万吨、最高速度为 120 km/h 的大功率交流传动重载电力机车，命名为和谐型（HXD 型），HXD3 型为我国大连机车车辆有限公司与日本东芝公司联合设计生产的 6 轴交流传动机车，HXD1、HXD2 为我国株洲机车厂与德国西门子公司、大同机车厂与法国阿尔斯通公司联合设计生产的 8 轴交流传动机车。

从 2006 年开始“十二五”末，我国通过引进先进技术战略，形成了具有自主知识产权的大功率机车产品系列，研发生产了 HXD1、HXD1B、HXD1C、HXD1D、HXD2、HXD2B、HXD2C、HXD3、HXD3B、HXD3C（货、客）、HXD3D 、HXD1F、HXD2F 等大功率交流传动系列机车。进入中国特色社会主义新时代，我国铁路发展和牵引动力又迎来了高质量快速发展的重要阶段。近几年通过自主创新又研发了 FXD1、FXD1B、FXD2B 交流传动准高速客运机车和 CR200J 动力集中型动车组等一批新型牵引动力。目前，已经有 13000 多台新型大功率交流传动电力机车上线投入运用，这对我国牵引动力技术的进步和运输能力的快速提高起到了极大的促进作用，实现了我国牵引动力从交直传动到交流传动的升级换代，引发了我国铁路牵引动力和运载工具的巨大变革。

二、我国电力机车技术取得的进步

我国电力机车从 1958 年以来，经过了 60 多年的发展历程，机车型号从交直传动的 SS_1 型机车发展到 SS_9 型，交流传动机车从 DJ_1 型发展到功率达 10 000 kW 以上的“和谐型”、“复兴型”大功率交流机车，我国电力机车技术成功地实现了从有级调速到无级调速、从电子模拟控制到数字计算机网络控制、从交直传动到交流传动的三次技术飞跃，使我国电力牵引技术进入了一个新的时代，达到世界先进水平。

我国电力机车技术的进步主要体现在：

（1）取消调压开关，采用相控无级调压。

（2）采用功率因数补偿装置。

（3）动力制动采用再生制动或加馈制动代替纯电阻制动，增大了低速制动力。

（4）采用防空转、防滑行、轴重转移补偿控制技术，使整车黏着系数利用率达 95% 以上。

（5）实现了恒流准恒速特性控制。

（6）用计算机网络控制与 LCU 相结合的现代控制技术取代传统的电子模拟控制、继电器布线逻辑和控制方法。

（7）实现了电机滚动抱轴承、单边刚性齿轮传动，架悬式全悬挂、轮对空心轴六连杆弹性传动。

（8）采用低位斜杆或低位平杆牵引装置。

（9）牵引电动机的绝缘等级从 B 级上升到 F 级、H 级以至 C 级，电动机机座从全铸钢发展到半叠片、全叠片，电机电压等级统一到 1 000 V 左右。

（10）引进世界先进技术联合设计生产，大力发展交流传动技术，解决了大功率变频调速技术问题，采用了三相异步电动机牵引技术。

（11）批量应用辅机变流器代替旋转劈相机为机车辅机系统供电。

（12）批量应用真空主断路器代替空气断路器。

（13）采用独立通风系统冷却技术替代传统车体通风系统。

（14）采用集成化气路的空气制动系统，机械制动采用轮盘制动。

（15）电力机车功率大幅度提高：① 交直传动机车功率从 4 200 kW 增至 6 400 kW，单轴功率从 650 kW 增至货运机车 800 kW、客运机车 900 kW；② 交流传动机车功率达 10 000 kW，轴功率达 1 600 kW。

（16）机车最高运行速度从 100 km/h 提高到 170 km/h，传动方式从简单的抱轴承半式悬挂发展到电机空心轴和轮对空心轴传动，从双边斜齿发展到单边直齿。

在 20 世纪 90 年代末，我国电力机车型谱已经形成 SS_{6B} 型、SS_7 型、SS_{4B} 型、SS_{3B} 型货运电力机车的 6、8、12 轴系列和以 SS_8 型为基础以改变传动比方式适应不同速度要求的客运机车系列，货运机车型谱之首的 SS_{4B} 型作为重载货运，SS_{6B} 型作为少曲线的平原次级运量干线货运，SS_7 型作为多曲线、小半径的山区货运。随着机车型谱的确立和整车与零部件质量的提高，我国交直流传动机车已步入成熟期，技术水平接近或达到国外先进水平，标志着我国交直传动机车时代的圆满完结。

20AC4000、DJ1、澳星、九方、天梭号交流传动电力机车的研制，为我国交流传动技术的发展奠定了良好的技术基础，也为后来的技术引进做好了坚实的铺垫。21 世纪初至 2008 年，通过引进国外先进技术，联合设计生产，使我国掌握了大功率交流传动技术。2009 年以来，通过消化吸收，集成再创新，逐步发展与完善了我国交流传动大功率机车研发制造技术。目前，通过自主创新，我国已掌握了当今世界最先进的轨道交通牵引与传动控制核心技术，并拥有自主知识产权，已经研制出国际最先进的 4、6、8 轴的“和谐型”（HX 型）、“复兴型”（FX 型）交流传动机车系列产品，主要发展单轴功率 1 200 ~ 1 600 kW 的交流传动货运机车和 1 200 ~ 1 400 kW 的交流传动客运机车。这标志着我国牵引动力技术已经走在世界前列。

第四节　我国新型电力机车简介

一、交直传动电力机车

1. SS_{7D} 型与 SS_{7E} 型电力机车

韶山 7D 型（代号 SS_{7D} 型）客运电力机车是由大同机车厂、株洲电力机车研究所、成都机车车辆厂联合研制的适应我国铁路提速需要的新产品，是目前国内技术水平较为先进的交直传动客运电力机车，也是韶山 7 型电力机车系列产品之一。该型机车持续功率为 4 800 kW，最大速度为 170 km/h，车长 20 200 mm，轴式 B_0-B_0-B_0，电流制为单相工频交流。

SS_{7D} 型电力机车的主要特点：

（1）采用了电动机架承式全悬挂、轮对空心轴连杆传动、优化悬挂刚度等一系列先进技术，使机车既适应小半径曲线又适应直线区段提速需要。

（2）采用计算机控制与逻辑控制单元相结合，实现了机车状态显示、故障记忆及显示、应急操作显示、控制系统自检等功能。

（3）首次在交直传动机车上采用独立通风结构，降低了车内负压，减少了车内积尘，改善了车内电器的工作环境。

（4）采用了 B_0-B_0-B_0 转向架轴式及单侧制动。

（5）采用不等分三段桥相控和他励控制技术，实现机车无级调速和无级磁场削弱。

（6）采用恒流准恒速特性控制。

（7）具有供列车取暖及空调的电源。

（8）具有双管制供风系统。

（9）司机室采用了人机工程学原理设计，全包结构，选用先进操作控制设备，提高了机车的美观性及舒适度。

韶山 7E 型（代号 SS_{7E} 型）客运电力机车是最新开发的客运机车，是在借鉴 SS_{7D} 型电力机车部分成熟技术的基础上研制而成的，也是目前我国技术水平最高的交直传动电力机车，它是根据我国客运提速的需要和铁道部铁科技函〔2002〕24 号下达的《韶山 7E 型客运电力机车设计任务书》的要求，在中国北方机车车辆工业集团公司统一组织下，由集团电力牵引研发中心牵头，大同机车厂、大连机车车辆厂和株洲电力机车研究所共同努力、分工协作联合开发出的新型持续功率为 4 800 kW、最高速度为 170 km / h 的干线客运电力机车。机车的设计工作严格遵循简统化、标准化、系列化的原则，力求机车设计的先进性、运用的安全性和可靠性。

SS_{7E} 型客运电力机车的主要特点：

（1）主电路采用三段不等分桥相控整流、复励电路、无级调速和无级磁场削弱。

（2）采用恒流起动及准恒速运行的特性控制方式。

（3）采用计算机控制及逻辑控制单元（LCU）。

（4）采用电动机架承式全悬挂、轮对空心轴六连杆传动。

（5）采用独立通风系统。

（6）走行部采用 $2C_0$ 转向架结构，单侧制动。

（7）辅机系统采用辅机变流器供电模式，代替了传统的劈相机供电模式，降低了辅机电机总功率，提高了辅机系统供电品质和效率。

（8）设有给列车供电及空调供电的电源。

（9）采用双管制供风。

（10）为满足轴重 21 t 的要求，车体、转向架、变压器等各主要部件均做了轻量化设计。

（11）采用耐低温设计，机车可以在高寒地区运用。

（12）机车车体采用流线型设计，司机室内结构按规范化设计，充分应用了人机工程学原理。全新的室内装修并配以先进的操作控制设备，提高了整体的美观性及舒适性。

2. SS_9 型电力机车

SS_9 型电力机车是用于牵引 160 km/h 准高速旅客列车的六轴干线客运电力机车。$SS_9$0043 号以前的机车是按照铁道部科技研究开发计划项目的要求而研制的。2001 年，根据原南车公司科技计划项目的要求，在原 SS_9 型电力机车的基础上进行了重大技术改进，开发出一种新型的独立通风 SS_9 型电力机车（从 $SS_9$0044 型开始）。该型机车是吸收了原 SS_9 型、SS_{6B} 型、SS_8 型机车以及 DJ_1 型机车的成熟经验和技术，并采用了多种先进技术设计而成。目前已进行大批量生产，先后在哈大线、秦沈快速客运专线、京广线投入运营，成为国内 160 km/h 准高速主型牵引机车，担当铁路提速旅客列车牵引重任。其主要特点有：

（1）为适应在寒冷地区运用，对机车特别进行了防寒设计，能适应 – 40 °C 的环境温度。

（2）机车采用中间走廊，独立通风，优化了室内环境。

（3）采用恒流准恒速特性控制。

（4）司机室的设备布置在设计上符合造型设计和人机工程，作业范围合适，操作方便。

（5）机车控制系统采用现代电力电子和微电子技术结合而成的逻辑控制技术，取代了传统的继电器布线逻辑控制，用计算机发出的指令直接控制接触器等外部负载。

（6）机车设列车供电柜，可向旅客列车提供双路 400 kW 的 DC600 V 电源。

（7）主变压器采用卧式结构，降低了机车重心，提高了机车运行的稳定性。

（8）机车为 C_0-C_0 轴式，转向架采用轮对空心轴六连杆驱动装置、牵引电动机架承式全悬挂、新型 TDYZ-4 单元制动器等。

（9）机车制动系统以 DK-1 型电空制动机为基础，增加了常用制动接口装置、列车电空制动、列车平稳操纵、电空联合制动等辅助功能。

（10）为满足轴重 21 t 的要求，车体、变压器、转向架等各部件均做了轻量化设计。

（11）为增加机车的美观性，对机车头形进行了全新设计，并对司机室进行了美化设计及布置。

SS_9 型电力机车有如下技术创新：

（1）轮对空心轴六连杆弹性传动系统和牵引电动机架承式全悬挂三轴转向架的研制，可确保机车运行的安全性和平稳性。

（2）采用 8 668 kV·A 大容量牵引变压器，实现了六轴电力机车主变压器与平波电抗器及滤波电抗器的一体化。

（3）采用逻辑控制单元（LCU）及计算机控制系统，使机车控制系统具有控制、诊断、监测功能，并可方便地改变软件以满足机车控制要求，实现了机车牵引、制动的恒流准恒速特性控制，并具备了防空转/滑行保护控制、轴重转移补偿控制、列车安全监控等功能。

（4）车体及辅机系统采用轻量化设计，最大限度地减小车体质量。

（5）机车头形采用圆弧微流线型设计及侧壁承载式全钢焊接结构，其外形满足空气动力学要求。

（6）机车空气制动系统在DK-1型电空制动机的基础上，增加了机车电制动与列车制动联合制动的功能以及列车平稳操纵功能及列车电空制动功能；向列车实行双管制供风。

（7）采用DC600 V列车供电装置。

二、交流传动电力机车

1. 和谐3型（HX_D3型）交流传动大功率电力机车

和谐型电力机车是我国与国外合作研发生产的新一代大功率交流传动电力机车。该型机车是我国第六次铁路大提速以来的主打货运车型。和谐3型电力机车是大连机车车辆有限公司与日本东芝公司合作生产的，采用的是当前最先进的交流传动技术，因采用交流传动、计算机控制和轮盘制动等十多项先进技术，在铁路一级线路上单机即可牵引5 000 t，最高速度可达到120 km/h。2007年4月起投入使用，主要用于京沪线、京广线等主要铁路干线和重要的运煤通道上。

HX_D3型机车的主要技术特点如下：

（1）轴式为C_0-C_0，电传动系统为交直交传动，采用IGBT水冷变流机组，1 250 kW大转矩异步牵引电动机，具有起动（持续）牵引力大、恒功率速度范围宽、黏着性能好、功率因数高等特点。

（2）辅助电气系统采用2组辅助变流器，能分别提供VVVF（调频调压）和CVCF（恒压恒频）三相辅助电源，对辅助机组进行分类供电。

（3）采用计算机网络控制系统，实现了逻辑控制、自诊断功能，而且实现了机车的网络重联功能。

（4）总体设计采用高度集成化、模块化的设计思路，电气屏柜和各种辅助机组斜对称布置在中间走廊的两侧。

（5）转向架采用滚动抱轴承半悬挂结构，二系采用高圆螺旋弹簧；采用整体轴箱、推挽式低位牵引杆等技术。

（6）采用下悬式安装方式的一体化多绕组（全去耦）变压器，具有高阻抗、质量小等特点，并采用强迫导向油循环风冷技术。

（7）采用独立通风冷却技术。

（8）空气制动系统采用集成化气路，具有空电制动功能。机械制动采用轮盘制动；采用新型的颗粒式空气干燥器，有利于压缩空气的干燥，减少制动系统阀件的故障率。

HX_D3型机车的主要技术参数如表1-4所示。

表 1-4　HXD3 型机车的主要技术参数

<table>
<tr><td colspan="2">电流制</td><td>单相交流 25 kV/50 Hz</td><td rowspan="2">起动牵引力</td><td>23 t 轴重时</td><td>≥520 kN</td></tr>
<tr><td colspan="2">电传动方式</td><td>交直交传动</td><td>25 t 轴重时</td><td>≥570 kN</td></tr>
<tr><td colspan="2">机车牵引 / 电制动轮周功率</td><td>7 200 / 7 200 kW</td><td rowspan="2">持续牵引力</td><td>23 t 轴重时</td><td>370 kN</td></tr>
<tr><td colspan="2">轴式</td><td>C_0-C_0</td><td>25 t 轴重时</td><td>400 kN</td></tr>
<tr><td colspan="2">机车整备重量</td><td>138 t / 150 t</td><td rowspan="4">动力制动力</td><td colspan="2" rowspan="2">370 kN (15 ~ 70 km/h)</td></tr>
<tr><td colspan="2">轴重</td><td>23 t / 25 t</td></tr>
<tr><td colspan="2">机车前后车钩中心距</td><td>20 846 mm</td><td colspan="2" rowspan="2">400 kN (15 ~ 65 km/h)</td></tr>
<tr><td colspan="2">转向架固定轴距</td><td>（22 500 + 2 000）mm</td></tr>
<tr><td colspan="2">车轮直径</td><td>1 250 mm（新轮）</td><td rowspan="4">紧急制动距离（120 km/h 制动初速，平直道）</td><td rowspan="2">轴重为 23 t 时</td><td rowspan="2">≤800 m</td></tr>
<tr><td rowspan="3">持续速度</td><td>23 t 轴重时</td><td>70 km/h</td></tr>
<tr><td>25 t 轴重时</td><td>65 km/h</td><td rowspan="2">轴重为 25 t 时</td><td rowspan="2">≤900 m</td></tr>
<tr><td>最高速度</td><td>120 km/h</td></tr>
</table>

2. 和谐 1、2 型（HXD1 型、HXD2 型）交流传动大功率电力机车

HXD1 型（和谐 1 型）电力机车为 8 轴大功率交流传动货运机车，由株洲电力机车有限责任公司与德国西门子公司联合开发。HXD1 型电力机车是由两节完全相同的 4 轴电力机车通过内重联环节连接组成的 8 轴重载货运电力机车，每节车设有 1 个司机室，是一个完整系统。

HXD1 型机车的主要技术特点如下：

（1）采用交直交电传动主电路形式，每节车配装 1 台水冷 IGBT 变流器，给 4 台三相异步动机供电，辅助逆变器集成在主变流器中，可靠性高，易于维护。

（2）车体采用中央梁承载方式，便于模块化生产。

（3）转向架采用低位牵引杆，基础制动采用轮盘制动，有效地提高了机车的可靠性。

（4）采用 CCB2 型空气制动系统，动力制动采用再生制动，节能环保。

（5）机车具有外重联功能，装有 LOCOTROL 远程重联控制系统，适合于多机分布式重载牵引。

（6）机车具有外重联控制功能，司机可以在一个司机室对两台重联机车进行控制。

（7）控制系统采用西门子 SIBAS32 系列的计算机控制，列车通信网络（TCN）。

（8）采用独立通风方式。

（9）根据用户的需要，车上装备卫生间、床等必要的生活设施。

HXD1 型机车的主要技术参数如表 1-5 所示。

表 1-5　HXD1 型机车的主要技术参数

电流制	单相交流 25 kV/50 Hz	持续速度	23 t 轴重时	70 km/h
电传动方式	交直交电传动		25 t 轴重时	65 km/h
机车牵引 / 电制动轮周功率	9 600 kW		最高速度	120 km/h
轴式	$2(B_0\text{-}B_0)$	起动牵引力	23 t 轴重时	≥700 kN
轨距	1 435 mm		25 t 轴重时	≥760 kN
机车整备质量	2×92 t（或 100 t）	持续牵引力	23 t 轴重时	494 kN
轴重	23 t / 25 t		25 t 轴重时	532 kN
机车前后车钩中心距	35 222 mm	电制动力	461 kN	
单节机车转向架中心距	9 000 mm	紧急制动距离	轴重为 25 t 时	≤900 m
转向架固定轴距	2 800 mm		轴重为 23 t 时	≤800 m
车轮直径	1 250 mm（新轮）			

HXD2 型（和谐 2 型）电力机车为 8 轴大功率交流传动货运机车，是由大同电力机车有限责任公司与法国阿尔斯通交通股份有限公司在阿尔斯通公司的 PRIMABB43700 型电力机车的基础上联合开发的。机车采用计算机网络控制，标准化、模块化设计，具有恒功范围宽、轴功率大、黏着特性好、功率因数高、谐波干扰小、维护率和全寿命运营成本低、适用范围广等优点，是我国铁路装备技术现代化的重要标志产品之一。

HXD2 型电力机车的主要技术特点如下：

（1）具备强大的功率及牵引力，可单机牵引 7 000 t 重载列车。

（2）机车具备多机无线重联远程同步控制功能，三机重联满足 20 000 t 以上重载列车的牵引要求。

（3）机车按 25 t 轴重设计，去掉车内压铁可实现 23 t 轴重。

（4）机车在 – 40 °C 环境条件下可正常存放，采取加温和防寒措施后可正常运用。

HXD2 型机车的主要技术参数如表 1-6 所示。

表 1-6　HXD2 型机车的主要技术参数

电流制	单相交流 25 kV/50 Hz	通过最小曲线半径	125 m
电传动方式	交直交传动	车钩中心距	2×18 975 mm
轴式	$2(B_0\text{-}B_0)$	机车车体宽度	2 850 mm
轴重	25 t / 23 t	轮周牵引力（持续制）	10 MW
额定功率	10 000 kW	动力制动功率（持续制）	10 MW
最高运营速度	120 km/h	起动牵引力（25 t / 23t）	大于 760 kN / 700 kN

3. 基于 HXD1、HXD2、HXD3 技术的系列交流传动大功率电力机车

随着以 HXD1、HXD2、HXD3 型为代表的新一代大功率交流传动电力机车大规模应用于我国干线铁路货物运输，2006 年以来，原中国南车集团和中国北车集团两大公司又相继研发了 HXD1B、HXD2B、HXD3B、HXD1C、HXD2C、HXD3C、HXD1D、HXD3D、HXD1F、HXD2F 型大功率电力机车，使我国铁路运输装备技术和产品水平得到了极大提高。HXD1B、HXD2B、HXD3B 型电力机车均为 6 轴机车，轴功率达到 1 600 kW，总功率 9 600 kW；HXD1C、HXD2C、HXD3C 型电力机车也是 6 轴机车，轴功率达到 1 200 kW，总功率 7 200 kW，也可用于客车牵引；HXD1D、HXD3D 型机车为 6 轴准高速客运交流传动机车；HXD1F、HXD2F 型机车为国产化 8 轴交流传动、30 t 轴重的重载电力机车；FXD1 是新一代交流传动高速客运机车，FXD2B 是 30 t 轴重重载货运机车。这些机车的变流装置性能和 IGBT 器件技术指标、关键控制技术及方法均达到或超过西门子、庞巴迪、阿尔斯通等公司的技术水平，大部分关键技术和产品实现了国产化，为我国牵引动力全面进入交流传动时代奠定了坚实的基础。

4. FXD1 型交流传动大功率客运电力机车

FXD1（复兴电 1）型电力机车是我国 2015 年在既有的和谐型系列机车基础上研制出的八轴交流传动大功率干线准高速电力机车。在充分考虑国内外机车车辆技术情况和目前开通的客运专线的要求后，通过轻量化设计和技术创新，能够满足客运专线及干线快速客运要求。2017 年 5 月，0001 号机车上线试运营，在京广铁路上牵引行包列车（广州—武昌区间）。2017 年 9 月，在兰新铁路通过型式试验，开始批量生产。

5. FXD2B 型交流传动大功率客运电力机车

FXD2B 型电力机车为八轴大功率交流传动货运机车，由中车集团大同电力机车有限责任公司制造，为中国第一代 30 t 轴重交流传动大功率电力机车。机车轴式 $2(B_0\text{-}B_0)$，最高速度 100 km/h，牵引功率 9600 kW（2×4800 kW）。起动牵引力为 900~ 960 kN，持续牵引力为 720 kN（48 km/h）~640 kN（54 km/h），牵引能力比现有同功率和谐型电力机车高出大约 20%。

在设计中，大同电力机车有限责任公司采用了机车底架和设备台架一体化等设计方式，增强了机车的承载力，提高了机车对各种线路的适应能力。特别是针对雾霾天气给铁路运行带来的影响，大同电力机车有限责任公司成功开发出两种防雾闪方案，能够保证机车在雾霾天气中安全运用。另外机车还增强了在沙尘、冻雨、高寒和高温等气候条件下运行的稳定性和实用性。

三、国外进口电力机车

在 20 世纪 80 年代中期，由于国产电力机车的产量和技术水平远远满足不了我国电气化铁道和牵引动力发展的需要，于是我国分别从日本和法国批量进口了 6K 型和 8K 型电力机

车，一方面暂时缓解电力机车供应紧张的局面，另一方面通过进口机车学习、借鉴国外先进技术和经验，为国产机车的技术进步和发展奠定了良好基础，之后在90年代，我国电力机车顺利进入快速发展期与这两次大规模的引进是分不开的。

1. 6K 型电力机车

6K 型电力机车是从日本引进的6轴相控电力机车，客货两用，其使用条件大致与国产 SS_1 型 SS_3 型、SS_4 型和从欧洲引进的8K型机车相同，最大特点是采用 B_0-B_0-B_0 转向架和计算机控制。我国共引进了85台，配属在郑州铁路局洛阳机务段，担当陇海线的牵引任务。

6K 型机车的主电路特点是：① 采用三段不等分半控桥相控调压；② 采用复励牵引电动机，每三台电机的他励绕组串联，用改变电枢绕组的接法实现运行方向和工况的选择；③ 采用恒制动转矩控制的电阻制动；④ 采用功率因数补偿装置投切自动控制；⑤ 可自动过绝缘分相区；⑥ 采用计算机控制。

6K 型机车牵引20位，制动10位。恒速挡，每位速度 = 级位数×5(km / h)。恒压挡，每位电压 = 55 + (级位数 − 1)×59 (V)，到16位电压达940 V，之后4级为磁场削弱级，最深削弱系数为40%。各级制动力 = 35 + (级位数 − 1)×11.5 kN。牵引时，若手柄放在恒速挡，上坡自动牵引，达到规定速度后转惰行，下坡时自动转入电阻制动。

计算机控制采用多CPU系统，使用了10个CPU。每个控制单元有2个8086CPU和2个8085CPU。一个主8086CPU实现机车特性计算和逻辑控制，一个从8086CPU实现采样与执行晶闸管的触发控制；一个8085CPU用于故障记忆，另一个8085CPU用于故障传送，在司机台上显示。

2. 8K 型电力机车

8K 型电力机车是从欧洲50赫兹集团引进的8轴交直流电传动大功率电力机车，我国共引进了150台，配属在北京铁路局原丰台西和大同西机务段，担当丰台—沙城—大同运煤专线牵引任务。

该型机车代表了20世纪80年代中期交直传动电力机车的世界先进水平，主要体现在：① 解决了再生颠覆问题，能进行比较稳定的再生制动；② 采用大容量的功率因数补偿及滤波装置；③ 灵敏的防空转、防滑行系统；④ 静止单—三相变流器供辅助电动机变频启动；⑤ 牵引电动机为C级绝缘；⑥ 无级磁场削弱；⑦ 滚动抱轴承；⑧ 大量采用集成电路的电子插件；⑨ 低位牵引装置配以轴重转移电气补偿，等等。

8K 型机车由完全相同的两节车组成，每节车4轴，有重联装置，可实现由1节机车集中控制2节、3节或4节机车重联运行。机车主电路采用两段桥调压，一段为本控桥，一段为半控桥。牵引与再生两种工况均采用特性控制方式，即恒流准恒速控制。

每台转向架上的两台牵引电动机在电路上为串联连接，可使因两台电动机特性差异和两个轮对的直径差异所引起的牵引力差异减小。

车体布置采用积木式屏柜结构，主电路、辅助电路，控制电路的高、低压电器及电子器件都集中布置在一个中央电器柜内，控制电路导线与电器的连接采用插接式器件，无须检查维修。

8K 型机车在技术上有其先进的地方，但由于该型机车是按照合同的技术条件专门为我国设计制造的，有些部件的技术要求不适合我国国情，实际运用中这些部件容易出现故障，问题至今没有解决。

学习借鉴、消化吸收国外机车的先进技术，可促使我国电力机车技术水平的提高，少走弯路，早日掌握并应用当代铁路机车的三大高科技技术：交流传动技术、计算机控制技术和径向可调节转向架技术（径向自导向轮对）。

第二章　高速铁路及重载运输关键技术

第一节　高速铁路概述

一、高速铁路的定义和主要类型

目前高速铁路的行车速度划分标准不尽相同，通常运行速度为 140 ~ 200 km/h 的称为准高速铁路，运行速度为 200 ~ 400 km/h 的称为高速铁路，运行速度为 400 km/h 以上的称为超高速铁路。根据这一行车速度的划分标准，高速铁路一般是指运行速度达到 200 km / h 以上的铁路，它是由适于高速运行的基础设施、固定设备、移动设备、完善而科学的安全保障系统和运输组织方法有机结合起来的庞大的系统工程，是当代高新技术的综合集成。

高速铁路按列车的支承和推进原理可分为轮轨式和磁浮式。按建造和运营方式，轮轨式又可分为新建客运专线、新建客货共线和既有线改造提速三种类型。轮轨高速列车按动力分布和驱动设备的设置，可分为动力分散式和动力集中式；按转向架布置和车辆间的连接方式，可分为独立式和铰链式。以上各种类型又有单层列车和双层列车之分。磁浮列车按悬浮机理可分为电磁式和电动式，按材料可分为常导型和超导型。

二、高速铁路的主要技术经济优势

高速铁路与高速公路和航空运输相比，其技术经济优势主要表现在以下几个方面：

（1）速度快。目前高速列车最高运行速度在 300 km/h 以上，2001—2004 年间，最高运行速度为 320 ~ 350 km/h 的高速列车相继投入运营。与高速公路最高运行速度 120 km/h 的小汽车和运行速度 500 km/h 的国内客机相比，考虑“门对门”运输，高速铁路的优势运距在 1 000 ~ 1 500 km 的范围，如果再考虑到安全、舒适、可利用夜间乘车时间睡眠等因素，则高速铁路在 1 500 ~ 2 000 km 运距内同样具有竞争力。

（2）运输能力大。高速列车行车间隔约为 4 min，行车密度可达到 15 列 / h，列车最大载客量可达 1 300 人 / 列，则每日单向输送旅客可达 20 余万人。以日本东海道新干线为例，其年运量达到 1.3 亿人次以上，这是高速公路和航空等现代化交通运输方式不可比拟的。

（3）安全性好。高速铁路自投入运营以来，极少发生乘客伤亡事故。如日本新干线投入运营已有 40 多年，安全运送旅客达 60 多亿人次，也从未发生过乘客伤亡事故。相比航空运输和公路交通，高速铁路乃是当今最安全的现代化交通运输方式。

（4）乘坐舒适。高速列车设施先进，运行平稳，舒适性好，车厢内的个人活动空间大大优于飞机和汽车。

（5）运行正点，全天候运行。高速铁路是最稳定的运输系统，运行正点率高，不受气候影响，日本新干线的高速列车平均晚点时间只有 0.3 min，西班牙 AVE 高速列车承诺，晚点 5 min 即退回全部票款。高速列车是全天候运行，一般不受恶劣气候条件影响。

（6）与既有线兼容（指轮轨系统）。高速铁路与传统铁路网具有良好的兼容性，高速列车可以进入既有线行驶，既有线车辆也可进入高速线运行。法国新建高速线路仅 1 280 km，而 TGV 列车服务网达到 5 700 km；德国新建高速线路仅 600 km 左右，而 ICE 列车服务线路已延长到 4 000 km 以上。这是高速铁路经济效益良好并得以蓬勃发展的重要原因之一。

（7）占地少，工程造价低。一条高速铁路的用地宽度约为一条四车道高速公路的 1/3，而一条高速铁路完成的运量至少相当于一条八车道的高速公路。另外，铁路线路的工程造价较低，以法国为例，高速铁路基础设施造价比四车道高速公路约低 17%，TGV 列车每座席造价约为短途飞机每座席造价的 10%。

（8）能耗少。高速列车每人·km 的能耗约为汽车、飞机能耗的 1/5。由于高速列车是采用电力牵引，与消耗石油的飞机、汽车相比，更显示出节约资源的优势。

（9）环境污染轻。高速列车对城市和环境几乎不造成污染，排放的有害气体远小于其他交通工具，以主要有害物 CO_2 为例，日本高速列车、小汽车和飞机平均每（座席·km）排放量比例为 1∶7.96∶5.39，治理污染的费用比为 1∶5.2∶4。

（10）社会效益和经济效益好。高速铁路实现了大量、快速、高密度旅客运输，可大大缩短旅行时间，推动铁路沿线经济的发展，增加就业机会，同时由于在安全、环保、节能等方面的优势而使运输成本降低，因而具有显著的社会效益和经济效益。

三、高速铁路的行车特点

高速铁路的行车特点主要体现在两个方面：

（1）行车速度高。高速客运专线的最高行车速度（300 ~ 350 km/h）相当于传统普速铁路最高速度（120 km/h）的 2.50 ~ 2.92 倍，客货共用的高速铁路速度（250 km/h）相当于传统普速铁路最高速度的 2.8 倍。

（2）行车密度大。列车运行间隔时间为 3 ~ 4 min。高速客运专线在行车高峰期间单方向每小时的行车量可达 20 列左右，为传统普速繁忙线路的 2.5 ~ 3.3 倍。

由于高速铁路的上述两个特点，必然引起铁路行车设备和管理的质变，例如：

（1）铁路的线路、站场等基础设施的技术标准，必须根据高速铁路的行车特点和运营要求研究确定。

（2）高速铁路的行车负荷大大加重，其行车设备必须大大加强。

（3）高速铁路行车人员的工作负荷和节奏大大加重和加快，故对行车人员的素质相应要求更高。

（4）高速铁路发生行车事故的潜在概率成倍增大，必须采取严密的预防措施。

（5）高速铁路的行车设备和管理，必须建立在确保行车绝对安全的基础上。

第二节 高速铁路牵引供电系统关键技术

高速铁路牵引供电系统关键技术包括：① 弓网关系与检测技术；② 自动过电分相与同相供电；③ 电能质量与电磁兼容；④ 牵引供电自动化与信息化；⑤ 接触线；⑥ 无交叉线岔受电弓配套技术；⑦ 自动过电分相技术。

一、高速铁路牵引供电的特点

高速列车速度非常高，密度与负荷特别大，使受电弓的上下振动与左右晃动剧烈，接触线抬升量比常速铁路高。这些运行特点，决定了高速铁路牵引供电系统有以下特点：① 满足高速运行的弓网关系；② 满足可靠稳定的供电要求；③ 满足免维护、少检修、抵御自然环境侵害的要求；④ 高速列车和动车组自动过分相；⑤ 供电能力适应高速度、高密度；⑥ 具有综合一体化远程监控能力。

高速铁路对接触网有更高的要求：

（1）机械结构具有稳定性和足够的弹性，在高速运行时保证电力机车正常取流。

（2）设备及零件应具有很强的耐磨性和抗腐蚀能力，尽量延长设备的使用年限。

（3）设备结构尽量简单，便于施工，有利于运营和维修。

（4）对地绝缘好，安全可靠。

二、接触网与高速受流技术

列车在高速运行时，如果离线，则会产生电火花、拉弧、事故大电流，从而使接触导线的温度急剧升高，磨耗工作面处于局部过热状态而发生软化，造成强度和表面硬度下降，使磨耗加快、使用寿命缩短，高温强度低而发生断线弓网事故，所以对接触线的要求是：① 高电导率、良好的受流性；② 耐热性好、抗软化温度高；③ 耐磨性好；④ 抗拉强度高；⑤ 抗大气腐蚀性能好；⑥ 线膨胀系数小。

目前世界各国电气化铁路上采用的接触网材料主要有：纯铜接触线（硬铜接触线），铝合金接触线，铜合金接触线等。我国高速铁路接触网采用了简单链形悬挂，H 形钢柱，绝缘爬距 1 400 mm；接触导线为 150 mm^2 铜合金，张力不小于 25 kN；承力索为 120 mm^2 铜合金，张力不小于 20 kN。

铜合金接触导线综合性能优异，在电气化铁路接触网中占主导地位，但是存在高强度与高电导率之间的矛盾；以铜为基体的复合接触线是目前的热点和发展方向。

无交叉线岔受电弓配套技术，是指采用侧线接触线与正线接触线无交叉式的平面布置结构，即在铁路线路道岔上方的侧线接触线始终保持与在正线线路上运行的机车受电弓不接触。这对于反位运行有严格限制，在反位方向只能以不高于 45 km / h 的速度通过。由于采用该技术在反位运行时可能发生弓网故障，需要对受电弓进行适当改造，所以，弓网关系是决定受流质量的主要因素。

接触网和受电弓组成一个柔性的振动系统。当受电弓一旦压上接触网，就会使接触导线产生波动，并在接触导线内传播，这个波的传播速度称为波动传播速度。当列车速度接近波动传播速度时，就会发生严重的离线现象，使接触网和受电弓之间的损耗加大，甚至发生电流中断和熔化损伤等故障。因此，高速受流的质量好坏与波动传播速度有关。波动传播速度可用下式表示：

$$v_c = \sqrt{T/\rho}\ \ (\mathrm{km/h})$$

式中：v_c 为波动传播速度（km / h）；T 为接触导线张力（N）；ρ 为接触导线密度（即单位长度的质量，kg / m）。

列车运行速度的最高限度的大致标准是接触导线波动传播速度的 70%。也就是说，列车最高运行速度应低于 70% 的接触悬挂波动传播速度。例如，列车速度为 350 km / h 时，接触线的 v_c 为 500 km / h。要提高列车运行速度，就必须提高接触导线的波动传播速度，且与列车速度的差值越大越好。

为了提高受流性能，除了选择适当的接触网悬挂方式和适合高速运行的受电弓外，还要使接触导线尽量轻和细，以利于提高张力和减小导线密度。高速铁路接触网的悬挂方式大多采用变 Y 形悬挂和弹性双链式悬挂。日本在山阳新干线试验 350 km / h 高速列车时，采用了 CS（钢芯铜线）接触导线和 TA（钢芯铝线）接触导线，如图 2-1 所示。CS 线张力为 2 t，TA 线张力为 1.5 t，TA 线的波动传播速度比较容易达到 600 km / h。

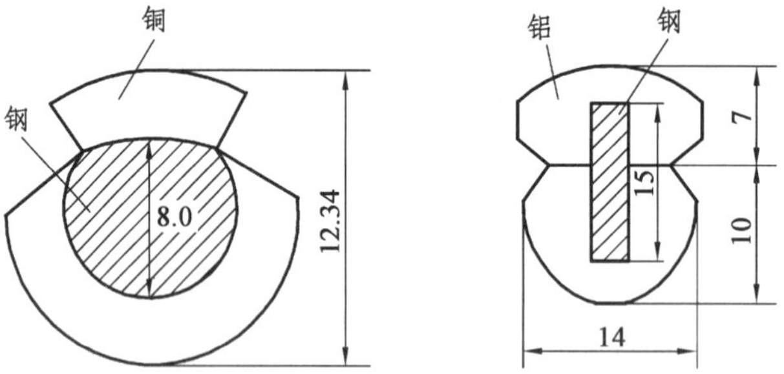

（a）CS 接触导线　　（b）TA 接触导线

图 2-1　CS 接触导线和 TA 接触导线的断面图

三、自动过电分相技术

器件式电分相对电力机车受电弓会产生很大冲击，目前大多采用锚段关节式电分相来消除此问题，这种关节式电分相一般由两个绝缘锚段关节和一段接触网中性区组成，但要求多个受电弓之间满足严格的限制条件，否则很有可能产生相间短路。目前，一般要求机车乘务员频繁地进行一系列操作来避免事故发生，这样就大大增加了乘务员的工作强度，实际运行中该故障也无法完全避免。

对于客运专线，列车速度较高，分相环节成为制约列车运行速度的主要障碍，因此自动过电分相技术成为解决这一问题的重要途径。

为了使电力系统三相负荷能尽可能平衡，电气化铁道接触网采用分段换相供电。为防止相间短路，各相间用空气或绝缘物分割，称为电分相。国内接触网上每隔 20 ~ 25 km 就有一个长约 30 m 的供电死区，在此无电区外一定距离处设有“断”“合”提示牌，电力机车通过时须退级、关闭辅助机组、断开主断路器，惰行通过无电区后再逐项恢复，这样受电弓是在无电流情况下进出分相区的，从而保证了受电弓和接触网的寿命。但这样操作，一方面影响了行车速度，另一方面增加了司机的劳动强度，操作稍有疏忽就会产生电弧烧毁分相绝缘器。对于准高速、高速线路，每小时就要过 10 多个分相区，靠司机操作实属困难。对于高坡重载区段，手动过电分相会引起列车大幅降速，延长咽喉区段的运行时间，降低线路运能。牵引供电系统电分相环节是制约列车运行速度的瓶颈之一，我国对自动过电分相技术进行了长期研究与实践，采用了不同的自动过电分相装置，其技术方案基本有 3 种：① 柱上开关自动断电方案；② 地面开关自动切换方案；③ 车上自动控制断电方案。

1. 柱上自动切换式

这种方案以瑞士 AF 公司为代表。国内原福州铁路分局曾从瑞士 AF 公司引进了 2 组自动分相装置，装于鹰厦线永安机务段管区内。其工作原理见图 2-2。A、B 两组真空开关在正常状态下均处于分断位置。当电力机车运行至 a—b 之间时，A 组开关装置线圈有电流通过，磁铁吸合，真空开关在 15 ms 时间内闭合使 c—d 段有电。当电力机车运行至 c—d 之间时，A 组开关的线圈中无电流通过，磁铁释放 15 ms 时间内 A 组真空开关断开，使 d—e—f—g 为无电区，机车惰行。当电力机车运行至 g—h 之间时，B 组开关装置线圈有电流通过，同理 B 组真空开关闭合，当机车驶离 i 点后，B 组开关线圈失电使 B 组开关断开，但此时该开关不起分断电流作用，这样 A、B 两组开关回到初始状态。

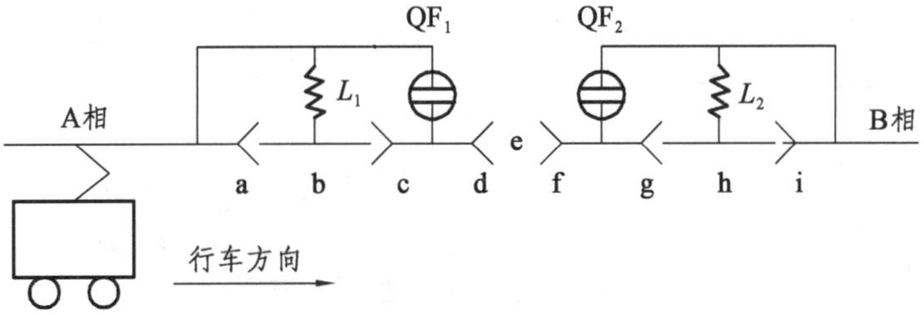

图 2-2　柱上自动切换式示意图

2. 地面自动转换式

这种方案以日本为代表，解决了东海道新干线上高速列车自动过电分相的难题。如图 2-3 所示，当机车从 A 相驶来到达 CG_1 处时，真空负荷开关 QF_1 闭合，中性段接触网由 A 相供电。待机车进入中性段，到 CG_2 处时，QF_1 分断，QF_2 随即迅速闭合，完成中性段的换向过程。由于此时中性段已由 B 相供电，机车可以在不用任何附加操纵、负荷基本不变的条件下通过分相段。待机车驶离 CG_3 处后，QF_2 分断、装置回零。反向来车时，由控制系统自动识别，控制 2 台真空负荷开关以相反顺序轮流闭合，采用这种方法过电分相，断电时间为 0.1 ~ 0.15 s。

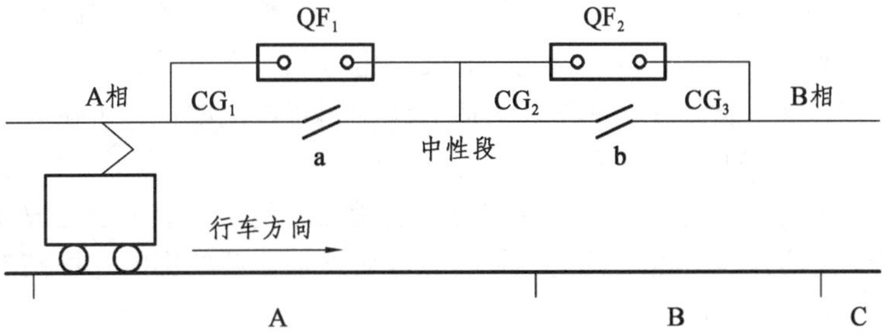

图 2-3　地面自动转换式示意图

3. 车上自动转换式

该方案以中国和英国为代表，其工作原理是当机车得到过电分相预告信号后，首先进行确认，然后封锁触发脉冲，延时断开主断路器，使机车惰行通过无电区。在通过无电区后，由机车自动检测网压从无到有的跳变并确认，再闭合主断路器，顺序启动辅机，然后限制电流上升率，启动机车。该方案中，除分相预告信号与地面设施有关外，其余一切操作都由机车自动完成，无须人工干预。

如图 2-4 所示，在离分相区两端约 60 m 处的线路上，左、右各埋 1 块磁铁，一个分相区只需要 4 块磁铁。机车头部靠近铁轨处左右各设 1 个感应器，当机车通过磁铁时，感应器就接收到信号，再由感应器向机车计算机控制系统发送 110 V 电平的预告信号，机车计算机控制系统在收到该预告信号后延迟一定时间，发出主断路器分闸信号，同时向感应器发出一个 20 ms 宽、110 V 电平的复位信号，使感应器复位，预告信号随之消失。所延迟的时间用于完成对预告信号的确认，封锁触发脉冲，等待电机电流衰减和断开主断路器，并留有一定余量。但延时时间不能太长，必须保证机车在开始进入分相区时使感应器复位，以便进行下一次的检测。当机车驶离分相区时，感应器也相应动作，机车计算机控制系统在检测网压恢复经过同样延时后，发出主断路器合闸信号并再次使感应器复位。

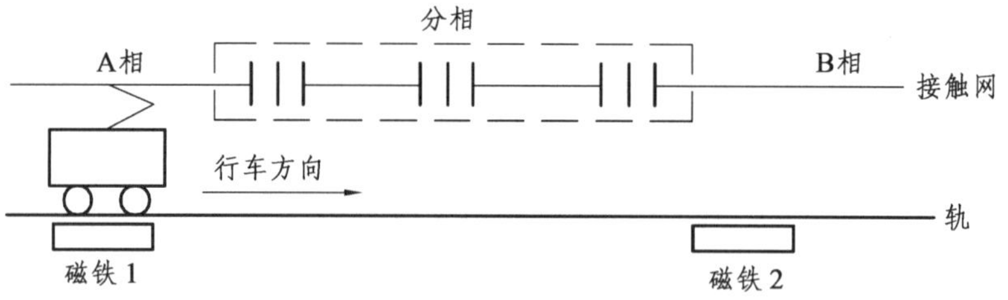

图 2-4　车上自动转换式示意图

四、同相供电技术的研究与应用

同相供电系统是指为电力机车或动车组提供电能的各供电区间具有相同电压相位的牵引供电系统。

采用同相供电系统一直是电气化铁道期待解决的难题，由西南交通大学李群湛教授首次提出并历经 20 多年的潜心研究，目前该技术理论和应用均取得了重大进展。2010 年我国第一套电气化铁道同相供电技术装备在成昆线眉山变电所成功投入运行，被誉为电气化铁道具有革命性的创新成果。相比于传统的供电系统，该技术能解决以下三大难题：

（1）取消了变电所出口处的电分相，提高了线路通过能力，尤其对减少高速铁路速度损失，避免重载列车大坡道停车、避免枢纽设置复杂电分相具有重要意义。

（2）提高了牵引变压器容量利用率。对既有线的同相供电改造，可显著提高牵引变电所的供电能力，对于新建线路，则可减少牵引变压器的安装容量，节省了大量固定投资和电能。

（3）综合解决了电能质量问题。具有综合补偿无功、负序，减少电压波动的能力，满足各种计量方式下的无功补偿，也可避免过补，减少对外部电源的影响，提高牵引供电系统对外部电源的适应能力。

同相供电技术，有以下两种实现方式：

（1）通过在变压器二次侧绕组上并联相应的电感、电容器件实现同相供电，如图 2-5 所示。

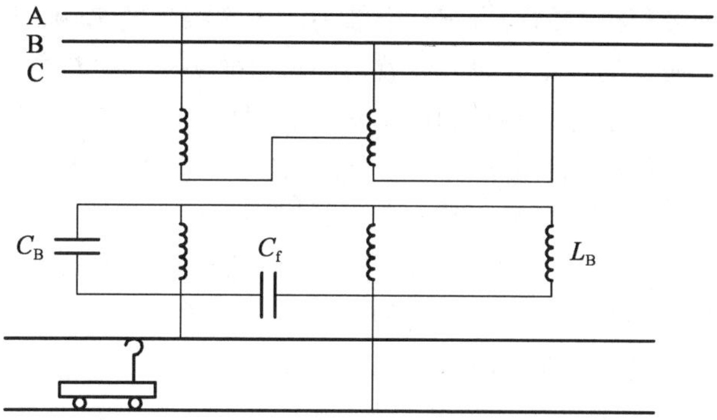

图 2-5 采用 SCOTT 平衡变压器实现同相供电

（2）采用电力电子技术实现同相供电，如图 2-6 所示。

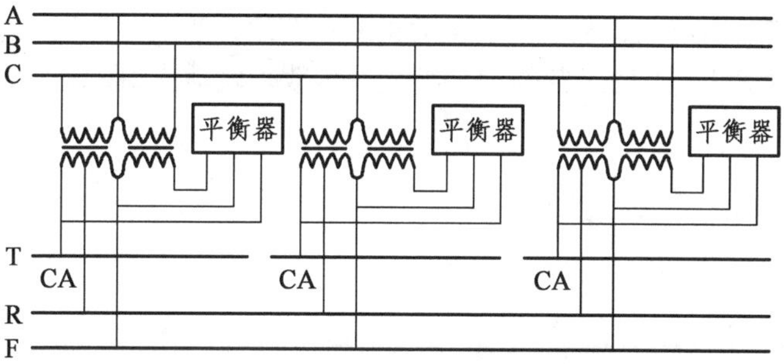

图 2-6 采用电力电子技术实现同相供电

第三节 国内外高速动车组简介

一、动车组概述

1. 动车组的定义及结构特征

我们通常看到的电力机车和内燃机车，其动力装置都集中安装在机车上，在机车后面挂着许多没有动力装置的客车车厢。而动车组是一种带有可操纵动力的固定编组的列车组，带动力的车辆叫动车，不带动力的车辆叫拖车。

动车组的结构特征是：① 车组内包含可操纵的动力车和各种功能的车辆；以固定编组进行运营，运用时不能解编；② 往返运行不需换头，只需改变操纵端；③ 某些动车组允许重联运行。

动车的技术发展主要表现在：牵引制动功率、速度和舒适性的提高，单位功率重量的降低以及电子技术、计算机控制、计算机网络技术的应用等方面。

2. 动车组的分类及其特点

动车组按照牵引动力的分布方式，分为动力分散型动车组和动力集中型动车组。动力集中型动车组的头尾两端为带司机室的动力车，中部为供旅客乘坐的车辆，称为拖车，也有一端为带司机室并有座席的可操纵的拖车。动力分散型动车组的头车、尾车和中部全部或部分车辆带有动力，或部分转向架带有动力，头车和尾车除了有司机室外也带有座席。

动力分散型动车组的优点：① 动力装置分布在列车不同的位置上，能够实现较大的牵引力，编组灵活；② 由于采用动力制动的轮对多，制动效率高，且调速性能好，制动减速度大，适合用于限速区段较多的线路；③ 列车中一节动车的牵引动力发生故障对全列车的牵引力影响不大。动力分散型动车组的缺点：牵引力设备的数量多，总质量大。

动力集中型动车组的优点：① 动力装置集中安装在 2～3 节车上，检查维修比较方便；② 电气设备的总质量小于动力分散型动车组。动力集中型动车组的缺点是：动车的轴重较大，对线路不利。

动车组按动力类型，分为电动车组和内燃动车组。用内燃机作动力，采用电传动装置或者液力传动装置的动车组，叫内燃动车组，内燃动车组按传动方式又分为电力传动和液力传动两种。由电气化铁路接触网供电，驱动牵引电动机的动车组，叫电动车组，电动车组按电流制又分为直流和交流两种。世界上已运营的动车组绝大多数为电动车组，这主要是由于能源、环保、效率及高速的需要。

二、高速动车组关键技术

1. 交流传动技术

在高速机车车辆开通初期，采用直流电机作为牵动引力。随着新型半导体器件的出现和电传动技术的发展，交直交变频调速技术已经充分显示出它的优越性，并已经在高速列车上得到广泛的应用。现在，无论是动力集中式还是动力分散式电动车组，几乎毫无例外地都采用了交流传动技术，而交直传动技术将逐步被淘汰。

交流传动技术的明显优势：

（1）由于牵引电动机为三相交流异步电动机，不需要换向器，使得电动机最大转速大大提高，电动机体积大大减小，故障大大减少，有利于减小转向架的质量。

（2）交流传动系统有良好的牵引、制动控制特性。

（3）可实现再生制动，有效地实现了能源的再利用。

（4）由于再生制动的使用，制动盘（片）的使用率大大降低，磨耗大大减小。

（5）再生制动工况与牵引工况之间的转换迅速、连续、无冲击。

（6）系统的功率因数接近于 1，对电网几乎无谐波污染。

2. 列车监测、诊断、控制技术

随着计算机技术、信息技术、网络技术的发展，目前高速列车上已装备了控制、监测、诊断系统，这是一个车载分布式计算机网络系统，通过列车总线和车厢总线，把分布在各车厢中的各个用于控制、监测的计算机联网，由列车上的主控计算机对列车实施控制、监测、诊断。

各种信息可通过司机台上的显示屏使司机知道列车中主要设备的运行状态并作出诊断和进行必要的处理。无论对于动力集中式列车还是动力分散式列车，都可以实现各牵引动力设备的重联控制。

3. 复合制动系统

随着计算机技术、信息技术和网络技术的发展，对列车的控制采用了更为有效的模式——曲线控制的机电一体化的列车运行速度控制系统。新的列车制动技术摒弃了使用上百年的列车管减压方式，而代之以根据列车制动力的需要使用计算机对列车中各车厢的制动力进行分配，由车厢计算机根据上一级计算机的指令，对该车的制动缸实施充/排气以使列车按指定的模式曲线调节速度。

这一技术的优点是明显的：① 制动力可根据需要调节，列车的可控制性大大提高；② 列车管不再向大气减压排气，而仅向制动缸充/排气，节省了压力空气，能源消耗大大降低；③ 各车厢也可根据各自车上的载重情况，由计算机确定出最适当的制动力；④ 各车厢也可按指定的模式曲线，根据各自的速度控制各自的制动力；⑤ 各车厢的制动率（减速度）基本一致，大大减小了列车中的冲击力。

4. 车体结构轻量化

过去高速车辆的车体承载结构大都采用钢结构，由于受到轴重的制约，需要减轻自重。通过优化结构、变换材质，如今高速车辆的车体承载结构达到了轻量化的要求，其中材料方面使用了铝合金型材。随着铝合金工业的发展，铝合金组合型材、大面积组合型材、蜂窝式铝合金型材等大量出现，目前在高速列车上使用效果较好的是中空双表面铝合金碾压型材一、法国 TGV 型电动车组

三、国外高速动车组简介

随着高速铁路的不断发展、进步，目前世界各国已经出现了许多新型的、先进的机车和动车。例如，德国的 103 型电力机车，持续功率为 7 440 kW，10 min 功率可达 10 400 kW，轴重仅 19.3 t，最高速度为 200 km / h；德国采用交直交电传动的 120 型电力机车，轴功率达到 1 400 kW；日本“STAR21”试验型电动车组的最高试验运行速度达到 425 km / h；法国的 TGV 型电动车组创造了轮轨接触方式下试验运行速度达到 515.3 km / h 和 574.8 km / h 的世界最高纪录。

目前，国外有代表性的干线高速电动车组主要有：日本新干线电动车组、法国 TGV 电动车组、德国 ICE 电动车组、英国 APT 高速摆式电动车组等。其中，日本新干线电动车组第一列 0 系列车在 1964 年新干线开通时就以 210 km / h 的最高运行速度投入运用，使东京—大阪间列车运行时间由 7 h 缩短至 3 h 10 min；法国 TGV-A325 号动车组于 1990 年 5 月在大西洋线创造了 515.3 km / h 高速行车的世界纪录。2007 年 4 月 3 日，法国 TGV-V150 号动车组又创造了 574.8 km / h 的世界新纪录。

1. 法国 TGV 型电动车组

TGV 型电动车组是法国享有盛名的高速列车。第一代 TGV 是 TGV-SE 型动车组，由 10 节列车组成，头尾两节为动车，中间 8 节为拖车，为传统的机车牵引列车方式；为适应高速走行，减轻轴重和簧下质量，将动力分散，轴重限制在 16 t，客车轴重和机车相同；机车采用电阻制动，客车采用盘形制动；动车组能在两种电网下工作，即交流 25 kV/50 Hz 和直流 1 500 V，动车组共有 12 台功率 525 kW 的直流串激牵引电动机。第二代 TGV 为 TGV-A 型动车组，它与 TGV-SE 型动车组的区别主要是采用了 2M10T（M 为动车，T 为拖车）关节式连接车辆，牵引电动机采用同步电动机，功率 1 100 kW。

为了满足日益增长的旅客运输的要求，法国国铁于 20 世纪 80 年代后期开始第三代 TGV——双层 TGV Dupex 的开发工作。双层 TGV 列车为 2M8T 编组，列车两端为动车，中间 8 节拖车，列车总长 220 m，总重（标准承载）383 t，功率 8 800 kW，最高旅行速度 300 km / h，紧急制动距离 3 000 m（300 km / h 时）；动车总长 22.15 m，重量 67.8 t，受电弓为“特高速”专用型；司机室信号采用地面与列车无线传输系统，车上设有中央计算机；每节动车有 4 台三相同步牵引电动机，电阻制动功率展开时为制动最大功率的 3 / 4；中间拖车长 18.7 m，端部拖车长 21.8 m，中间拖车为 33 t，端部拖车为 45 t，轴重 17 t，制动采用 4 个钢质的无风冷双盘制动器，使用空气弹簧悬挂；采用关节式连接车辆（所谓关节式连接，是指车辆的连接处共用一个转向架），其特点是：列车的运行阻力比采用普通转向架的列车更低；相同长度的列车总重量小；增加了旅客乘坐的舒适性；对车体构造有利。和第二代 TGV 一样，双层 TGV 列车也能在两种电网下工作。双层 TGV 列车与第二代 TGV 列车相比有如下特点：① 在相同列车长度下增加了 45% 的座位，提高了载客能力；② 动力车头部更具流线型，减少了空气阻力。

2. 日本新干线 WIN350 型电动车组

为了提高日本山阳新干线的运行速度，日本研究开发了 WIN350 型高速试验列车。

山阳新干线的标准曲线半径是 4 000 m，如果以 300 km / h 的速度通过该曲线，产生的离心加速度将近 0.13g，为此采用车体倾斜控制，同时进行抑制侧摆等振动加速控制，将该加速度降到 0.1g 以下。

WIN350 型列车的特征是：具有相当高的输出功率，最高运行速度为 350 km / h（100N 系为 270 km / h）。为了克服空气阻力和确保受电弓的间隔，WIN350 型动车组由 6 辆编成，通过高压贯通线引入接触网的 25 kV / 60 Hz 交流；主电路的主变换装置采用当今最大级别的 4 500 V/4 000 A GTO，采用 VVVF 控制方式；起动加速度为 1.6 m / s^2 以上，制动方式为再生制动加空气制动；紧急制动时，同时使用再生制动和空气制动，可获得约 2.8 m / s^2 的制动减速；牵引电动机采用三相感应电动机，每一辆动车上有 4 台牵引电动机，每台功率为 300 kW，轴距为 2 500 mm，驱动方式为平行万向方式；车体为铝合金制成，重量约 40 t / 辆（100N 系约 55 t / 辆），车体宽 3 380 mm、高 3 300 mm（降低车体高度的目的是为了减小走行阻力、走行噪声及隧道内的微气压波）。

WIN350 型电动车组上的列车自动控制装置采用数字式 ATC，列车速度分成 0、30、70、120、170、220、230、275、300、330、350 共 11 段速度信号，由车载装置接收地面信号，进行列车超速防护。

3. 德国 ICE 型动车组

从 1982 年开始，德国研制开发了 ICE 型高速试验车，于 1985 年 12 月推出了 2 辆电力机车和 3 辆客车。

ICE 型列车也采用机车牵引列车的方式；为减轻轴重，动力车分成头尾车，中间连接 12 辆客车，其连接方式和 TGV 不同，不采用关节式连接，目的是使编组的自由度增大，最多可连接 14 辆客车；客车车体用铝合金制成，比同类型的客车轻 1 t；机车为钢体，轴重 19～20 t，一辆机车的额定输出功率是 4 800 kW，牵引力 200 kN，轴式为 B_0-B_0；牵引电动机采用三相异步电动机，空心轴传动，牵引电动机和驱动装置重量的 2/3 悬挂在车体上；主电路采用大型 GTO，PWM 变流，VVVF 逆变控制方式；接触网的供电方式为单相交流 15 kV/$16\frac{2}{3}$ Hz。

德国铁路部门根据各个城市的分布情况，把 ICE 动车组的最高速度定为 250 km/h，车辆的最高速度设计为 280 km/h，制动装置和日本新干线电动车组相同，有电气和机械两种制动系统，客车除采用盘形制动外，还采用磁轨涡流制动。今后，客车车辆制动盘将采用铝合金制作，与常规的灰口铸铁制动盘和球墨铸铁制动盘相比，铝合金制动盘质量将减轻 50%，每个制动盘重 50 kg。对于整列车来说，采用铝合金制动盘可节省很大的能量，且在高速时可减轻负荷及减少钢制走行部的磨损。

4. 摆式（倾斜式）车体

当车辆通过曲线线路时，由于离心力的作用而产生横向加速度。为减少横向加速度的值，在线路上设置外轨超高，使车辆向弯道内倾斜。横向加速度 a_x 可由下式表示：

$$a_x = \frac{v^2}{R \cdot g} - \frac{h_0}{G}$$

式中：v 为走行速度；R 为曲线半径；g 为重力加速度；h_0 为外轨超高；G 为轨距。

由于 a_x 与 v 的平方成正比，与 R 成反比，因此高速列车通过小曲线半径的轨道时，离心力很大，车辆通过困难。外轨超高虽能抵消一部分离心力，但同一外轨超高不适合所有的运行速度，特别是通过更高速度运行的列车时就会显得超高不足。当然，超高值也不能过大，否则对于较低速度运行的列车，超高过度，车辆在曲线上停留时有向内倾倒的危险。

提高车辆曲线通过能力的一种有效方法是采用摆式车体。该车体在通过曲线线路时，车体会更加向内倾斜，通过适当控制倾斜角来弥补线路超高不足，平衡车体的离心力，降低车体的横向加速度，也不会让旅客感到不舒适。采用摆式车体的列车，在不改造或尽量少改造线路的条件下，可提高通过既有线曲线的速度，从而提高全线的平均运行速度。

摆式车体的倾斜方式有两种：一种是自然摆动式（又称无源式），另一种强迫摆动式（又称有源式）。

自然摆动方式的车体，车体倾斜的转动中心比车体重心位置高，转向架上设滚柱和连杆机构，摇枕弹簧装在车体上部，利用离心力的作用使车体自然倾斜，摆角为 3.5° ~ 5°。这种方式结构简单，不耗能，装置的可靠性高；但缺点是存在缓和曲线上的迟摆问题，因为车体倾斜的作用力是离心力，在缓和曲线上无离心力，车体不倾斜，进入曲线后，由于车体的惯性使车体倾斜的时间延迟了。为解决这一问题，日本 2000 系动车组采用了控制摆动方式，即在自然摆动方式的基础上增设空压气缸，用计算机控制车体摆角。在进入缓和曲线之前，先使车体倾斜（由地面发出信号），从而减少车体的迟摆。控制摆动方式的车体，其倾斜的动力主要是离心力，空压气缸作为辅助功能，如图 2-7 所示。和以前的自然摆动方式相比，控制摆动方式列车的曲线通过速度还能提高 10 km/h。

强迫摆动方式和自然摆动方式不同，不用离心力作倾斜动力，而是用液压或气压作动力，使车体强迫倾斜。这种方式下车体倾斜的转动中心不受限制，转动中心可比车体的重心低，车体倾角可达 8° ~ 10°。该方式存在的主要问题是传感器、控制装置、传动机构等的动作可靠性。其示意图如图 2-8 所示。

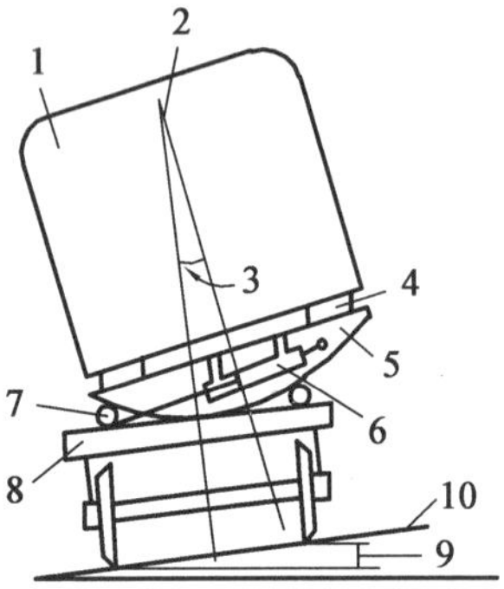

1—车体；2—倾斜转动中心；3—车体倾斜角；4—枕簧；5—摆架；6—空压气缸；7—滚柱；8—构架；9—外轨超高；10—轨道面。

图 2-7　控制摆动方式

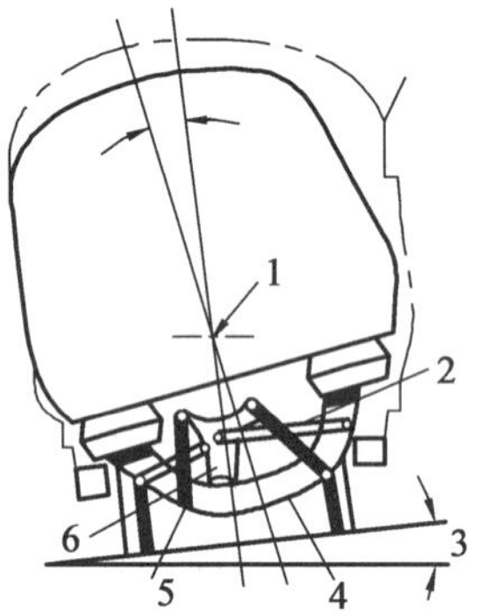

1—摆动中心；2—控制车体倾斜用油压缸；3—外轨超高角；4—摆梁；5—连杆；6—转向架构架。

图 2-8　强迫摆动方式

采用自然摆动方式的车辆有：日本 381 系电动车、2000 系内燃动车，西班牙的 TALGO 型列车，瑞士的 E_U-I_V 型客车等。采用强迫摆动方式的车辆有：意大利的 ETR450 型动车，瑞典的 X2000 型动车，加拿大的 LRC 型客车，德国的 VT610 型内燃动车，英国的 APT 型动车等。采用摆式车体的列车，其通过曲线的速度可提高 20% ~ 30%。例如德国的 VT610 型动车，在曲线半径为 1 050 m 的曲线区段上的通过速度为 200 km/h；而非摆式列车在同样的曲线区段，其通过速度只有 160 km/h。

下面重点介绍瑞典的 X2000 摆式列车。

X2000 摆式列车的特点是编组自由和采用径向自导向轮对，最高速度为 200 km/h。编组时，可由一节动车、5～8 辆客车和一辆带司机室的拖车组成短编组列车，也可由两节动车（两端各一节）和 16～20 辆客车组成长编组列车。根据编组的情况不同，列车的总牵引功率不同，例如，1 动 + 6 拖编组，总牵引功率为 5 000 kW，而 2 动 + 20 拖编组，总牵引功率为 10 000 kW。所有转向架都装有径向自导向轮对，客车（包括带司机的拖车）均装有强迫摆动方式（主动式、有源式）的车体倾摆系统，但动车为非倾摆式。

X2000 摆式列车的车体倾摆控制原理如图 2-9 所示。在列车组的前转向架中心安装有两个相同的加速度仪，用以测量横向加速度和不平衡度。两个信号相互对照，以确保精度，一旦信号不相符，摆动系统自动关断，列车减速。动力车和带司机室的拖车上装有两个加速度仪整定电器，只利用列车前端的信号，提供与转向架横向加速度值成正比的信号，经低通滤波器传送出去。动力车在列车最前位，列车进入曲线后，载有旅客的第一辆车有足够的时间摆动，使旅客较为舒适。根据加速度仪测得的数据，计算机对速度和距离进行运算，将摆动指令送往每辆车的辅助计算机，相邻车上的辅助计算机之间可以通信联系，即使与主计算机失去联系，仍可由相邻车辆获得信息，产生摆动。摆动过程中，为确保系统正确运行，对摆角实行跟踪监视。当偏转速度为 4°/s 时，车体倾角可达 8°，根据弹簧压力，车体有效倾角是 6.5°，可对高达 70% 的离心力给予补偿。

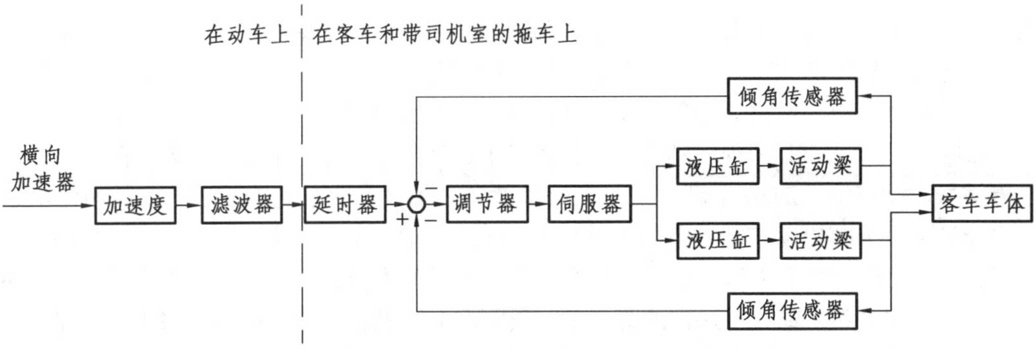

图 2-9 X2000 摆式列车的车体倾摆控制原理

为保证通过曲线时使轮轨水平力和横向力比在容许范围内，在动车和客车的转向架结构中采用了柔性一系纵向悬挂（高弹性人字形橡胶），称为径向转向架。车轴的柔性纵向悬挂使轮轨力产生自导向作用，从而使转向架的诸轴与轨道曲线半径更接近于同一直线上，如图 2-10 所示。与常规的固定式轮对转向架相比，该方式可降低轮轨力的横向力与纵向力（即脱轨系数）。这种自导向轮对还可减少轮缘磨耗，延长车轮的使用寿命。

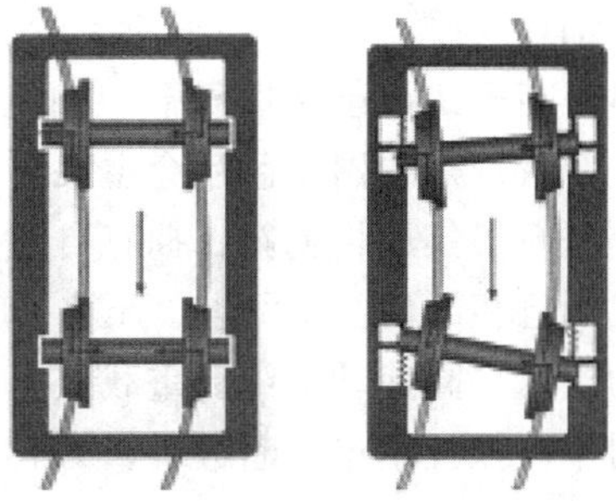

图 2-10 径向自导向轮对

X2000 摆式列车的制动系统采用空气制动（电空制动）、动力再生制动和磁轨制动。动力车上采用盘式（摩擦盘与动轮辋相接触）、踏面和动力再生制动，其他车上采用盘式（摩擦盘与轴装盘接触，每车轴安装两个）和磁轨制动（仅作紧急制动用）。施行常规制动时，司机可选用动力制动或混合制动（空气制动加动力制动）。在使用混合制动时，如果动力制动失效，制动系统会自动补偿。X2000 摆式列车在运行期间未发现过滞缓现象。

对于既有线的提速，特别是多曲线的山区和中长途客运，X2000 摆式列车有一定的优势。目前，多数的摆式列车运用在欧洲，作为一种尝试，我国的广深铁路公司于 1998 年向瑞典租赁一列 1 动 6 拖的 X2000 摆式列车，投入运行期间，X2000 摆式列车以其快速和平稳、舒适的乘坐环境，良好的车内设施以及经过严格培训的高素质乘务队伍得到了乘客的普遍好评。

四、我国主要动车组简介

20 世纪中后期以来，许多国家在客运繁忙的铁路干线上开行了大量的动车组，在高速铁路上全部采用电动车组的运输方式。20 世纪末，我国从瑞典引进的 X2000 摆式电动车组在广深线运用成功，同时，我国铁路部门也不失时机地对动车组进行研发。我国首列 DMU 型双层内燃动车组由唐山机车车辆厂于 1998 年自行开发研制成功，并于当年 6 月在南昌至九江间投入运行；春城号电动车组，是长春客车厂为迎接“99”昆明世界园艺博览会开发制造的中国首列用于商业运行的电动车组；先锋号交流传动电动车组，是由南京浦镇车辆厂负责总体研制的我国第一列交流传动动力分散型电动车组；大白鲨号高速电动车组，是株洲电力机车厂研制的我国第一台正式进入高速领域的动力集中式高速动车组；中华之星号高速电动车组，是我国当时京沈快速客运通道的主型列车，列车最高运营速度可达 270 km/h。至 2005 年，我国已有 NZJ 型全双层内燃动车组、NYJ_1 型液力传动内燃动车组（九江号和北亚号）、NZJ_1 型双层内燃动车组（新曙光号）、NZJ_2 型内燃动车组（神州号）、金轮号内燃动车组、普天号摆式内燃动车组、春城号电动车组、DDJ_1 电动车组（大白鲨号）、DJJ_1 电动车组（蓝箭号）、DJF_2 电动车组（先锋号）、DJF_1 电动车组（中原之星号）、DJJ_2 电动车组（中华之星号）等先后问世，并投入运营。从运营的情况来看，这些动车组的表现不尽如人意，存在不少技术问题，无法快速形成我国动车组主型产品，在这样的背景下，我国提出了机车车辆发展的战略思路，即要充分利用国外成熟先进技术快速提升我国运输装备技术水平。因此，从 2004 年起，我国与日本、法国、德国等国家先后合资研制生产了一批动车组，例如，与加拿大 BSP 公司、日本川崎公司、德国西门子公司、法国阿尔斯通公司合资生产了中国第一批 CRH_1、CRH_2、CRH_3、CRH_5 交流传动高速动车组，命名为“和谐号 CRH 系列”动车组，每列 8 辆编组，并可实现两列车联挂运行。在 2007 年 4 月 18 日铁路第六次大提速之际，CRH_1（加拿大）、CRH_2（中日合资）、CRH_3（中德合资）、CRH_5（中法合资）四种 100 多列动车组上线运行，掀开了我国高速动车组与高速铁路建设的序幕，为国人的出行提供了快捷方便的新型运载工具。

特别是中国特色社会主义进入新时代以来，我国铁路在对引进技术进行消化吸收的基础上进行了集成再创新，拥有自主知识产权的机车、动车组品牌不断涌现。从 21 世纪初至今，我国已相继研制、引进、开发了 50 余种型号的电力机车、内燃机车、动车组，大功率交流传动技术、高速动车组、重载技术和列车制动技术有了重大突破和发展，新型制动摩擦材料和列车监控技术也不断进步，为我国铁路技术装备及运用技术的快速提高和发展奠定了良好的基础。

复兴号动车组是我国引进先进技术、消化吸收集成再创新的重大成果，是拥有我国自主知识产权的中国标准动车组，已形成了涵盖 160 km/h、250 km/h、350 km/h 等不同速度等级，适应高原、高寒、风沙等各种运营环境的复兴号系列产品。2017 年 9 月 21 日，复兴号动车组在京沪高铁率先实现了 350 km/h 运营。2016 年 7 月、2022 年 4 月，复兴号动车组在郑徐、济郑高铁线上创造了 840 km/h、870 km/h 的双向交会试验世界纪录。2019 年 12 月 30 日，复兴号动车组在京张高铁率先实现了时速 350 千米自动驾驶功能，强化了我国高铁技术的世界领跑地位。

通过复兴号中国标准动车组的研制，动车组九大关键技术和十项配套技术的部件全部实现了国产化。复兴号动车组在方便运用、环保、节能、降低全寿命周期成本、进一步提高安全冗余等方面都有重大创新，具有智能化、安全性、人性化、经济性等特点。

复兴号动车组的创新设计：

（1）统一互联互通（统一车钩机械连接接口，实现物理互联；统一电气接口，实现逻辑互联）、统一互操作（统一司机操作界面及动车组的工作模式，实现互操作）。因此，复兴号动车组的功能更加规范，实现了不同厂家生产的相同速度等级动车组能够重联运行、不同速度等级动车组能够相互救援，运营组织更加灵活，提升了动车组的利用效率，降低了运用成本。

（2）零部件统型设计，实现了零部件通用互换，打破了以往动车组零部件的供应垄断，减少了备品备件数量，降低了动车组购置及检修运用成本。

复兴号动车组的技术特点：

（1）智能化。建立了大量的传感系统，全列检测点达 2500 余项，采集各种车辆状态信息 1500 余项，对列车进行全面监测；建立感知系统的传输通道和智能判识的网络，采用 TCN 和高速传输以太网的双重冗余设计的网络控制系统，可实现收集各类监测点信息，并根据预先设定的判据实时诊断故障；采用 4G、5G 通信技术实现远程数据传输，可在地面实时获知车辆状态，提升地面同步监测和远程维护能力。

（2）安全性更高。列车具备失稳检测、烟火报警、轴温检测、受电弓视频检测等安全防护措施，安全防护设计完善，并在确保走行安全的基础上，增加了主动安全与被动安全措施；增设地震预警系统，当接收到地震报警时，列车自动施加紧急制动；加装列车跟踪预警装置，可获取本车与前车间隔距离，当距离接近时，实施预警提示，同时将本车车次、速度、位置信息实时无线传输给地面预警服务器，以供后车预警；设置脱线安全防护装置，提高了动车组被动防护能力，构建高速铁路三级脱线安全防护体系，最大限度降低异常灾害下的人员财产损失；设置碰撞吸能装置，提高了行车安全性。

（3）更加人性化。复兴号动车组通过优化旅客界面与司乘界面，提供人性化舒适乘坐体验；提供无线 Wifi 服务；提升全列车供水和排污容量，污物零排放；具备过分相不间断供电和无火回送自发电功能，满足旅客不间断用电和无火回送时设备用电需求；动车组乘坐空间增大，二等座座椅间距统一加大到 1.02 m，一等座椅间距统一加大到 1.16 m；设置不间断的旅客用 220V 插座；空调系统充分考虑减小车外压力波的影响，减小隧道通过或交会时耳部不适感；设有多种照明控制模式，可根据旅客需求提供不同的光线环境。

（4）更加经济实用。列车采用轻量化、低阻力设计，高效的牵引/制动系统，合理的修程修制体系，全寿命周期成本低，整车寿命 30 年；零部件等寿命设计理念、合理修程修制、最少易损易耗件和最小维护单元、通用性强的模块化定制技术，以及完善的配套产品供应链，降低了运用检修寿命周期成本；优化设计结构，同时采用先进的轻量化材料，降低整车自重；采用具有中国元素的全新型低阻力流线型车头，平顺化车体外轮廓设计，降低了动车组运行阻力和噪声；采用列车级制动力管理模式，优先采用再生制动，实现了制动能量的回馈和再利用。

2022 年，我国多条高铁线路均开通了 350 km/h 时速运行，自此我国成为世界上高铁商业运营速度最高的国家，“CR450 科技创新工程”已纳入国家“十四五”规划纲要。目前，我国高铁营业里程已超过 4 万千米，高铁已连接 31 个省份，共有 4 153 列动车组开行，其中有 1191 列复兴号动车组，体量和运营速度居世界第一。我国已成为世界上高速铁路系统技术最全、集成能力最强、运营里程最长、运行速度最高、建设规模最大的国家。

表 2-1、表 2-2 所示为我国自主研发的早期动车组的技术参数和运用情况，表 2-3 所示为我国引进国外先进技术联合研发生产的和谐号动车组的主要技术参数，表 2-4 所示为我国自主研发生产的复兴号动车组的主要技术参数。

表 2-1　我国早期自主研发的电动车组的技术参数和运用情况

参数	春城号电动车组	大白鲨号（DDJ_1 型电动车组）	蓝箭号（DJJ_1 型电动车组）	先锋号（DJF_2 型电动车组）
运营区段	昆明—石林	广深线	广深线	京沈客运专线
动力配置方式	动力分散式	动力集中式	动力集中式	动力分散式
编组方式	M + T + M + T + T + M	M + 5 T + Tc	M + 5 T + Tc	2（2M+T）
传动方式	交-直传动	交-直传动	交-直-交传动	交-直-交传动
动车轴式	B_0-B_0	B_0-B_0	B_0-B_0	B_0-B_0
轴重 / t	动车≤18	动车≤21 拖车≤15.5	动车≤19.5 拖车≤15.5	≤15
动车组总重 / t	381	382	391	350
动车轮径（新）/ mm	915	1 250	1 050	915
动车组总长 / m	159	170	178	155
定员 / 人	608	1 140		424
牵引电动机功率 / kW		1 000	1 225	300
持续功率 / kW	2 160	4 000	4 800	4 800
持续电流 / A			409	107.7
起动电流 / A				178
最高运行速度（km/h）	120	200	200	200
最高试验速度（km/h）	127	223	236	250
持续速度 /（km/h）	75	127	105	100
持续牵引力 / kN	120	108	164	164
起动牵引力 / kN	180	180	211	164
起动加速度 /（m/s^2）	≥0.33	0.193（0 ~ 200）	≈0.22	0.42（0 ~ 100）
恒功速度范围（km/h）		127 ~ 200	105 ~ 230	100 ~ 250

续表

参数	中华之星号（DJJ$_2$ 型电动车组）	中原之星号（DJF$_1$ 型电动车组）	X2000 摆式电动车组
运营区段	京沈客运专线	郑州—武昌	广深线
动力配置方式	动力集中式	动力分散式	动力集中式
编组方式	M + 9 T + M	4（2M + T）+ 2 T	M + 5 T + Tc
传动方式	交-直-交	交-直-交	交-直-交
动车轴式	B_0-B_0	B_0-B_0	B_0-B_0
轴重 / t	动车 19.5 拖车 11 ~ 12	16.5	动车 25 拖车 18
车组总重 / t	678	924	398
动车轮径（新）/ mm	1 050	915	1 080
车组总长 / m	282	369	165
定员 / 人	772	1 292	399
牵引电动机功率 / kW	1 225		
持续功率 / kW	9 600	6 400	3 260
持续电流 / A	445		
起动电流 / A	500		
最高运行速度 /（km/h）	270	160	210
最高试验速度 /（km/h）	321.5	178	
持续速度 /（km/h）	110	85	100
持续牵引力 / kN	314.2	125	117.4
起动牵引力 / kN	400	215（0 ~ 52.5）	160
起动加速度 /（m/s^2）	⩾0.44	⩾0.45	
恒功速度范围 /（km/h）	110 ~ 300	52.5 ~ 160	100 ~ 200

注：Tc 为带司机室的拖车。

表 2-2 我国自主研发的早期内燃动车组的技术参数和运用情况

参数		NZJ 型双层内燃动车组	NYJ$_1$ 型液力传动内燃动车组		新曙光号（NZJ$_1$ 型内燃动车组）
			九江号	北亚号	
运营区段		南昌—九江	南昌—景德镇 南昌—玉月山	哈尔滨—牡丹江	上海—南京
编组方式		M + 2T + M	M + 4T + M	M + 5T + M	M + 9T + M
动车轴式		B_0-B_0	B-2	B-2	A1A—A1A
柴油机装车功率 / kW		2×660	2×1 000	2×970	2×2 760
动车标称功率 / kW		2×340	2×700	2×700	2×2 060
轴重 / t	动车	18	19	22 ~ 18	21
	拖车	17	11.4	11.4	⩽16

续表

参 数	NZJ 型双层内燃动车组	NYJ1 型液力传动内燃动车组		新曙光号（NZJ1 型内燃动车组）
		九江号	北亚号	
动轮直径（新）/ mm		915		
车组总重 / t	288	372	384.8	828
车组总长度 / m	100.6	157.2	182	280.6
定员 / 人	542	546	662	1140
最高运行速度 /（km/h）	120	120	140	180
持续速度 /（km/h）	30	35	26	73.9
持续牵引力 / kN	2×35	2×64	2×80	2×91.9
起动牵引力 / kN	2×70	2×98.6	2×112.6	2×150.5
起动加速度 /（m/s^2）	0.23	0.49		0.59（0～73.9）

参 数		神州号 NZJ2 型内燃动组	金轮号内燃动车组	普天号摆式内燃动车组
运营区段		北京—天津	兰州—玉门	
编组方式		M＋10T＋M	M＋9T＋M	M＋6T＋M
动车轴式		B_0-B_0-B_0	C_0-C_0	A1A-A1A
柴油机装车功率 / kW		2×3 310	2×3 310	2×2 400
动车标称功率 / kW		2×(2 740 / 2 440)	2×(2 740 / 2 540)	2×1 625
轴重 / t	动车	22.5	22.5	18.5
	拖车	14.5		
车组总重 / t		929		
车组总长度 / m		309.3		
定员 / 人		1 410		
最高运行速度 /（km/h）		180	160	160
持续速度 /（km/h）		95.2	87.3	60
持续牵引力 / kN		2×96	2×102	2×85
起动牵引力 / kN		2×162.5	2×165.5	2×110（0～46）
起动加速度 /（m/s^2）		0.214（0～95.3）		

注：1. NZJ1 型内燃动车组在集宁—通辽运营的称为“罕露”号（2 动 5 拖），在太原和临汾分局运营的称为“晋龙”号（2 动 5 拖）。
2. 神州号、金轮号动车组中带“/”的数据，右侧是指向列车供电时的标称功率。
3. 轴式 A1A-A1A 表示两个转向架（6 轴），其中 2、5 轴不带动力，B-2 表示 2 个转向架（4 轴），其中一个转向架不带动力。

表 2-3　我国和谐号 CRH 系列电动车组的主要技术参数

参　数	CRH1	CRH2	CRH3	CRH5
编组形式	8 辆编组，可以两个编组联挂运行			
动力配置	2×(2M＋1T)＋(1M＋1T)	4M＋4T / 6M＋2T	4M＋4T	(3M＋1T)＋(2M＋2T)
车种	一等车、二等车、酒吧座车合造车			
传动方式	交-直-交、三相交流感应电动机、VVVF 逆变器控制方式			
定员 / 人	670	610	601	622
运营速度 / (km / h)	200	200/300	300	200
试验速度 / (km / h)	250	250/330	330	250
列车常用制动空走时间 / s	1.7	2.3	待定	1.5
列车紧急制动空走时间 / s	1.5	1.5	待定	1.5
起动加速度 /(m / s^2)		0.406		
牵引功率 / kW	5 300	4 800/7 200	8 800	5 500
车体形式	不锈钢车体	大型中空型材铝合金车体		
转向架	H 型无摇枕、转臂式定位、空气弹簧			
轴重 / t	≤16	≤14	≤17	≤17(动)/16(拖)
列车长度 / m	214.00	201.40	200.67	211.50
列车质量 / t	474.0	408.5	536.0	500.0
受流电压制式	AC25 kV-50 Hz			
牵引电动机功率 / kW	265	300	562	550
制动方式	直通式电空制动+再生制动（带空转滑行控制）			
制动距离	初速 200 km/h，1 800 m			
辅助供电制式	三相 AC380 V 50 Hz DC110 V	DC100 V、 单相 AC100 V、 AC220 V、 AC400 V	三相 AC440 V 60 Hz DC110 V	三相 AC380 V 50 Hz DC24 V
列车控制网络系统	车载分布式计算机网络系统			

注：T 为拖车，M 为动车，C 为带司机台，K 为带车内小卖部，S 为一等车。

表 2-4　我国复兴号 CR 系列电动车组的主要技术参数

项目＼车型	CR400BF	CR400BF-A	CR400BF-B	CR400BF-Z（智能动车组）	CR400AF	CR400AF-A	CR400AF-B	CR400AF-Z（智能动车组）	CR300AF	CR300BF	CR200J 短编组（鼓形）	CR200J 长编组（鼓形）
编组型式	8 辆编组 可以重联运行	16 辆编组 不可重联	17 辆编组 不可重联	8 辆编组 可以重联运行	8 辆编组 可以重联运行	16 辆编组 不可重联	17 辆编组 不可重联	8 辆编组 可以重联运行	8 辆编组 可以重联运行	8 辆编组 可以重联运行	9 辆编组 可重联运行	18 辆编组 不可重联
动力配置	动力分散动车组 4M+4T	动力分散动车组 8M+8T	动力分散动车组 8M+9T	动力分散动车组 4M+4T	动力分散动车组 4M+4T	动力分散动车组 8M+8T	动力分散动车组 8M+9T	动力分散动车组 4M+4T	动力分散动车组 4M+4T	动力分散动车组 4M+4T	动力集中动车组 1MC+7T+1Tc	动力集中动车组 1MC+16T+1Tc
车种	一等车、二等车、餐车及商务座										一等车、二等车、餐车	二等座、一等卧、二等卧
传动方式	交-直-交，三相鼠笼式异步电机											
定员 / 人	576	1193	1283	578	576	1 193	1 283	578	613	613	720	1102
运营速度 /（km / h）	350	350	350	350	350	350	350	350	250	250	160	160
试验速度 /（km / h）	385	385	385	385	385	385	385	385	275	275	176	176
列车常用制动空走时间 / s	≤3.0	≤3.0	≤3.0	≤3.0	≤3.0	≤3.0	≤3.0	≤3.0	≤3.0	≤3.0	未知	未知
列车紧急制动空走时间 / s	UB≤2.3 EB≤3.0	UB≤2.3 EB≤3.0	UB≤2.3 EB≤3.0	UB≤2.3 EB≤3.0	UB≤2.3 EB≤3.0	UB≤2.3 EB≤3.0	UB≤2.3 EB≤3.0	UB≤2.3 EB≤3.0	UB≤2.3 EB≤3.0	UB≤2.3 EB≤3.0	未知	未知
起动加速度 /（m/s^2）	0.4	0.4	0.4	0.4	0.4	0.4	0.4	0.4	0.43	0.43	0.355	0.318
牵引功率 / kW	10 140	20 280	20 280	9 750	9750	19 500	19 500	9 750	5 460	5 460	5 600	11200
车体型式	铝合金结构车体										整体承载式钢结构	
转向架	H 型焊接构架，无摇枕、空气弹簧										轴式：B_0-B_0 轻量化两轴转向架、空心车轴、铝制齿轮箱、二系高圆钢弹簧、弹性架悬	
轴重 / t	≤17	≤17	≤17	≤17	≤17	≤17	≤17	≤17	≤17	≤17	动力车≤19.5 拖车≤16.5 拖车≤14	动力车≤19.5 拖车≤16.5 拖车≤14

续表

车型 项目	CR400BF	CR400BF-A	CR400BF-B	CR400BF-Z （智能动车组）	CR400AF	CR400AF-A	CR400AF-B	CR400AF-Z （智能动车组）	CR300AF	CR300BF	CR200J 短编组（鼓形）	CR200J 长编组（鼓形）
列车长度 / m	209.06	414	439.9	211.31	208.95	414.15	439.8	209.06	208.95	208.95	234.68	465.56
列车质量 / t	461.8	910	960	440	427.8	895	924.6	407	417	431.3	608	1200
受流电压 制式	AC25 kV-50Hz											
牵引电动 机功率 / kW	650	650	650	625	625	650	650	625	350	350	1430	1430
制动方式	直通式电空制动+再生制动										自动式电空制动	
制动距离	初速 350 km/h 时，制动距离≤6 500 m 初速 300 km/h 时，制动距离≤3 800 m 初速 250 km/h 时，制动距离≤3 200 m 初速 200 km/h 时，制动距离≤2 000 m 初速 160 km/h 时，制动距离≤1 400 m 初速 120 km/h 时，制动距离≤800 m								初速 250 km/h 时， 制动距离≤3 200 m； 初速 200 km/h 时， 制动距离≤2 000 m； 初速 160 km/h 时， 制动距离≤1 400 m； 初速 120 km/h 时， 制动距离≤800 m		初速 160 km/h 时， 制动距离≤1 400 m； 初速 120 km/h 时， 制动距离≤800 m	
辅助供电 制式		外接电源电压：三相 AC380V 50 Hz 蓄电池电压：DC110V										
列车控制 网络系统	WTB+MVB 网络（列车控制）+以太网（运维）相结合			网络系统采用以太网控车	WTB+MVB 网络（列车控制）+以太网（运维）相结合			网络系统采用以太网控车	网络系统采用以太网控车	网络系统采用以太网控车	列车级：WTB 车辆级：MVB 网络+以太网（双网热备）	

第四节　磁悬浮列车简介

磁悬浮技术的研究源于德国。早在 1922 年，德国学者 Hermann Keper 就提出了电磁悬浮原理，并于 1934 年申请了磁悬浮列车的专利。进入 20 世纪 70 年代以后，随着世界工业化国家经济实力的不断加强，必须提高交通运输能力以适应其经济发展的需要，而根据当时轮轨极限速度的理论，科研工作者们认为，轮轨方式运输所能达到的极限速度为 350 km / h 左右，要想超越这一速度运行，必须采取不依赖于轮轨的新式运输系统，于是德国、日本、美国、加拿大、法国、英国等发达国家相继开始筹划进行磁悬浮运输系统的开发。目前中国、德国和日本仍在继续进行磁悬浮系统的研究，并取得了令世人瞩目的成就。

磁浮交通是利用电磁场、永磁场或混合磁场的吸力或斥力实现列车的非接触支撑与导向，由直线电机推进列车运行的轨道交通系统。磁悬浮列车是继轮船、汽车、火车、飞机之后的第五类外动力交通工具，磁悬浮列车又被称为“零高度飞行器”。磁悬浮列车实际上是依靠电磁吸力或电动斥力将列车悬浮于空中并进行导向，实现列车与地面轨道间的无机械接触，再利用线性电动机驱动列车运行。虽然磁悬浮列车仍然属于陆上有轨交通运输系统，并保留了轨道、道岔和车辆转向架及悬挂系统等许多传统机车车辆的特点，但由于列车在牵引运行时与轨道之间无机械接触，因此从根本上克服了传统列车轮轨黏着限制、机械噪声和磨损等问题，所以它也许会成为人们梦寐以求的理想陆上交通工具。

一、磁悬浮列车的基本原理

磁悬浮列车分为常导型和超导型两大类。自 20 世纪 60 年代以来，以德国和日本为代表，对常导和超导两种模式进行了深入的研究和试验。

1. 常导型磁悬浮列车

常导型磁悬浮列车也称常导磁吸型（EMS）。这种方式是在车体的两侧转向架上的底部安装了电磁铁（见图 2-11），与位于电磁铁上方的导轨相吸引而使车辆浮起。悬浮的气隙较小，一般为 10 mm 左右。常导型高速磁悬浮列车的速度可达 400 ~ 500 km / h，适合城市间的长距离快速运输。

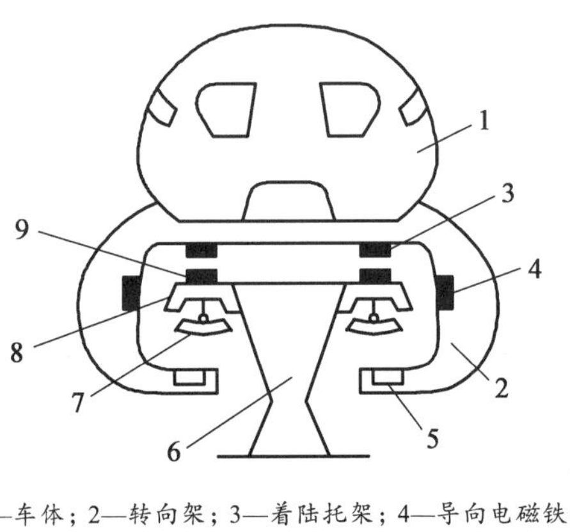

1—车体；2—转向架；3—着陆托架；4—导向电磁铁；5—磁浮用电磁铁；6—导轨；7—定子；8—导向轨道；9—滑轨。

图 2-11　常导型磁悬浮列车断面图

常导磁悬浮列车在运行时，首先调整车辆下部的悬浮和导向电磁铁的电磁吸力，与地面轨道两侧的绕组发生磁铁反作用将列车浮起。在车辆下部的导向电磁铁与轨道磁铁的反作用下，使车轮与轨道保持一定的侧向距离，实现轮轨在水平力方向和垂直方向的无接触支撑和无接触导向。车辆与行车轨道之间的悬浮间隙是通过一套高精度电子调整系统得以保证的。此外，由于悬浮和导向实际上与列车运行速度无关，所以即使在停车状态下列车仍然可以进入悬浮状态。常导磁悬浮列车的驱动运用同步直线电动机的原理，车辆下部支撑电磁铁线圈相当于同步直线电动机的励磁线圈，地面轨道内侧的三相移动磁场驱动绕组起到电枢的作用，相当于同步直线电动机的长定子绕组。从电动机的工作原理可以知道，当作为定子的电枢线圈有电时，由于电磁感应而推动电动机的转子转动。同样，当沿线布置的变电所向轨道内侧的驱动绕组提供三相调频调幅电力时，由于电磁感应作用，承载系统连同列车一起就像电动机的“转子”一样被推动做直线运动，从而在悬浮状态列车可以完全实现非接触的牵引和制动。

常导型磁悬浮列车以德国高速常导磁浮列车 Transrapid 为代表，先后研制了 TR01 型至 TR08 型车辆。1987 年，德国建成埃姆斯兰试验线 31.5 km，最高运行速度达 450 km/h，如今运行里程累计已超过 60 万千米。

2. 超导型磁悬浮列车

超导型磁悬浮列车也称超导磁斥型（EDS）。超导型磁悬浮列车的主要特征是，其超导元件在相当低的温度下所具有的完全导电性和完全抗磁性。超导磁铁是由超导材料制成的超导线圈构成，它不仅电流阻力为零，而且可以传导普通导线根本无法比拟的强大电流，利用这种特性可将其制成体积小而功率强大的电磁铁。

超导型磁悬浮列车的车辆上装有车载超导磁体，并构成感应动力集成设备，感应动力集成设备由动力集成绕组、感应动力集成超导磁铁和悬浮导向超导磁铁三部分组成。而列车的驱动绕组和悬浮导向绕组均安装在地面导轨两侧，由沿线分布的变电所向其中的驱动绕组提供三相交流电，当提供的三相交流电与车辆速度频率相一致时，就会产生一个移动的电磁场，这时列车上的车载超导磁体就会受到一个与移动磁场相同步的推力或阻力，正是这种推力或阻力推动列车前进或制动（见图 2-12），从而实现非接触性牵引或制动。为此，在地面导轨上安装有探测车辆位置的高精度仪器，根据探测仪传来的信息调整三相交流电的供流方式，精确地控制电磁波形以使列车能够良好地运行，这样能使列车速度达到 500 km/h 以上。

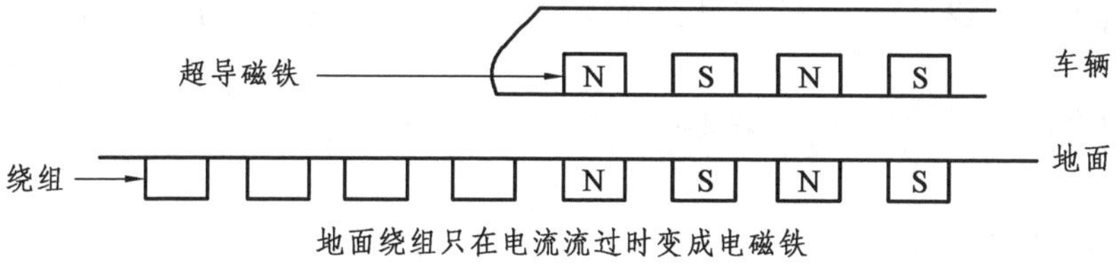

图 2-12　超导悬浮原理

超导型磁悬浮列车在运行时，列车上的悬浮导向超导磁铁产生的强磁场使布置在地面上的悬浮导向线圈绕组感应出电流（与外部动力电源无关），也变成电磁铁，因此其感应电流和超导磁铁之间产生电磁斥力，从而将列车悬起，并经精密传感器检测轨道与列车之间的间隙，使它们之间始终保持 100 mm 左右的悬浮间隙；同时，与悬浮绕组呈电气连接的导向绕组也将产生电磁导向力，从而保证了列车在任何速度下都能稳定地处于轨道中心行驶。

超导型磁悬浮列车以日本 MAGLEV（Magnetically Levitated Trains）超导型磁悬浮列车为代表。日本已建成山梨县 18.4 km 试验线（双线），1997 年 12 月，曾创下 552 km/h 的最高速度。

二、磁浮交通的分类

磁浮交通按照不同标准可以分为不同类型，除了按照常导和超导分类外，还有以下类型。

1. 按运行速度分

中低速磁悬浮：速度小于 160 km/h。
中速磁悬浮：160 ~ 250 km/h。
高速磁悬浮：300 ~ 600 km/h。
超高速磁悬浮：800^{+}km/h。

2. 按磁体材料分

常导磁浮：不借助超导获取磁场。
超导块材：借助高温超导块材与永磁体作用。
超导线圈：借助超导线圈产生车载强磁场。

3. 按磁浮原理分

（1）电磁悬浮（EMS）：电磁悬浮也称电磁吸力悬浮(Attractive Levitation)，一般采用车辆环抱导轨运行。对车载的、置于导轨下方的悬浮电磁铁通电励磁而产生磁场，磁铁与轨道上的长定子直线电机定子铁心或悬浮轨道相互吸引，将列车向上吸起悬浮于轨道上。磁铁和铁磁轨道之间的悬浮间隙一般为 8 ~ 12 mm，故对线路精度的要求相当高。

（2）电动悬浮（EDS）：电动悬浮也称电动斥力悬浮(Repulsive)，当列车运动时，车载磁体(一般为超导线圈或永久磁铁)与其运动磁场在安装于线路上的闭合线圈或导体板中产生感应电流并相互作用，闭合线圈或导体板产生的磁场与车载磁体的磁场同性相斥将车辆悬浮起来，悬浮高度一般可达 100 ~ 150 mm。

（3）高温超导悬浮（HTS）：超导磁悬浮是主要利用高温超导材料实现悬浮的一种方式，是一项利用高温超导块材料的磁通钉扎特性，而不需要主动控制就能实现稳定悬浮的技术。

三、磁悬浮列车的技术特点

1. EMS 型高速磁浮

（1）列车悬浮和导向技术：常导高速磁浮列车（以下简称高速磁浮）采用电磁悬浮（EMS型）技术，通过测量间隙来调节电磁铁的电磁吸力，实现车辆与轨道之间的无接触悬浮和导向，悬浮间隙一般控制在 8 ~ 10 mm。

（2）列车驱动技术：采用长定子直线同步电机实现牵引和制动，电机的定子沿轨道下方全线铺设，励磁磁极设置在车上，牵引变流系统设置在地面，紧急制动采用涡流制动和落车制动。

2. EMS 型中低速磁浮

理论上 EMS 型常导磁悬浮方式和高温超导磁悬浮方式均可用于中低速磁浮交通，但目前在中低速方面研究较为成熟的是 EMS 型常导磁悬浮方式，且已经实现了商业化运营。目前中低速磁浮交通的主要技术包括：

（1）列车悬浮及控制技术：其主要结构包括悬浮电磁铁、轨道导磁体、悬浮控制器、间隙传感器等。主要功能是：通过反馈控制悬浮电磁铁电流，进而调节电磁吸力，使得车辆可以稳定悬浮于轨道。

（2）列车导向技术：目前 EMS 型中低速磁浮列车通过电磁铁的自复位特性实现导向而无须设置单独的导向电磁铁。

（3）列车驱动技术：目前 EMS 型中低速磁浮列车采用短定子直线感应电机，由安装在列车上的短定子和轨道上的转子组成，列车采用受流供电方式。

3. 电动悬浮技术

永磁电动悬浮是利用永磁体（多采用 Halbach 结构排列）产生的磁场切割导体板产生感应电流，感应电流磁场与永磁体本身磁场相互排斥，从而达到悬浮目的的一种悬浮方式。主要特点是：① 悬浮间隙大；② 需要一定的起浮速度，低速阶段利用车轮支撑；③ 不需要主动控制；④ 运行方向有固有磁阻力等特点。

4. 磁悬浮交通的不足

尽管磁悬浮列车技术有速度高、选线灵活、对环境影响小、安全、能耗低等许多优点，但仍然存在以下不足：

（1）由于磁悬浮系统是以电磁力完成悬浮、导向和驱动功能的，断电后磁悬浮的安全保障措施，尤其是列车停电后的制动问题仍然是要解决的问题，其高速稳定性和可靠性还需要很长时间的运行考验。

（2）常导型磁悬浮技术的悬浮高度较低，因此对线路的平整度、路基下沉量及道岔结构方面的要求较超导型技术更高。

（3）超导型磁悬浮技术由于涡流效应，悬浮能耗较常导型技术更大，冷却系统较重，强磁场对人体与环境都有影响。

（4）磁悬浮系统还具有造价高（1.2 ~ 2.0 倍于轮轨高速系统）、票价高、道岔转换慢（转动 150 m 的钢道，纯动作时间 30 s，加上前后准备及确认时间共 1 min 以上，每付道岔造价约 1 000 万元以上）、与轮轨不能兼容、自身难以成网等缺点。

四、我国磁悬浮列车的研究情况

目前，我国对磁悬浮铁路技术的研究不断深入，也取得了显著成效。经过铁科院、西南交通大学、国防科技大学、中科院电工所等单位对常导低速磁悬浮列车的悬浮、导向、推进等关键技术的基础性研究，已经对低速常导磁悬浮技术有了一定认识，初步掌握了常导低速磁悬浮稳定悬浮的控制技术。1994 年，在西南交通大学成功地进行了 4 个座位、自重 4 t、悬浮高度为 8 mm、速度为 30 km/h 的磁悬浮列车试验之后，由铁科院主持，长春客车厂、中科院电工所、国防科技大学参加，共同研制的长 6.5 m、宽 3 m、自重 4 t、内设 15 个座位的 6 t 单转向架磁悬浮试验车在铁科院环行试验线的轨距为 2 m、长 36 m、设计时速为 100 km/h 的室内磁悬浮线路上成功进行了试验，并于 1998 年 12 月通过了铁道部科技成果鉴定。6 t 单转向架磁悬浮试验车的研制成功，为低速常导磁悬浮列车的研究提供了技术基础，填补了我国在磁悬浮列车技术领域的空白。

2001 年 10 月，我国第一辆常导中低速磁悬浮列车在长沙试验线完成初步运行试验，该辆车长 15.3 m、宽 3.0 m、空重 20.5 t，额定载重 8 t，最大载重 12 t。车内设坐席 44 个，标准载客 100 人，最大载客量 120 人。

2002 年 12 月 31 日，采用德国技术、商业化运营的世界首列磁悬浮列车在上海浦东建成通车，该线从上海地铁 2 号线龙阳路站至浦东国际机场，全长 30 km，最高速度为 430 km/h。

在中低速磁悬浮列车技术工程化方面，上海磁浮公司和上海电气集团共同建设了 1.73 km 的试验线，上海磁浮公司、上海电气集团、西南交通大学、成飞公司、长客股份公司联合研制的基于 HSST 技术的试验列车在该试验线上创造了 101 km/h 的记录。2012 年 1 月，由西南交通大学、株洲电力机车公司等联合研制的新型中低速磁浮列车在中车株洲电力机车公司下线，该车采用日本 HSST 磁浮列车模式。2017 年 8 月，由西南交通大学、中车大连机车车辆有限公司联合研制的新一代采用低动力作用悬浮架技术的磁浮车辆在上海临港试验线跑出了 121 km/h 的世界记录。目前，北控在北京修建了 S1 线，长沙磁浮公司在长沙修建了 18 km 长运行线路，全国另有若干中低速磁浮线路处于筹建阶段。2014 年 6 月，西南交通大学牵引动力国家重点实验室建设完成并调试成功真空管道高温超导磁悬浮车环形试验线平台，成为世界上首个真空管道交通实验系统。

第五节　重载运输概述

20 世纪 60 年代开始，随着科学技术的进步，特别是电子工业的发展，许多国家铁路技术装备水平有了明显的提高，为开展重载运输提供了一定的物质基础，重载运输得到了世界越来越多国家的广泛重视，一些幅员辽阔、货源丰富，煤炭、矿石、粮食等大宗货物运量占较大比重的工业发达国家，重载运输的发展尤为迅速。

重载运输的主要特点在于列车重量加大，列车编组加长，实现全程直达运输，使一条铁路尽可能地多输送车流，充分发挥铁路集中、大宗、长距离、全天候的运输优势，达到铁路运输能力高效率、多运快运、降低成本的目的。

一、重载运输的定义和模式

1. 重载运输的定义

在重载运输发展之初，重载列车的重量并没有统一的标准，由各国根据各自的具体技术条件和运营需要确定。1985 年在加拿大蒙特利尔召开的第三届国际重载大会上，宣告 IHHA（国际重载协会）正式成立，中国成为常任理事国之一。1986 年国际重载铁路协会年会确定了重载铁路标准，随后又随着国际重载技术的发展，进行了补充修订。

1986 年标准：列车载重量至少达到 5 000 t，车辆轴重在 21 t 以上，单线年运量为 2 000 万吨以上。

1994 年国际重载铁路协会年会修订标准：列车载重量至少达到 5 000 t，轴重达到或超过 25 t，在至少 150 km 的线路区段上单线年运量至少达 2 000 万吨以上。

2005 年国际重载铁路协会巴西年会修订标准：列车载重量至少达到 8 000 t，轴重达到或超过 27 t 及以上，在至少 150 km 的线路区段上单线年运量至少达 4 000 万吨以上。

2. 重载运输的模式

根据各国铁路运营条件和技术装备水平的不同，重载运输的方式大致可归纳为以下几种类型。

（1）单元式重载列车。以美国和加拿大为代表，包括巴西、澳大利亚和南非等国家的重载运输均采用此种模式。这些国家路网规模大、行车密度小，所以采用从货物装车地到卸车地之间循环往返的固定编组、货物品种单一的重载单元式列车，列车载重量一般为 6 000 ~ 15 000 t 以及 20 000 t 以上，通过货物集中发运、快速装卸、加快列车周转，使运输成本降低，提高铁路的运输能力。

（2）整列式重载列车和组合式重载列车。俄罗斯的铁路重载运输就采用这种模式。俄罗斯在客货列车混跑的繁忙干线上组织开行 5 000 ~ 10 000 t 及 10 000 t 以上的整列式重载列车和组合式列车（两列及两列以上普通货物列车联挂，头尾相接），有效提高了铁路运输能力。

二、重载列车的牵引动力

重载列车的牵引机车，有内燃机车，也有电力机车。美国和加拿大采用内燃机车，其他国家多采用电力机车。

对于牵引重载列车的机车，有两个基本要求：足够大的功率和足够大的黏着牵引力。

机车牵引重载列车，要以规定的计算速度通过限制坡道，在平道上也要达到一定的速度，由于列车重量大，因而运行阻力大，要求机车的功率也大。如果一台机车的功率不够，可以采用双机或多机牵引重载列车。电力机车的功率较内燃机车大，故重载运输采用电力牵引是有优势的。

各国用于重载牵引的机车，无论是内燃机车还是电力机车，近年来都有增大功率的趋势，其目的在于减少牵引机车的台数，降低运输成本。

重载列车在起动时或通过限制坡道时，列车的阻力较大，因此对机车的牵引力就有一定的要求。但机车的最大牵引力不能超过机车的黏着牵引力，因而对机车的轴数、轴重、黏着系数都有一定的要求。轴重受线路的限制。机车的黏着系数，不同类型的机车相差甚大，通常称为该机车黏着性能的好坏。一般来说，电力机车的黏着性能比内燃机车好（黏着系数大出 10% 以上）；交流传动机车比直流传动机车的黏着性能好；机车采用径向转向架，其通过曲线线路时的黏着系数不下降，与在直道上一样；计算机控制的防空转装置能使轮轨间的黏着潜力得到充分的利用。

必须指出，机车的功率及牵引力必须同时满足牵引重载列车的要求。若功率足够但牵引力不足，则有时会拉不动列车；若功率不足，则列车不能达到规定的速度。

重载列车采用双机或多机组合牵引时，如果牵引重载列车的机车集中在列车头部，尽管可以增加机车功率，但受车钩强度及制动性能的限制，列车质量不可能有大的提高，否则极易造成车钩断裂、列车分离，不能保证行车安全。所以，机车集中在列车头部时，通常只采用双机牵引，而不采用多机组合牵引。

几乎所有的重载列车，无论是单元式重载列车还是超重超长的组合式重载列车，在列车重量超过 10 000 t 时，都应采用多台机车组合牵引，这些机车合理地分布在列车头部和中部，根据列车重量确定所需机车台数。头部机车担当本务机车，中部机车按本务机车司机的指令进行操纵。根据大量理论及试验研究得知，为了减轻列车制动时的纵向冲动，中部机车配置在距列车尾部 1/3 列车长度时为好。

重载牵引的机车在列车头部和中部分散布置，可以减轻列车纵向冲动，减小车钩力，避免断钩事故；但却增加了前后机车的可靠联系、协调配合、同步运转的复杂性。美国采用遥控系统，由装设在本务机车上的主控设备和装在中部辅助机车上的受控设备组成。司机操纵指令由列车无线通信信道传送，受控设备接收后经过逻辑处理，通过控制电路使牵引或制动装置动作，实现辅助机车按照要求同步或独立工作，这种遥控系统在许多国家得到应用。苏联的超长超重列车和组合列车，利用无线电台联络，由装设在辅助机车上的空气同步操纵和制动装置实现同步操纵和制动，还可借助于中继阀切断中部机车的牵引功率。

重载列车在山区和长隧道线路区段运行时，遥控同步操纵往往会因为干扰出现无线电波传送困难的问题，使前后机车的无线通信联系中断。为了保证无线电波在长隧道内传送，目前各国多采用在隧道内加装波导线、在隧道口装设中继器的方式解决。

三、重载列车的制动和牵引操纵

重载牵引需要一整套的先进技术与之配套，才能保证行车安全。机车车辆必须性能良好，制动装置和车钩缓冲器的性能要适应重载牵引，还要正确操纵制动机，否则列车纵向冲动剧烈，会产生很大的纵向冲击力，冲击或拉曳列车致使列车断钩分离。

改进重载列车的制动系统和牵引操纵的主要措施有：

（1）采用性能良好的制动机。机车制动是列车制动系统的操纵机构。如美国重载列车主要采用 26-L 型空气制动机。该制动机除了适合于干线机车运营的所有特性外，还增加了安全控制、超速控制和列车自动控制的特殊功能。

美国铁路货车上主要使用 ABD 型和 ABDW 型空气分配阀，这些空气分配阀具有制动波速高、作用灵敏可靠等特点，能减少制动时列车的纵向冲动。

（2）采用可靠的大容量车钩缓冲装置。列车制动时产生纵向冲动，纵向冲动的程度取决于列车长度及制动装置的性能。缓冲器承受缓冲、衰减列车的纵向冲击，车钩承受纵向冲击力，因此，缓冲器应具有足够的容量、阻抗力和行程，车钩应具有足够的抗拉强度，以免断钩。美国铁路货车采用的缓冲器为 Mark50 型，其容量在 50 kJ 左右，能满足重载列车的要求。

近年来国外出现一种新的弹性胶泥缓冲器，这是利用了过去用于军工的“弹性胶泥”作为缓冲材料，这种缓冲器结构简单，检修简便。波兰生产的 73ZW 型弹性胶泥缓冲器的容量自重比达到 Mark50 型缓冲器的 2.2 倍。

（3）装用列车分离保护装置。列车分离保护装置是在重载列车发生意外情况时，用于保证列车的安全运行。

美国重载列车使用多机组合方式牵引的机车都装有 A-2 型充风截断控制阀。当机车遇到意外情况需要施行紧急制动时，A-2 阀动作，及时切断机车功率和通向制动管的压缩空气，对列车施行紧急制动而不致造成列车断钩分离。

（4）制定制动机操纵规程并对司机进行培训。根据重载列车运行要求和制动机的技术特性，各国制定了防止列车断钩的机车操纵方法。同时，为了提高重载列车司机的操纵技能，各国都很重视对司机进行牵引和制动操纵的理论和实践培训，选拔合格的人员担当重载列车的机车司机。一些国家已广泛应用模拟机车操纵台来培训司机，能模拟重载列车各种不同的运行工况，既提高了培训司机的效果，又节约了大量经费，收得了良好的效果。

第六节　重载运输发展概况

一、国外重载运输发展现状

大宗货物重载运输一直是世界铁路发展的方向，目前美国、加拿大、俄罗斯、巴西、南非、澳大利亚、中国、瑞典等 10 多个国家均开行了重载列车。美国诺福克西方铁路公司开行的运煤重载列车，全长 6 500 m，编组 500 辆，总重达 44 066 t；南非铁路公司矿石重载运输采用的列车全长 7 200 m，编组 660 辆，总重达 71 600 t；澳大利亚重载列车更是不断刷新世界纪录，其 BHP 铁矿公司在扬迪尔—黑德兰港间 275 km 的线路上，已开行了一列静载重 8 200 t、总重达 99 734 t 的重载列车，编组 682 辆，列车长度为 7 300 m，由 8 台功率为 6 000 马力（4 474 kW）的 AC6000CW 交流传动内燃机车牵引。

二、我国重载运输发展概况

重载运输的三种模式——单元列车、组合列车、一台或两台机车置于列车头部的整列式重载列车，在我国都得到开行和发展。

我国铁路重载运输的发展大致经历了四个阶段。

1. 第一阶段（1984 年—1990 年）

我国铁路在学习苏联重载运输经验的基础上，针对当时晋煤外运的紧张局面，于 1984 年 11 月试验开行了我国第一列组合式重载列车。之后，通过旧线改造，发展组合式重载列车。在一系列试验的基础上，北京铁路局于 1985 年 3 月正式开行了大同—秦皇岛的组合式重载列车，列车总重 7 400 t，双机牵引，采取了固定机车、固定车底、固定到发站、固定运行线、固定货物品类的运输组织方式。车辆为 C61 或新型 C62A，采用了高摩合成闸瓦、103 型制动阀、滚动轴承及 13 号车钩等多项新技术。

为了扩大重载列车的开行范围，并能普遍推广组合式重载列车，我国还发展了“非固定”式的重载组合列车，即不受车底、车型、车钩及缓冲器的限制。沈阳、北京、济南、郑州及上海等铁路局先后组织开行了双机牵引 6 500 ~ 8 000 t 的组合列车。有效地缓解了繁忙干线运输区段运输能力紧张的局面，同时也暴露了技术滞后并且不配套等问题。

2. 第二阶段（1990—1992 年）

20 世纪 80 年中期至 90 年代初，我国建成了大（同）—秦（皇岛）线，这是我国第一条重载运煤专线，1990 年全线通车运营。1990 年 6 月 5 日，一列由 2 台韶山 3 型电力机车双机牵引 120 辆煤车、全长 1 630 m、质量 10 404 t 的重载列车在大秦线试验成功，使我国成为当时世界上为数不多的、能开行万吨级重载列车的国家之一。大秦铁路建成开通后，进行了大量的单项试验、综合试验及开行试验，并于 1992 年分别正式开行了单机牵引 6 000 t、双机牵引 10 000 t 的单元式重载列车，车辆为 63A 型，采用 120 型制动机、高强度旋转式车钩及大容量缓冲器等多项新技术，车辆轴重为 21 t，钢轨为 60 kg/m。

大秦线开行的单元式重载列车与北美和澳大利亚等国家稍有不同，为了加速机车周转，牵引列车的机车不在装卸站作业，而是利用低恒速机车在煤炭装车点牵引列车不停车装车，在卸车点利用拨车机拨动车辆送上翻车机进行不摘钩连续作业。随着大秦线设备的进一步配套及运营管理措施的完善，大秦线的年运输能力达到 1 亿吨以上。

大秦线开行单元重载列车的成功，标志着我国铁路重载运输水平跃上新的台阶，也为发展符合中国国情的单元式重载列车运输积累了经验。

3. 第三阶段（1992 年—2004 年）

对沿海繁忙干线进行技术改造，开行整列式重载列车。

整列式重载列车的运输组织方式与普通列车基本相同，机车挂于列车头部，列车的运行、到达、装卸和机车的换挂都采用通常的办法，但在列车编组时要对旧型车辆进行限制，列车的操纵也有严格要求。这种重载列车模式对繁忙干线的扩能提效具有普遍意义。目前，京广、京沪等繁忙干线均固定车次开行 5 000 t 级整列式重载列车。

2004 年 12 月 12 日，大秦铁路成功试验开行了中国铁路第一列 2 万吨重载组合列车。这列 2 万吨重载试验货运列车由 4 组各 5 000 t 列车组成，牵引质量 2.02 万吨，全长 2 658 m。这标志着我国铁路重载运输已经跨入世界先进行列。

4. 第四阶段（2005 年至今）

2006 年 3 月 28 日大秦线正式开行 2 万吨重载列车，开辟了中国铁路重载运输的新纪元，为大秦线年运量实现 2.5 亿吨奠定了基础。2007 年 8 月 5 日，大秦线正式开行了由 2 台 HX 型机车牵引的 2 万吨重载组合列车，编组 210 辆，列车长达 2 672 m，成为中国既有线路挖潜扩能提效的范例。目前，大秦铁路每天开行 30 列左右 2 万吨级的重载组合列车，日均运量从 83.2 万吨提高到 100 万吨以上。

近年来，我国铁路重载运输捷报频传。2014 年 4 月 2 日，大秦铁路进行了 3 万吨重载列车试验，采用 4 台大功率电力机车牵引（$HX_D10066+HX_D10001+HX_D10069+SS_40862$），编组 320 辆，总长 3 971 m。2015 年 11 月 6 日，中国铁路总公司（现为“国铁集团”）在山西中南部铁路通道组织实施了 1.2 万吨重载列车运行试验，取得圆满成功，这标志着我国第一条按照 30 t 轴重重载铁路标准建设的铁路已经建成，此次 1.2 万吨重载列车综合试验段的编组为前后各两台轴重 30 t 的牵引机车、中间 100 辆轴重 30 t 的 C96 型新型货车。

第七节　重载运输机车、车辆关键技术

为了提高大宗货物运输的经济性，除了采用大功率的交流机车外，重载货车还应向大轴重、低自重、低动力作用的方向发展。发达国家广泛应用系统工程的观点来优化设计货运机车和货车，而不是单纯将各部件组装集成，并且以市场和维修的需求而不是以技术来决定重载列车的性能参数标准。例如，美国轴重 30 t 以上的货车占总数的 65%，大型高边敞车轴重达 35 t，其主要方法：一是采用新型材料，如铝合金制造的铝制敞车、高强度合成材料试制的漏斗车；二是采用新型结构，如大宗货物列车和集装箱列车均采用了铰接式连接等。国外发达国家正在进一步研究开发 40 t 轴重的列车系统。

一、重载机车新技术

1. 交流传动技术

交流传动技术自 20 世纪 70 年代末开始发展，至 90 年代以后，大功率交流传动机车成为重载牵引动力的发展趋势。

目前，美国 GM 公司和 GE 公司已研制出用于重载牵引的 SD70MAC、SD80MAC、SD90MAC、AC4400CVV、AC6000CW 等新型交流传动内燃机车，并已在美国、加拿大、澳大利亚、巴西等国家铁路上批量投入运营。

德国西门子公司制造的 BRI85 型重载电力机车，其额定牵引力为 300 kN，持续功率为 5.6 MW，最高速度达 140 km/h。

美国 GE 公司制造的 AC6000 型重载内燃机车，其交流主发电机的输出功率为 4 412 kW（6 000 马力），牵引力达 738.4 kN，轴重 32 t。

美国 GM-EMD 公司制造的 SD90MAC 型重载内燃机车，其最高速度为 120 km/h，起动牵引力达 890 kN，持续牵引力达 734 kN。

澳大利亚的 SD70Ace 型机车，其起动牵引力为 850 kN，速度为 113 km/h，轴重 30.8 t，采用 ECP 有线控制；Das9-44cw 型机车，其起动牵引力为 105 kN，速度为 105 km/h，轴重 32.8 t，采用 ECP 有线控制；GE7FDL16 型机车，其起动牵引力为 759 kN，速度达 80 km/h，轴重 30 t，采用 ECP 有线控制。

我国“和谐型”系列大功率交流传动 6 轴、8 轴电力机车功率可达 9 600 kW，速度 120 km/h，轴重 25 t，采用 IGBT 牵引变流器，起动牵引力可达 890 kN，黏着系数利用值可达 0.37 以上，持续牵引力可达 738 kN，电阻制动有效速度可至 5 km/h，且节约燃料、维修费用低。

2. 径向转向架技术

20 世纪 80 年代后以美国 GM-EMD、GE 公司为首，在重载机车上采用径向转向架，各国重载机车竞相采用。

径向转向架的优越性在于：① 减少了轮对与轨道间的冲角，比传统的转向架可减少 75%；② 降低了轮轨间的横向作用力，提高了稳定性；③ 减少了车轮阻力和轮轨磨耗，使车轮寿命延长 10%；④ 减少了轴重转移，从 35% 减少到 10%。

3. 计算机控制防空转防滑系统

20 世纪 90 年代以后，国外重载机车开始采用新型计算机控制的防空转系统。计算机控制防空转系统的突出优点是：随着轮轨黏着系数的变化调节制动力，可对制动、即将滑行、缓解、再黏着的全过程进行动态监测与控制。

4. 采用节油技术降低污染排放，提高机车效率

重载内燃机车柴油机、增压器配置电子喷射装置，大大提高了燃油使用效率，降低了污染排放。采用电子喷射装置后，机车 1 加仑燃油平均产出 651.784 t·km，比 1980 年时的 378.195 t·km 提高了 72%。

5. 重载机车故障遥测监控系统

美国 GM-EMD 公司对新生产的机车按全寿命周期成本的概念进行设计，实现了全寿命服务，提高了机车使用率。美国 GM-EMD 公司研发的 ItelliTain 系统，能发现 80% 的潜在运行故障，比预期修理期提前 7 ~ 21 天发现故障，其中 50% 的故障是在乘务人员从未报告的情况下发现的，使得每年机车故障率下降了 70%。应用该技术后，机务部门不再对机车负责维修，而是由生产厂家负责，大大减少了维修开支。

6. 机车无线遥控操纵技术（Lcontrol）

1959 年美国首次研发 Lcontrol 装备，当时需要一辆平车装载此设备，目前已发展到第四代，采用无线传输，前后列车的控制信息采用闭环控制，无线通信作为主要方式，制动管压力自动检测，可以实现无线通信状态监测。采用 Lcontrol 可使列车前、中、后部机车遥控同步牵引与制动，减轻了重载列车的车钩力作用，在曲线上减少了列车阻力，减少了轮轨磨耗，中、后部机车加快了列车管充/排风，提高了制动波传播速度。

二、重载车辆新技术

1. 提高轴重

美国、加拿大已普遍采用 35 t 轴重；巴西、澳大利亚已普遍采用 30 t 轴重；南非、澳大利亚窄轨铁路已采用 28 t、26 t 轴重；美国铁路环行线正在进行 40 t 轴重的运行试验，年通过质量达 12.5 亿吨。

2. 采用新型转向架及悬挂系统

美国已采用改进型三大件转向架；南非采用设菲尔德重载自导向径向转向架。瑞典重载车辆采用南非设计的设菲尔德径向转向架。新型转向架的优越性在于：相同的机车，牵引质

量可增加 12%；减少了列车纵向车钩力 4.8%；节省能源 20.7%；车轮钢轨磨耗降低至 1/13；轮轨横向力降低至 1/3。

3. 采用铝合金或不锈钢车体

可降低空重比和自重，增加载重，节约能源，提高效益。美国重载货车 90% 采用铝合金车体，成本仅增加 1/3。

4. 采用双层集装箱车辆

双层集装箱车辆可提高轻质货物的运输效率，增加收益。

5. 改进车轮材质、提高车轮耐剥离性

重载货车的耐剥离车轮正处于研究试用及推广阶段。新合金材质耐剥离车轮与传统车轮相比，相同运量条件下，剥离长度减少 59%，深度减少 43%。

6. 高强度旋转车钩及大容量高性能缓冲器

目前，车钩、缓冲器正向高强度、大容量方向发展，典型的例子是美国旋转式 E 级车钩，其破坏强度为 9342 kN；美国 Mark50 型缓冲器，容量为 53.8 kJ，行程 83 mm，吸收率 90%。

7. 自动化的装、卸车设备

采用自动化的装、卸车设备，如高效漏斗装煤设备和翻车机等。为了加快车辆周转，我国铁路重载运输采用机械化装卸方式，我国大秦线运煤重载列车，在大同用装料机不停车装煤，在秦皇岛利用翻车机不摘钩卸煤，因此运煤单元列车的车辆上采用可以两车相对转动的转子车钩，同时考虑车体侧墙有足够的刚度和强度，能满足翻车机工作的要求。

三、重载列车制动新技术——ECP（电控空气制动系统）

至 20 世纪末，重载列车仍存在的最大隐患是：① 由于空气制动波速无法超过 300 m/s，重载列车在紧急制动时易出现前后制动不一致，造成严重断钩、脱轨事故；② 重载列车在长大下坡道上，由于制动机没有阶段缓解作用，再充气时间过长，容易造成列车失控，对安全构成威胁。

国际铁路权威人士对 ECP 的评价是："ECP 是 Westinghouse 发明自动制动机后 100 多年来货车制动系统的最大改革"。ECP 取代货车传统制动系统的意义就像内燃机车取代蒸汽机车一样。

1. ECP 的发展过程

1995 年，美国开始研制 ECP，1997 年 ECP 开始在美国、加拿大装车试验，1999 年美国 AAR 制定了 ECP 规范 S-4200。2002 年，美国、加拿大、澳大利亚、南非等国家在重载单元列车上开始批量推广 ECP，装车达数万辆，基本上采用与既有制动机共用的方式，既有制动机作备用。2006 年，美国运输部及 AAR 作出决定，所有参与过轨联运的美国、加拿大重载单元列车都要安装 ECP 装置。2008 年，南非决定在所有重载列车上都安装 ECP。澳大利亚、巴西也已在重载列车上推广 ECP，并规划全面采用 ECP。

2. ECP 的主要技术特点

ECP 的主要技术特点是：① 整列车同时响应制动和缓解信号；② 具有阶段制动和阶段缓解功能；③ 制动缸压力控制精确；④ 列车管不排风；⑤ 向本务机车报告列车所有车辆制动状态及故障形式；⑥ 使用有线电缆可进行机车动力分散式牵引控制。

3. ECP 的优点

（1）保证重载长大列车运行安全：① 平均车钩力降低 25%，采用 ECP 的重载列车基本上消除了断钩事故，消除了制动工况下脱轨的危险；② 直通制动、充风快、下坡安全；③ 制动距离缩短了 50%～70%；④ 平交道口的事故率大大下降；⑤ 消除了意外紧急制动现象。

（2）车辆平均周转时间缩短，运输能力增加，列车平均速度增加：① 列车平均速度提高(制动距离缩短、阶段缓解、连续充风)；② 列车长度、质量增加(加拿大已从 150 辆增加到 180 辆)；③ 编组场发车的制动试验时间加快；④ 平均周转时间至少缩短 9%。

（3）机车动力消耗减少：① 有阶段缓解，下坡时动力制动实质上已用不上。② 速度控制精确，允许更高下坡速度，增强了速度稳定性；③ 可以利用闯坡制动；④ 空气消耗降低；⑤ 节能 23%。

（4）车辆维修费用降低：① 车轮磨耗减少（加拿大经验是减少 7%）；② 闸瓦磨耗减少（加拿大经验是减少 27%）；③ 车轮过热现象消除；④ 车轮踏面剥落大大减少；⑤ 车体疲劳载荷降低。

4. ECP 的组成

（1）机车子系统：HEU，司机操纵器，显示屏，LCM。

（2）车辆子系统：CCD、CID、电控执行装置，列车尾端装置 EOT。

（3）网络子系统。

四、列车控制技术

1. 调度集中控制中心（CTC）

调度集中控制中心是集中控制重载列车运行计划和故障处理的控制指挥中心，主要由下列子系统组成：指挥中心、车站系统、数据传输系统、监测维护系统。

2. ETCS 系统

重载列车控制正在向采用 ETCS 系统的方向发展，这对实现国内各线路过轨联运（如美国、加拿大、澳大利亚、巴西等国家的重载线路）或国际路网的互联互通（如欧洲、美洲等）均具有重要意义。

我国地域辽阔，资源分布和工业布局的特点形成了铁路运输自西向东、从北向南的强大货流（车流），这一格局在较长时期内是不会改变的。我国《中长期铁路网规划》提出，在建设客运专线和其他铁路线路的同时，应加强既有铁路线路的改造，扩大运输能力，提高路网质量。第一，以京哈、京沪、京九、京广、陆桥、沪汉蓉、沪昆等七条既有干线为重点，增建二线和电气化改造，扩大既有主干线的运输能力；第二，根据煤炭行业发展规划，结合铁路煤炭运输的实际路径，通过建设客运专线实现客货分线和对既有煤运通道进行扩能改造，建设 10 个亿吨运输通道，形成铁路煤运通道 18 亿吨的运输能力；第三，在加快新线建设和既有线改造的同时，系统安排枢纽建设，强化重点客站，并与其他交通运输方式有机衔接，调整主要编组站，建设机车车辆检修基地，完善枢纽结构，使铁路点线能力协调发展，系统提高运输能力、运输质量和运输效率，最大限度地发挥路网整体作用；第四，在北京、上海、广州等省会城市及港口城市布局并建设 18 个集装箱中心站和 40 个左右靠近省会城市、大型港口和主要内陆口岸的集装箱办理站，发展双层集装箱运输通道，使中心站间具备开行双层集装箱列车的条件。要针对重载列车与普通列车并存和客车、货车共线运行的特点，按实际运输情况，研究重载列车的合理比重、运行速度以及车站到发线的延长问题。

第三章　高速机车走行部技术

第一节　机车走行部的性能指标

随着货运重载牵引和客运高速化的发展，对机车走行部提出了新的、更高的要求。机车走行部的性能指标主要为以下几个方面：

（1）强度和刚度。转向架各部分必须保证具有足够的强度和刚度。特别是转向架构架对刚度的要求较高，因为它是转向架的基础，若刚度不足，会影响各部分之间的相对位置。

（2）横向稳定性。机车在直道上运行时，应有良好的横向稳定性，亦即机车在低速至最大速度范围内，绝不容许发生蛇行失稳。若发生剧烈蛇行，会产生很大的横向轮轨作用力，对线路造成破坏，使车轴轴承过热或损坏，影响运行安全。对机车，特别是高速机车的横向稳定性应给予足够的重视，可采取一些有效的措施来保证机车的横向稳定性。

（3）运行平稳性。机车的运行平稳性是指人所感受到的机车运行品质。确定人对机车振动的感受有四个重要的物理参数，即振动加速度、频率、方向和持续时间。机车运行平稳性差就表示舒适度差，容易使人疲劳，影响机车乘务员的工作效率，容易发生行车事故。因此，对于机车垂向及横向的平稳性都有明确的规定和要求。对于运行速度较高的机车，要在机车悬挂装置方面采取相应的措施，以确保机车具有足够的运行平稳性。

（4）曲线通过性能。机车的曲线通过性能关系到机车的安全性、轮缘和曲线轨侧的磨耗。二轴转向架的曲线通过性能优于三轴转向架。山区线路曲线多，曲线半径小，在满足牵引性能要求的情况下应优先采用二轴转向架机车。

机车的曲线通过性能与横向稳定性是相互矛盾的，即对机车的结构参数采取的有利于通过曲线的措施对横向稳定性都是不利的，反之亦然。因此，在选定这些参数时既要考虑曲线通过性能又要考虑横向稳定性能，两个方面应权衡处理。

近些年来，国外发展较快的机车径向转向架显著改善了机车的曲线通过性能，同时又不降低机车的横向稳定性，也不影响牵引力从车轴向构架的传递。机车径向转向架使机车轮缘及曲线轨侧磨耗大幅度下降，也不降低机车通过曲线时的黏着牵引力，和在直道上运行时一样。

（5）对线路的动力作用。轮轨之间的静载荷一般并不会产生危害，而机车运行时产生的轮轨动载荷会危及行车安全。轮对作用于线路的动力随车速的增高而增加，该动力分垂向和横向。过大的动力作用会加速线路的损坏甚至影响行车安全。为了减低轮轨之间的动力作用，要尽可能减小轮对簧下质量，以改善机车的运行平稳性、横向稳定性和曲线通过性能；对于高速机车，还应尽可能减小轴重。

（6）黏着性能。为了使机车最大限度地发挥轮轨间的黏着潜力，必须选择最佳的电气系统和机械系统，再配以计算机控制的、性能恰当的防空转装置。这对于牵引重载列车的机车来说尤为重要。就机械系统（走行部）而言，在牵引力的作用下，要使轴重分布均匀，轴重转移要尽量小。为此，应使牵引杆的高度降至合理的数值，并注意悬挂装置的设计，以减少轴重转移。轴箱拉杆的纵向刚度应足够大，以利于最大牵引力的发挥。对于液力传动及全悬挂牵引电动机的驱动装置，要注意系统中各部分的刚度匹配，以免发生轮轨间的黏滑振动，使黏着性能下降，诱发空转。

第二节　机车的悬挂装置

悬挂装置就是弹簧装置，包括弹性元件及减振器。机车动力性能的好坏，与它的悬挂装置的结构形式及参数选择密切相关。

一、货运机车及客运机车悬挂装置的特点

货运机车的运行速度较客运机车低，但要求具有良好的黏着性能。因此，其悬挂装置的特点是：一系软、二系硬（二系硬，能使轴重转移减少）；总的静挠度不大，主要由一系来提供。

客运机车的运行速度较货运机车高，如高速动车组的最大运行速度可达到 300 km/h。车速高，则机车振动加剧，因此客运机车的运行平稳性是主要应考虑的问题。其悬挂装置的特点是：一系硬，二系软，总的静挠度比货运机车大，主要由二系来提供。二系软，可显著减小车体的振动加速度，有利于机车高速运行的平稳性。

二、悬挂装置的垂向静挠度

机车悬挂装置的垂向静挠度数值（mm）应等于或稍大于机车的最大运行速度（km/h）。这一经验数值一直沿用至今。例如，最大运行速度为 160 km/h 的机车，其一系和二系悬挂静挠度之和应等于或稍大于 160 mm。而对于高速机车，其悬挂静挠度数值并不按此规律增大，而要稍低些。

近代准高速及高速机车的二系悬挂，大多采用高圆弹簧加橡胶垫，二系挠度大；而一系采用弹簧圈数较少的圆弹簧，其挠度一般为 50 ~ 60 mm。采用一系硬、二系软，一方面有利于提高机车高速运行时的平稳性，即车体振动加速度较小；另一方面，高速机车使用的架悬式或体悬式牵引电动机，当采用轮对空心轴驱动机构时，空心轴与车轴之间的径向间隙有限，所以一系悬挂应硬一些，否则其动挠度较大，易使车轴与空心轴发生抵触。

对于重载货运机车，为了减少轴重转移，二系悬挂采用静挠度很小的结构，例如橡胶堆旁承，其静挠度为 10 ~ 20 mm。为了保证有足够的总静挠度，一系悬挂的静挠度就比较大，达到 100 mm 以上。

货运机车的运行速度不高，通常采用轴悬式牵引电动机。如果重载货运机车的轴重较大，为了减轻轮轨的动力作用，就要减小轮对的簧下质量，可把牵引电动机改为架悬式，使牵引

电动机的质量全部成为簧上质量。在这种情况下，就不能采用轮对空心轴式驱动机构，而应采用电动机空心轴结构或其他结构。这是因为，一系静挠度大，动挠度亦大，轮对空心轴与车轴的径向间隙有限，不能满足大于一系动挠度的要求。

弹簧悬挂装置的基本参数有：总静挠度、静挠度在两系中的分配以及两系中的阻尼值。这些参数最佳数值的选择方法虽还有分歧，但在增大总静挠度方面的观点却是一致的。对于最大速度为 120 km/h 以上的机车，应采用两系弹簧装置，以便获得较大的静挠度。若将一系悬挂的静挠度设计为总静挠度的 1 / 3 左右，二系悬挂的静挠度为总静挠度的 2 / 3 左右，则效果最好，亦即车体垂向振动加速度较小，机车平稳性好。若总静挠度在两系中平均分配，则机车垂向动力性能较差。下面进行具体分析。

悬挂装置的总静挠度及其在两系之间的分配，首先要影响车体及转向架的固有振动频率。

假设用 c 表示一系簧静挠度与二系簧静挠度的比值，用 a 表示对应的簧上质量比值 m_1 / m_2，f_0 表示两系的总静挠度。

如果采用一系弹簧装置，其静挠度为 f_0，则车体浮沉振动的固有频率为

$$\Omega_0 = \frac{1}{2\pi}\sqrt{\frac{g}{f_0}} \quad (\text{Hz}) \tag{3-1}$$

如果采用两系弹簧装置，则车体的浮沉振动有两个固有频率，可按下式计算

$$\Omega_{1,2} = \Omega_0\sqrt{\frac{(a+1)(c+1)}{2ac} + \left[c+1 \pm \sqrt{(c+1)^2 - \frac{4ac}{a+1}}\right]} \quad (\text{Hz}) \tag{3-2}$$

较低的频率 Ω_1 对应于车体与转向架的同相振动，而且 $\Omega_1 \approx \Omega_0$；较高的频率 Ω_2 对应于车体与转向架的反相振动，通常 $\Omega_2 \approx 5\Omega_0$，亦即在 Ω_0 = 1.2 ~ 1.3 Hz 的情况下，$\Omega_2 \approx$ 6 ~ 7 Hz。

通过研究振动对人体器官的影响得知，振动频率有三个有害范围：第一个频率范围是小于 1 Hz 的振动，会使人头晕，在设计悬挂装置时，应设法避免；第二个频率范围是 4 ~ 8 Hz，在人的大脑内会产生共振现象，容易使人迅速疲劳，所以要尽量避免在常速范围内出现；第三个频率范围是 16 ~ 32 Hz 的高频振动（例如柴油机工作时所产生的振动），也对人体器官有不良的影响，因此也需要设法减振。

如上所述，频率为 Ω_2 的车体振动就是在有害的频率范围内，但此时车体的振幅比转向架振幅小得多，车体的振动加速度不大，车体的高频振动会迅速衰减，因此在机车动力学试验时，测得的车体高频振动很弱。

三、一系悬挂的纵向刚度及横向刚度

一系悬挂的纵向刚度及横向刚度即轴箱定位的纵向刚度及横向刚度，在现代机车设计时，对其给予了很大的关注，因为它关系到机车直线运行的稳定性、黏着性能及曲线通过性能的好坏。轴箱定位的纵向刚度应足够大，这样转向架的蛇行稳定性较好；而且在大的牵引力及制动力作用下，轮对也不会产生明显的纵向位移，黏着性能较好。轴箱定位的横向刚度大一些，对转向架的蛇行稳定性也有利，但此横向刚度因受结构的影响，通常具有较小的数值。

从机车曲线通过性能的角度来考虑，轴箱定位的纵向刚度及横向刚度都宜小一些。纵向刚度小，轮对易于向曲线半径位置偏斜，有利于机车通过曲线。

选定一系悬挂的纵向刚度及横向刚度，应优先保证机车运行稳定性及黏着性能的要求，而机车的曲线通过性能可采取其他措施来改善。

下面列出 DF4 型及 SS7 型机车的轴箱定位纵向刚度 k_x 及横向刚度 k_y 的数值，供参考：

DF4 型　k_x = 25 kN/mm，k_y = 3.83 kN/mm（三轴转向架，轴距 = 2×1 800 mm）

SS7 型　k_x = 16 kN/mm，k_y = 7.72 kN/mm（二轴转向架，轴距 = 2 880 mm）

四、二系悬挂的纵向刚度及横向刚度

随着机车速度的提高，机车在垂向和横向的振动加剧。为了改善机车高速运行时的垂向平稳性，应注意一系悬挂及二系悬挂垂向刚度及阻尼的设计。为了改善机车高速运行时的横向平稳性，应在车体与转向架之间设置横向弹性连接装置（或称为横动装置）。它的作用犹如垂向设置弹簧装置一样，在横向分隔了车体与转向架的质量，使车体不直接参与转向架的横向振动，从而提高了转向架的蛇行稳定性并降低了车体的横向振动加速度。

时速在 120 km/h 以上的机车都应设置横动装置。目前，已广泛采用车体与转向架之间的弹性旁承兼作横动装置。弹性旁承由圆弹簧或橡胶堆组成，成为二系悬挂，车体重量通过转向架构架左右两侧的弹性旁承支承于转向架上。弹性旁承的横向弹性位移起着横动装置的作用。

橡胶堆旁承垂向刚度大，静挠度较小，因此只适用于速度不高的货运机车，如东风 8 型内燃机车和韶山3 型电力机车。利用橡胶堆的剪切变形起横动装置的作用，橡胶堆的剪切变形还可使机车在通过曲线时其转向架相对于车体回转。因此，橡胶堆旁承使机车的转向架相对于车体的横动和回转变得比较灵活，有利于改善机车的横动和曲线通过性能。

对于速度较高的客运机车，多采用高圆簧加橡胶垫结构的二系悬挂。这种二系悬挂的垂向刚度小，静挠度大，有利于机车的垂向平稳性；而且高圆簧加橡胶垫结构的二系悬挂，其横向刚度及纵向刚度可以设计得很低，横向刚度低是为了提高机车的蛇行临界速度及横向平稳性；纵向刚度低是为了使转向架易于相对于车体回转，以改善曲线通过性能。一般机车车体相对于转向架的最大横动量为 ± 20 mm ~ ± 30 mm，高速机车为 ± 40 mm ~ ± 70 mm，用弹性止挡限制。

东风 11 型内燃机车的二系悬挂为高圆簧加橡胶垫结构，其纵向刚度、横向刚度和车体相对于转向架的最大横动量分别为：1.75×10^5 N/m（每侧）、5.7×10^5 N/m（每侧）、± 20 mm。

法国 TGV 高速动车组的动力车转向架的二系悬挂也为高圆簧加橡胶垫结构，其纵向刚度、横向刚度和车体相对于转向架的最大横动量分别为：3.5×10^5 N/m（每侧）、3.5×10^5 N/m（每侧）、± 70 mm。

五、减振器的配置

要得到良好的机车动力学特性，必须正确选择悬挂装置的型式及参数。悬挂装置包括弹性元件及阻尼元件。现代机车大都采用液压减振器作为阻尼元件。在悬挂装置中，必须恰当配置液压减振器的数目及阻尼参数。对于一系软、二系硬的悬挂装置，在二系悬挂中不必设置垂向减振器，因为二系的静挠度只有 10 ~ 20 mm，振动时动挠度很小，设置垂向液压减振器时，减振效果很小。

为了控制转向架的蛇行振动，在当今快速机车及高速机车上，已广泛应用抗蛇行液压减振器，置于二系悬挂中，沿纵向布置于转向架中部两侧。抗蛇行减振器的结构及特性与一般液压减振器不同。一般液压减振器的阻尼力与振动速度成正比，而转向架蛇行振动的振幅及频率都不大，振动速度很小，装设一般液压减振器时，其阻尼力很小，减振效果不明显。抗蛇行减振器的特性是对振动速度非常敏感，即使振动速度不大，其阻尼力也会很快上升，起到了明显的减振效果。抗蛇行减振器对控制转向架蛇行振动效果显著，目前被广泛应用在客运机车转向架上。

几种货运及客运机车转向架减振器的配置情况见表 3-1。

表 3-1　几种机车转向架减振器的配置情况

机型		东风 8	韶山 9	东风 11	TGV（法）
最大速度		100 km/h	100 km/h	160 km/h	300 km/h
转向架形式		三轴转向架	三轴转向架	三轴转向架	二轴转向架
二系悬挂形式		橡胶堆	橡胶堆	高圆簧加橡胶垫	高圆簧加橡胶垫
一系垂向	数量	4	4	4	4
	布置	每端轴箱一个	每端轴箱一个	每端轴箱一个	每端轴箱一个
二系垂向	数量	无	无	2	2
	布置			每侧一个	每侧一个
二系横向	数量	2	2	2	1
	布置	每侧中间一个	每侧中间一个	一侧在前 一侧在后	每转向架一个 置于中间一侧
二系摇头	数量	无	2 （摩擦减振器）	2 （抗蛇行减振器）	2 （抗蛇行减振器）
	布置		转向架中部两侧沿纵向稍斜	沿纵向布置于转向架中部两侧	沿纵向布置于转向架中部两侧

第三节　客运机车的牵引电动机全悬挂

从 20 世纪 90 年代开始到 21 世纪初，我国主要铁路干线旅客列车通过几次提速，快速旅客列车的运行最高速度已达 160 km/h。为了使机车速度增高时轮、轨间的动作用力不要增加太多，要设法减小机车的簧下质量。我国机车原来广泛采用的轴悬式牵引电动机已不适应 v_{max}≥140 km/h 时的要求。在我国研制的东风 11 型内燃机车及韶山 8 型电力机车上，均采用了架悬式牵引电动机，牵引电动机全部成为簧上质量，簧下质量大幅度减小，可适应 v_{max}≥160 km/h 的要求。

下面分析机车运行速度、轴重及簧下质量对轮轨垂向载荷的影响。

一、轮轨垂向动载荷

1. 轮轨垂向作用力 P_1、P_2

20 世纪 70 年代初，英国 Derby 铁路技术中心创建了车轮通过钢轨接头时轮轨作用力的基本模型，并由此定义了轮轨冲击振动过程中所存在的两种特殊类型的垂向作用力：高频冲击力 P_1 和中频作用力 P_2。这是近 20 年来轮轨垂向载荷理论发展的基础。该中心实测到的 P_1、P_2 力的图形如图 3-1 所示。

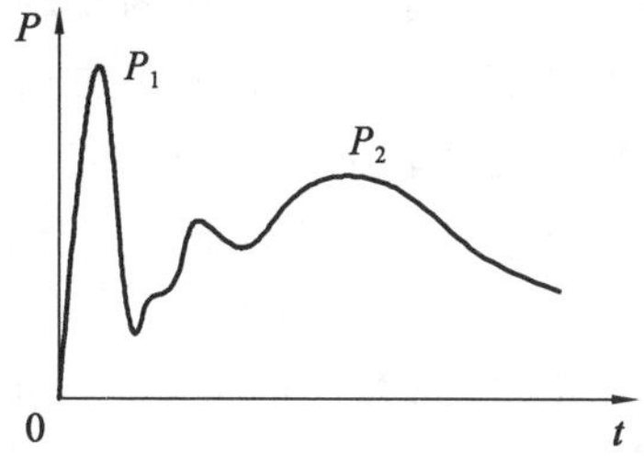

图 3-1　英国铁路技术中心实测的 P_1、P_2 的图形（通过轨道接头处）

P_1、P_2 力是评价机车车辆对轨道破坏作用的指标，而且可用来说明轨道部件失效及线路状态恶化的机理。

P_1 力为高频力，频率高达 4 000 Hz，其峰值可以达到 400 kN，作用时间只有 10^{-4} s 数量级。P_1 力可引起钢轨损伤，加速螺栓孔裂纹扩展，并且对轨枕产生很大的破坏作用。

P_2 力为中频力，频率为 100 Hz 左右，量值较 P_1 小，但作用时间较长，达 10^{-3} s 数量级。P_2 力对轨枕及轨枕以下的道床、路基产生的动力作用会引起道床板结及路基翻浆冒泥。

钢轨表面的波形磨耗、车轮踏面扁疤及轨面各种损伤，特别是由于钢轨接头的存在，在高速运行的机车车辆车轮的冲击下，均会产生很大的 P_1、P_2 力。

根据研究结果，英国铁路明确规定了 P_1、P_2 力的限值，即 $P_1 \leqslant 400$ kN，$P_2 \leqslant 250$ kN，$P_1 + P_2 \leqslant 600$ kN。英国新研制的机车车辆都列出了该车的 P_1、P_2 力数值，作为其技术指标之一。例如 91 型高速客运电力机车，在其产品介绍中，所列出的机车技术参数中就包括：最大运行速度 225 km/h，垂向作用力 $2P_1 = 760$ kN，$2P_2 = 310$ kN，横向作用力为 76.2 kN。

我国铁路部门目前还没有把 P_1、P_2 力的限值写进“铁路技规”，也没有把 P_1、P_2 力作为机车车辆的技术指标，但对于 P_1、P_2 力对轨道结构的损害作用已经取得了比较一致的认识。

2. 影响轮轨垂向作用力的因素

影响机车轮轨垂向作用力的主要因素为：机车运行速度、轴重、簧下质量、线路技术状态。重要的是要判明各因素的影响程度。

长期以来，在机车车辆动力学及轮轨相互作用的研究中，习惯上以机车车辆系统为主体，将轨道基础视为“刚性支承”，把钢轨不平顺作为激扰源，来求解机车车辆在此激扰下的响应及轮轨之间的作用力。

机车车辆运行时，轮、轨之间的垂向作用力由静载荷（轴重）和动载荷组成。静载荷本身不会造成危害，重要的是要探讨动载荷的变化规律。习惯上总认为，在一定的运行速度下，轮轨垂向动载荷只与簧下质量有关，而与轴重无关，这是把钢轨视为“刚性支承”作为研究问题的模型所得到的结论。殊不知，这个模型与实际情况相差甚远，因而所得到的结论也是不正确的。

近年来，国内外开展了车辆-轨道垂向耦合动力学的研究。因为机车车辆系统与轨道系统并非彼此孤立的两个系统，两者是相互耦合、相互影响的。轨道在垂向作用力的作用下的弹性变形会引起车辆的振动，而车辆的振动经由轮轨接触界面，又会引起轨道结构的振动，这又助长了轨道的弹性变形。显然，要解决这样的问题，必须把车辆系统和轨道系统综合成一个垂向动力学振动系统来进行轮轨垂向动力学的分析研究，如图3-2所示。

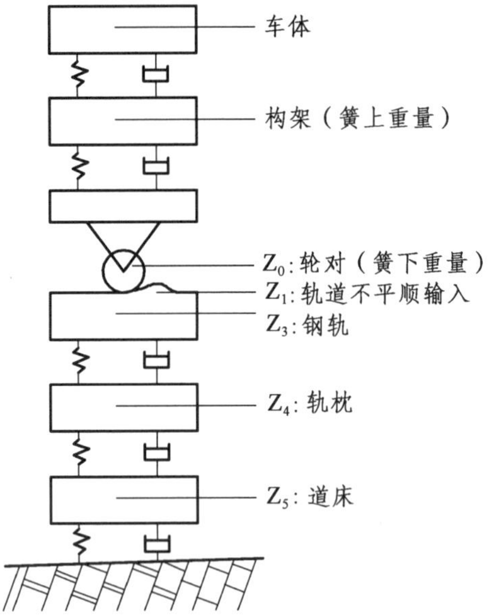

图 3-2　轮轨垂向动力学振动系统

在图3-2所示的系统中，由于钢轨、轨枕、道床都具有弹性支承，钢轨表面的不平顺激发了上部车辆系统和下部轨道系统的垂向振动。轨道系统的振动通过轮轨接触面，又助长了车辆系统的振动。上、下两个系统相互耦合、相互影响。在本计算模型中，把轨道系统视为多层弹性支承而不是刚性支承，因而轨道系统的弹性变形和振动特性与轴重密切相关，轮轨垂向动载荷也就与轴重密切相关，而不再是仅仅与簧下质量相关。

根据日本铁路的长期运用经验，以道砟下沉量δ作为衡量机车对线路损伤的程度，可按下式进行估算：

$$\delta = CP^{0.7}M^{0.3}v^{1.3} \quad （对于良好路基）$$

$$\delta = CP^{2}M^{0.4}v^{0.8} \quad （对于不良路基）$$

式中，δ为道砟下沉量；C为常数；P为轴重；M为簧下质量；v为机车运行速度。

对于路基良好的线路来说，对线路损害的影响程度依次为机车运行速度、轴重和簧下质量；对于路基不良的线路来说，轴重的影响尤为显著。因此，对于高速客运机车，为了不对线路造成损伤，要设法减轻机车轴重及簧下质量，而限制轴重尤为必要。

应当指出，车轮对钢轨的动载荷还与线路的技术状态（含垂向不平顺、轨面波形磨耗、横向不平顺）、机车垂向及横向动力学性能有关。若轨面波形磨耗等不平顺度大，机车的垂向平稳性差，横向稳定性及平稳性也差，则会产生较大的垂向及横向作用力，对线路产生较大的损害作用。

3. 簧下质量引起轮轨动载荷的估算

长期以来，研究机车车辆动力学的模型是把线路视为刚体，把钢轨表面的垂向不平顺作为对机车车辆系统的激扰。机车行驶在不平顺的钢轨上，机车发生垂向振动，轮、轨之间产生垂向动作用力。这种长期以来应用的计算模型较简单，不能反映轴重引起的线路弹性变形，因而不能反映轴重对轮轨垂向动载荷的影响。但是，这种较简单的计算模型可以用来估算簧下质量对轮轨动载荷的影响。

二、牵引电动机全悬挂

1. 牵引电动机的悬挂形式

牵引电动机的悬挂形式包括半悬挂式和全悬挂式。其中半悬挂式又称为轴悬式；全悬挂式又分为架悬式和体悬式。

所谓牵引电动机半悬挂，就是牵引电动机的一端支承在转向架构架上，另一端用抱轴承支承在车轴上。牵引电动机差不多一半的质量支承于车轴，属簧下质量，另一半质量支承于构架上，属簧上质量，故称为半悬挂式，亦称轴悬式。这种牵引电动机悬挂方式结构简单，在各国机车上广泛采用。

对于速度较高的客运机车，为了使高速运行时机车轮轨的垂向动作用力不致过大而引起轨道的损坏，必须设法减轻簧下质量。减轻簧下质量最有效的措施是把牵引电动机全部支承在一系簧之上，称之为牵引电动机全悬挂。半悬挂的簧下质量通常为 4 ~ 5 t/轴，而全悬挂的簧下质量为 2 ~ 3 t/轴。

把牵引电动机支承在转向架构架上，这种全悬挂称为架悬式，东风$_{11}$型及韶山$_{9}$型机车就采用架悬式牵引电动机。最高运行速度超过 200 km/h 的高速机车，为了减轻转向架构架的质量，以改善转向架的动力性能，往往把牵引电动机置于车体上，这种全悬挂称为体悬式。无论是架悬式还是体悬式，在机车的运行过程中，牵引电动机相对于车轴总是要发生各个方向的位移，牵引电动机的电枢轴不能像轴悬式那样与车轴保持平行而且中心距不变，牵引电动机的输出力矩要通过一套结构复杂的弹性驱动装置传到车轴。

2. 牵引电动机的悬挂形式对机车工作的影响

1）轴悬式

牵引电动机轴悬式的优点：结构简单、工作可靠、制造容易、成本低廉、维修方便。

轴悬式的缺点主要有两点：一是簧下质量大，轮轨动载荷大；二是由于来自线路的冲击，牵引电动机的垂向加速度大，易造成电动机零件和绝缘过早损坏，使牵引电动机的故障率较高。这些缺点在机车速度增高时越发明显。

轴悬式的适用速度范围：结构简单的轴悬式在中、低速机车上得到广泛应用。一般认为，机车最大运行速度不超过 120 km/h，可以采用轴悬式牵引电动机。

2）架悬式

牵引电动机架悬式广泛应用于世界各国速度较高的机车和动车上。

架悬式的优点：牵引电动机全部是簧上质量，因而簧下质量较小，有利于高速运行；因线路不平顺和冲击所引起的轮对垂向及横向加速度，不会直接传到牵引电动机上；牵引电动机的垂向加速度很小，使牵引电动机的工作条件大为改善，故障率减小，工作寿命延长。机车速度越高，上述优点越明显。

架悬式的缺点：牵引电动机输出端与轮对之间传递力矩的驱动装置结构复杂，制造成本高。

架悬式的适用速度范围：机车最大运行速度为 140 ~ 250 km/h 的机车宜采用架悬式牵引电动机。

3）体悬式

架悬式牵引电动机固装在转向架构架上，对于最大运行速度在 200 ~ 250 km / h 及以上的高速机车，为了减轻转向架构架的质量，以提高转向架的蛇行稳定性，可把牵引电动机移至车体上，这就是体悬式牵引电动机。

体悬式的优点：簧下质量小，转向架质量及绕中心的转动惯量小，因而转向架的蛇行稳定性好，机车的蛇行临界速度高，适用于高速机车。

体悬式的缺点：牵引电动机输出端至轮对之间传递力矩所用的驱动装置结构复杂，比架悬式的驱动装置还要复杂些，制造更难，成本更高。

体悬式的适用速度范围：机车最大运行速度在 200 ~ 250 km/h 及以上，宜采用体悬式牵引电动机。

第四节　新型高速动车组转向架简介

200 km / h 电动车组的动力转向架是电动车组的重要部件，它除了要发挥支承、导向和隔振等重要作用外，还要传递和发挥牵引力、制动力。动力转向架对电动车组动力车的动力学性能（包括运行稳定性、运行安全性和运行平稳性等）起决定性的作用，同时对整个电动车组的牵引性能和制动性能的发挥有极大的影响。

为了保证电动车组的良好技术状态，动力转向架的设计应遵循下列原则：

（1）动力转向架的使用环境条件、限界条件、强度及动力学性能均符合 96J07-B《200 km / h 电动车组动力转向架技术条件》的规定。

（2）合理匹配动力转向架的各悬挂参数、结构参数及车轮踏面形状，在满足强度需求的条件下尽可能降低簧下质量与簧间的质量，确保转向架实现良好的强度与动力学性能。

（3）在满足动力转向架性能要求的前提下，充分考虑采用尽可能简单的结构，以便于转向架主要零部件实现国内生产，并方便转向架的运用维修。

（4）在动力转向架设计中应充分发挥动力学分析、有限元计算以及计算机辅助优化设计的作用，以缩短动力转向架的试制周期，提高设计水平。

一、动力分散式高速电动车组转向架

转向架采用 B_0-B_0 轴式，每个轮对由一台交流异步感应牵引电动机驱动。牵引电动机弹性架悬于构架横梁上，电动机输出的转矩通过齿形联轴节传递给齿轮箱以驱动轮对。齿形联轴节同时可补偿构架与轮对之间的相对运动。

1. 构架

转向架构架不但要支承车体、电机及各种零部件，而且需要传递车体与轮对之间的垂向、横向和纵向作用力。因此，必须具有足够的强度。

转向架构架采用 H 形无端梁轻型焊接机构、左右两根对称布置的测梁和中间两根横梁组成构架的主结构。

构架侧梁是由钢板焊接而成的空心箱形梁结构。侧梁为中部下凹鱼腹形梁。侧梁上焊有一系弹簧安装座、空气弹簧安装座、抗蛇行减振器安装座、一系垂向减振器座、制动盘吊挂座、轴箱转臂连接座以及转向架起吊座等。

构架横梁采用无缝钢管，与侧梁之间为贯穿式连接。构架横梁上安有电机吊挂座、齿轮箱吊挂座、制动缸吊耳等，其中一根横梁上还有牵引装置安装座；构架横梁之间焊有两根连接梁，连接梁上设计有横向止挡及横向减振器座。

2. 轮对

轮对是高速动车转向架的重要部件，它除了支承动车的全部重量外，还要承受驱动、制动力矩和传递牵引力，它的性能对整车的运动性能和动车对轨道的作用力起着重要的作用。

车轮采用整体辗钢直辐板式全加工车轮，车轮滚动圆直径新轮为 915 mm，磨耗极限直径为 860 mm，轮座直径为 193 mm，轮座宽为 180 mm。为保证转向架具有良好的运行稳定性，同时兼顾其曲线通过性能，车轮踏面采用经优化设计的磨耗型踏面。制动盘安装在车轮上，制动盘与车轮组成一体后压装在车轴上。

为了减轻簧下质量并便于对车轴关键部位的检测，采用空心车轴，轴径直径选为 150 mm，轮座直径为 193 mm，轴身直径为 176 mm，空心内孔径为 80 mm，轴长取 2 250 mm；为提高车轴的抗疲劳强度，防止出现过渡圆角的应力集中，在车轴的设计中应采用合理的过渡圆角并在工艺上进行滚压强化处理；为了防止轮座部分腐蚀，在轮座处应进行表面感应淬火处理。

3. 轴箱

轴箱是连接构架和轮对的活动关节，除了保证轮对进行回转运动外，还能使轮对适应线路，允许轮对相对于构架在各个方向运动。轴箱由轴箱体、轴箱前后端盖、轴承及附件组成。轴箱体用来装入轴承和润滑脂，并支承车轴，是重要的承力件。

轴箱体选用高强度钢铸造，车轴轴承采用双列圆锥滚子轴承，采用转臂式轴箱定位以适应一系螺旋弹簧，选择设计适当的轴箱定位刚度以保证轮对的运动性能，轴箱还设有接地装置。

4. 一系悬挂系统和二系悬挂系统

一系悬挂由垂向螺旋弹簧、橡胶垫、轴箱定位装置和液压减振器组成。垂向螺旋弹簧承担车体和转向架的静、动载荷，螺旋弹簧的一端装有塑胶垫，可以隔离高频振动和减少噪声。与一系弹簧并联布置的还有垂向液压减振器，每个轴箱布置一个。螺旋弹簧两端分别置于轴箱和构架的弹簧座内，减振器的上下端分别与构架和轴箱体用螺栓连接。

一系悬挂的垂向刚度主要由垂向螺旋弹簧和橡胶垫实现；而纵向和横向刚度则主要由轴箱定位装置实现。

二系悬挂系统由空气弹簧系统、橡胶堆和二系液压减振器组构成。空气弹簧承担来自车体的垂向和横向载荷，可以有效地隔振并降低噪声，同时保证转向架和车体之间有一定的横向刚度。在转向架中部两侧各布置一个横向液压减振器；在构架侧梁每侧沿纵向布置一个抗蛇行液压减振器。二系液压减振器组对确保动车组具有良好的运动稳定性和运动平稳性有非常重要的作用。

5. 牵引装置和牵引电动机

牵引装置采用单拉杆结构。牵引拉杆两端为橡胶球铰结构，一端与转向架构架横梁相连，另一端与牵引座相连，通过这两个橡胶关节实现了车体与转向架之间的转动和横向移动。牵引座用钢板焊接而成，并用螺栓与车体相固结。该牵引装置结构简单，纵向刚度较大，并可以实现低位牵引。

动力分散式电动车组的转向架采用架悬式交流异步牵引电动机。其持续功率为 300 kW，最高转速为 4 739 r/min，最大转矩为 1 510 N·m，电动机吊挂在转向架构架的横梁上。

6. 基础制动装置和传动系统

转向架的基础制动采用轮盘制动结构。每个车轮设一套轮盘制动，每套轮盘制动设两片制动闸片。制动缸安装在构架横梁下方。制动缸与弹簧储能停车制动装置为组合单体结构，组合制动缸具有制动和停车功能，闸片具有间隙自动调节机构。

传动系统将电动机转矩由牵引电动机经过联轴节传至齿轮箱，最后作用于轮对。联轴节采用齿形联轴节。齿轮箱为一级齿轮传动系统，小齿轮输入轴与齿形联轴节相连，大齿轮固联于车轴上。齿轮箱箱体采用高强度铝合金材料制造，为承载结构，具有良好的强度和刚度。

二、万向轴传动式高速动力车转向架

转向架采用 B_0-B_0 轴式，每个轮对由一台交流异步感应牵引电动机驱动。牵引电动机、电动机齿轮箱组成一体，通过三个吊挂点弹性悬挂于车体上，电动机输出的转矩通过横向布置的滚动伸缩式万向轴传递给齿轮箱去驱动轮对。滚动伸缩式万向轴同时可补偿车体与轮对之间的相对运动。

1. 构架

转向架构架采用 H 形无端梁焊接结构。构架侧梁是由钢板焊接成的空心箱形梁结构。侧梁为中部下凹鱼腹形梁。侧梁上焊有一系弹簧安装座、二系高圆簧安装座、抗蛇形减振器安装座、二系横向减振器座以及一、二系垂向减振器座和制动盘吊挂座、轴箱转臂连接座等。

构架横梁也采用钢板焊接成的空心箱形梁结构，构架横梁上有车轴齿轮箱吊挂座、横向止挡座、制动缸耳及牵引装置安装座等。

2. 轮对

车轮采用整体辗钢直辐板式全加工车轮，车轮滚动圆直径新轮为 920 mm，磨耗极限直径为 850 mm，轮座直径为 210 mm，轮座宽选为 180 mm。为保证转向架具有较好的运行稳定性，同样兼顾其曲线通过性能，车轮踏面采用经优化设计的磨耗型踏面。在远离车轴齿轮箱的一端车轮上安装制动盘，制动盘与车轮组成一体后压装在车轴上。

为了减轻簧下质量并便于对车轴关键部位的检测，采用空心车轴，轴颈直径选为150 mm，轴身直径为185 mm，空心内孔径为60 mm，轴长取2 250 mm。为了提高车轴的抗疲劳强度，防止出现过渡圆角的应力集中，在车轴的设计中应采用合理的过渡圆角，并在工艺上进行滚压强化处理。为防止轮座部分腐蚀，在轮座处作喷钼处理。

3. 轴箱

轴箱是连接构架和轮对的活动关节，除了保证轮对进行回转运动外，还能使轮对适应线路，允许轮对相对于构架在各个方向运动。轴箱由轴箱体、轴箱前后端盖、轴承及附件组成。轴箱体用来装入轴承和润滑脂，并支承车轴，是重要的承力件。轴箱体选用高强度钢铸造。

车轴轴承采用双列圆锥滚子轴承。轴箱定位采用转臂式轴箱定位以适应单组一系螺旋弹簧，选择设计适当的轴箱定位刚度，以保证轮对的运动性能。轴箱设有接地装置等。

4. 一系悬挂系统和二系悬挂系统

一系悬挂由垂向螺旋弹簧、橡胶垫、轴箱定位装置和液压减振器组成。垂向螺旋弹簧承担车体和转向架的静、动载荷，螺旋弹簧的一端装有橡胶垫，可以隔离高频振动和减少噪声。与一系弹簧并联布置的还有垂向液压减振器，每轴箱布置一个。螺旋弹簧两端分别置于轴箱和构架的弹簧座内，减振器的上、下端分别与构架和轴箱体用螺栓连接。

一系悬挂的垂向刚度主要由垂向螺旋弹簧和橡胶垫实现；而纵向和横向刚度主要由轴箱定位装置实现。

二系悬挂系统由二系高圆簧、橡胶垫和二系液压减振器组构成。二系高圆簧承担来自车体的垂向和横向载荷，可以有效地隔振并降低噪声，同时保证转向架和车体之间有一定的横向刚度。在转向架两侧各布置一个横向液压减振器、一个垂向液压减振器和一个抗蛇行液压减振器。二系液压减振器组对确保动车组具有良好的运动稳定性和运动平稳性有非常重要的作用。

5. 牵引装置和牵引电动机

牵引装置采用T形中心销结构。T形中心销上部通过带橡胶套的铰链支座与车体底架相连接，下端插入构架梁内带橡胶球铰的牵引销套内。该牵引装置能正常地发挥牵引力，并可实现低位牵引。

万向轴传动式高速动力车转向架的牵引电动机采用体悬式异步牵引电动机。其持续功率为1 100 kW，最高转速为4 000 r/min，最大转矩为5 300 N·m。

6. 基础制动装置和传动系统

转向架的基础制动装置采用轮盘制动结构。每个轮对设一套轮盘制动。每套轮盘设两片制动闸片。制动缸安装在构架横梁下方。制动缸与弹簧储能停车制动装置为组合单体结构，组合制动缸具有制动和停车功能，闸片具有间隙自动调节机构。

万向轴传动系统的牵引电动机、电动机齿轮箱组成一体，通过三个吊挂点弹性悬挂于车体上，电动机输出的转矩通过滚动伸缩式万向轴传递给车轴齿轮箱以驱动轮对。

滚动伸缩式万向轴为国家专利产品，主要由法兰端轴叉、两个十字轴、中间轴组件、球滚子、套筒组件等组成。

电动机齿轮箱传动系统为带中间介轮的一级斜齿轮传动，车轴齿轮箱传动系统为一级直齿轮传动。齿轮箱箱体采用高强度铝合金材料制造，为承载结构，具有良好的强度和刚度。

三、空心轴传动式高速动力车转向架

转向架采用 B_0-B_0 轴式，每个轮对由一台交流异步感应牵引电动机驱动。牵引电动机、齿轮传动系统、托架、外空心轴、内空心轴、制动横梁等组成驱动制动单元。转向架由构架、驱动制动单元、轮对轴箱、牵引装置、悬挂装置等组成。

驱动制动单元通过两个挂点吊挂于车体上，另一端通过摆杆吊挂在构架端梁上，驱动制动单元与车体还设有一横向耦合减振器。电动机输出的转矩通过齿轮箱、外空心轴、六连杆机构、内空心轴去驱动轮对。双空心轴可以补偿车体与轮对之间的相对运动。

1. 构架

转向架构架采用无中间横梁的框形钢结构，包括两个端梁和两个侧梁。构架侧梁是由钢板焊接成的空心箱形梁结构。侧梁为中部下凹鱼腹形梁。侧梁上焊有一系弹簧安装座、二系高圆簧安装座、抗蛇形减振器安装座、二系横向减振器座以及一、二系垂向减振器座和电动机安全托梁、轴箱转臂连接座等。

构架端梁也采用钢板焊接成的空心箱形梁结构，牵引端端梁为中间下凹结构梁，其上有牵引梁座、两个驱动制动单元吊杆安装座和两个起吊吊耳；另一端采用直端梁，其上有一个点头止挡座、两个驱动制动单元吊杆安装座和两个起吊吊耳。

2. 轮对

车轮采用轻型辐板式整体辗钢车轮，车轮滚动圆直径新轮为 1 040 mm，磨耗极限直径为 850 mm，轮座直径为 203 mm。为保证转向架具有较好的运行稳定性，同时兼顾其曲线通过性能，车轮踏面采用经优化设计的磨耗型踏面。

为了减轻簧下质量并便于对车轴关键部位的监测，采用空心车轴，轴颈直径选为 150 mm。轴身直径为 183 mm，空心内孔径为 80 mm，轴长取 2 250 mm。为提高车轴的疲劳强度，防止出现过渡圆角的应力集中，在车轴的设计中应采用合理的过渡圆角，并在工艺上进行滚压强化处理；为防止轮座部分腐蚀，在轮座处进行喷钼处理。

3. 轴箱

轴箱是连接构架和轮对的活动关节，除了保证轮对进行运动外，还能使轮对适应线路，允许轮对相对于构架在各个方向运动。轴箱由轴箱体、轴箱前后端盖、轴承及附件组成。轴箱体用来装入轴承和润滑脂，并支承车轴，是重要的承力件。轴箱体选用高强度钢铸造。车轴轴承采用双列圆锥滚子轴承。

轴箱定位采用单侧长拉杆轴箱定位，拉杆两端安装有橡胶球关节，选择设计适当的轴箱定位刚度，以保证轮对的运动性能。轴箱还设有接地装置等。

4. 一系悬挂系统和二系悬挂系统

一系悬挂由垂向螺旋弹簧、橡胶垫、轴箱定位装置和液压减振器组成。每个轴箱布置有两个垂向螺旋弹簧，承担车体和转向架的静、动载荷，螺旋弹簧的一端装有橡胶垫，可以隔离高频振动和减少噪声。与一系弹簧并联布置的还有垂向液压减振器，每个轴箱布置一个。

一系悬挂的垂向刚度和横向刚度主要由垂向螺旋弹簧和橡胶垫实现；而纵向刚度主要由轴箱定位装置实现。

二系悬挂系统由二系高圆簧、橡胶垫和二系液压减振器组构成。二系高圆簧承担来自车体的垂向和横向载荷，可以有效地隔振并降低噪声，同时保证转向架和车体之间有一定的横向刚度。在转向架两侧各布置一个横向液压减振器、一个垂向液压减振器和一个抗蛇形液压减振器。二系液压减振器组对确保动车组具有良好的运行稳定性和运动平稳性有非常重要的作用。

5. 牵引装置和牵引电动机

牵引装置采用可分式推挽牵引杆，两端装有厚的橡胶套关节，以实现牵引杆相对于转向架横向、摇头、垂向无约束运动，并能有效地传递牵引力。牵引杆一端安装在转向架的牵引横梁上，另一端安装在车体底架的安装座上。

空心轴传动式高速动力车转向架采用半体悬式交流异步牵引电动机。其连续功率为 1 200 kW，最高转速为 4 000 r/min，最大转矩为 9 300 N·m。

6. 基础制动装置和传动系统

基础制动装置由制动缸、制动杆、制动盘闸片及闸片托等组成。每个轮对设两个安装于外空心轴的轴盘。每个轴盘制动设两片制动闸片。制动缸安装在制动横梁下方。制动缸与弹簧储能停车制动装置为组合单体结构，组合制动缸具有制动和停车功能，闸片具有间隙自动调节机构，整个基础制动装置属于驱动制动单元的一部分。

在双空心轴传动系统中，由牵引电动机、齿轮箱传动系统、托架、外空心轴、内空心轴、制动横梁等组成驱动制动单元。齿轮箱一端与牵引电动机输出端连接，另一端支撑在外空心轴上，并与制动横梁连接。

牵引力、制动力均通过外空心轴、六连杆机构、内空心轴、六连杆机构传递至轮对。

齿轮箱传动系统采用带中间介轮的一级齿轮传动，齿轮采用分片式人字形齿轮。

第五节　提高蛇行临界速度的研究

一、机车的横向稳定性

机车车辆的车轮踏面为锥形，轮缘与钢轨之间存在间隙，当轮对在直道上运行时，轮对中心偶尔会偏离轨道中心，此时左右两轮便以不同直径的滚动圆在钢轨上滚动，使轮对在行进中一边做横向摆动，一边围绕经其重心的垂轴来回摇动，做一种称为蛇行运动的波形运动。

这种运动是铁路机车车辆特有的运动。

车轮踏面制成锥形是必要的，可以使轮对偏离轨道中心时通过轮对的蛇行运动自动找中，避免在直道上一边轮缘与钢轨贴靠而造成轮缘偏磨。轮对、转向架构架及车体在水平面内也是弹性相连的，因踏面锥度产生的轮对的蛇行运动会引起机车的蛇行运动，剧烈的蛇行运动不仅会破坏机车车辆运行的平稳性，而且会使轮缘打击钢轨，破坏线路，损坏轴承，甚至引起脱轨事故，严重妨碍列车速度的提高。

机车开始出现剧烈蛇行的速度称为蛇行临界速度，简称临界速度 v_c。机车在速度低于 v_c 运行时，蛇行振动很小，由于轨道横向不平顺激发的机车较大的蛇行振动也会迅速衰减，运行是稳定的、安全的。当机车速度超过 v_c 时，蛇行振动不会衰减，只会增大，直至车轮轮缘与钢轨相碰，机车运行是不稳定的、不安全的、不容许的。机车速度超过 v_c 越高，蛇行振动越剧烈。因此，机车只能在低于 v_c 下运行。

研究机车车辆的蛇行临界速度问题通常称为机车车辆的横向稳定性问题，车速超过 v_c，称为横向稳定性失稳。

开行高速列车，首先要提高机车车辆的蛇行临界速度。近 30 年来，世界铁路客运高速化发展迅猛，对机车车辆横向稳定性做了大量研究，包括理论研究和试验研究，现在已基本了解了问题的实质，弄清了走行部各种结构型式及参数对蛇行临界速度的影响，采取了有效措施使列车稳定运行的速度达到了 350 ~ 400 km / h 以上。

设计新的速度较高的机车车辆时，应进行横向稳定性的理论分析计算，优化走行部的结构及参数，使蛇行临界速度高出最大运行速度，并有足够的裕量。样车研制成功后，要在线路上进行动力学试验，测定其蛇行振动的大小，检验是否与理论计算相符。

机车车辆在实际线路上做动力学试验的费用甚大，可将动力学试验放在实验室内进行。西南交通大学牵引动力实验室及四方车辆研究所均装备有滚轮式机车车辆试验台。西南交通大学牵引动力实验室的试验台可以在车轮受激振的条件下测定轮对及机车车辆各部分的蛇行振动，运行速度可达 400 km / h。

若车体与转向架连接的二系悬挂装置中有横动装置，即车体相对转向架构架可以横移，则机车的蛇行运动可分为：

（1）车体蛇行——车体剧烈侧摆并伴以摇头、侧滚，通常在机车运行速度不是很高时出现。

（2）转向架蛇行——转向架构架侧摆和摇头振动很大，车体摇头振动则相对较小，通常发生在机车运行速度较高时。

（3）轮对蛇行——如果轮对在构架中的定位刚度较小，则机车运行在更高速度下会发生轮对剧烈侧摆和摇头；如果轮对定位刚度很大，则轮对和转向架一起蛇行，不易发生单独的轮对蛇行。

随着机车运行速度自低速逐渐增加，首先发生车体蛇行，故通常又称为一次蛇行。转向架蛇行出现在较高速度时，称为二次蛇行。机车开始出现剧烈蛇行的速度称为蛇行临界速度。改变走行部的结构及参数，蛇行临界速度就会有变化。设计走行部时，必须使一次蛇行不发生，并使二次蛇行的临界速度超出机车的最高运行速度，并具有足够的裕量。

如果车体与转向架连接装置中无横动装置，则车体随转向架一起横动，转向架蛇行直接引起车体蛇行。在这种情况下，就不存在一次蛇行与二次蛇行的区分了。

二、走行部参数对机车横向稳定性的影响

对机车横向稳定性进行理论分析计算，可求得机车的蛇行临界速度，而且能够判明是车体失稳还是转向架失稳。改变走行部的各个参数，计算结果会发生变化，可以分析走行部参数对蛇行临界速度的影响，从而在设计或改进机车时，可以选择合理的走行部参数。必须指出，走行部参数很多，有些参数彼此之间又相互影响，不可能十分准确地阐明各参数的影响程度，只能以具体的理论计算结果为准。在不同的情况下，各参数对稳定性影响的程度可能会有相当大的出入，因此，下述综合分析只适用于一般情况。

1. 转向架轴距

增加转向架轴距，有利于转向架的蛇行稳定性；增加两转向架中心距，则有利于车体的摇头稳定性。机车临界速度随转向架轴距的增大而增高。为此，不少高速机车的二轴转向架轴距长达 2.8 ~ 3.0 m。我国北京型客运内燃机车的最大运行速度仅 120 km / h，原设计的转向架固定轴距较短，机车蛇行稳定性差，后来把轴距增加，蛇行稳定性得到了改善。

2. 转向架质量及转动惯量

转向架质量大，则转向架侧摆的稳定性下降；转向架转动惯量大，则转向架的摇头稳定性下降。二者皆使转向架及车体的蛇行稳定性下降。机车的临界速度大致与转向架质量的平方根成反比，如图 3-3 所示。为了提高机车的横向稳定性而要增大轴距时，应注意不要使转向架质量显著增大。牵引电动机等应尽可能布置在接近转向架中央，以减少转向架的转动惯量。高速机车为了进一步减小转向架的质量及转动惯量，把转向架上的牵引电动机移至车体上，成为体悬式电动机，就是为了提高机车的临界速度。

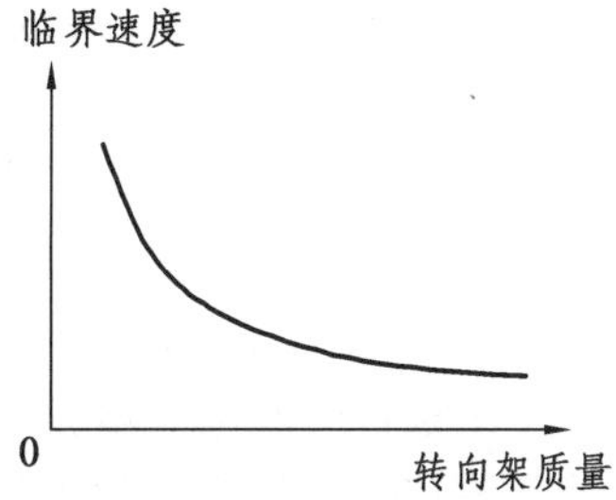

图 3-3　转向架质量对临界速度的影响

3. 踏面斜率

我国机车车辆广泛采用的锥形踏面的斜度为 1 / 20，其斜率为 0.05。近年来在机车车辆上推广应用的磨耗形踏面，踏面外形不是直线而是凹形的曲线，它具有等效斜率，即相当于锥形踏面的斜率。机车磨耗形踏面的等效斜率一般为 0.15 左右。

踏面等效斜率 j_p 是对机车横向稳定性影响最显著的因素之一。踏面等效斜率增大，易使轮对及转向架蛇行失稳。临界速度约与踏面等效斜率的平方根成反比，如图 3-4 所示。但等效斜率对车体蛇行（一次蛇行）是否产生所起的影响很小。因此，为了控制一次蛇行的发生，采取减少踏面等效斜率的措施是没有用的。

锥形踏面在运用过程中，随着轮对走行里程的增加，踏面磨耗增加，踏面曲率增大，使等效斜率增大，临界速度下降。图 3-5 示出了锥形踏面磨耗（走行里程）对临界速度的影响。采用磨耗形踏面的好处之一，在于在较长的走行里程内踏面形状变化较小，从而使机车车辆

能在较长时期里保持比较稳定的运行品质。

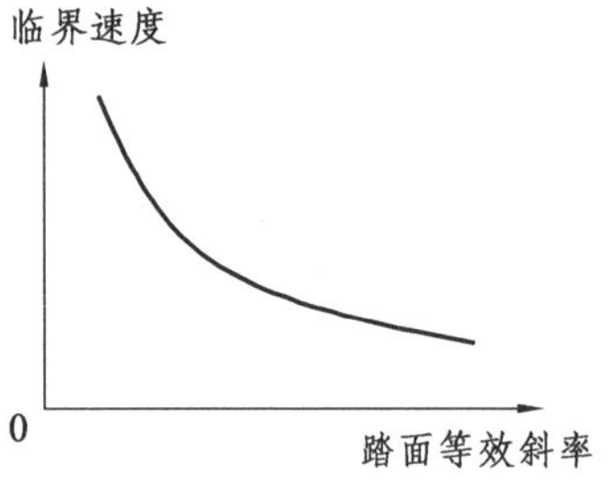

图 3-4　临界速度与踏面等效斜率的关系

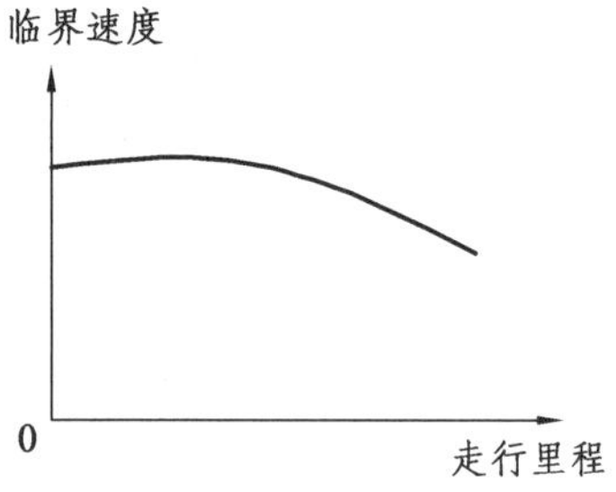

图 3-5　锥形踏面磨耗对临界速度的影响

4. 轮对定位刚度

设计转向架时，结构参数中比较容易变更的是一系悬挂的轮对定位刚度，而轮对定位刚度对于机车直线运行的横向稳定性和曲线通过性能都有很大的影响，所以合理选取轮对定位刚度对于转向架设计甚为重要。

增大一系轮对定位横向刚度对于轮对及转向架的蛇行稳定性均有利；增大轮对定位纵向刚度能显著改善轮对的蛇行稳定性，但对曲线通过不利。

5. 二系悬挂的横向刚度、垂向刚度及阻尼

（1）二系横向刚度。减小二系横向刚度对车体、转向架及轮对的蛇行稳定性都是有利的。因此，现代速度较高的机车车辆都无一例外地采用较低的二系横向刚度。

（2）二系回转刚度。增大二系回转刚度（转向架复原力矩）有利于转向架的摇头振动稳定性，但易使车体摇头振动失稳；而且，增大二系回转刚度对转向架通过曲线不利。因此，确定二系回转刚度要考虑到各个方面，选取适当的值。实际上，在一些结构中，二系回转刚度与其他参数有关，不能单独任意选定。例如，当二系悬挂采用高圆簧或橡胶弹簧时，二系回转刚度就与横向刚度及垂向挠度相关。

（3）二系横向阻尼。二系横向阻尼由二系横向液压减振器提供。二系横向阻尼对车体蛇行稳定性有着有利的影响，但其影响程度视踏面斜度而定；当踏面斜度较小时，上述影响就会减小。二系横向阻尼还有利于转向架的蛇行稳定性。

（4）二系回转阻尼。增大二系回转阻尼能使车体摇头失稳迅速消失，同时对控制转向架摇头失稳也有较好的作用。现代速度较高的机车都装备了提供二系回转阻尼的抗蛇行减振器，如东风 11 型内燃机车、韶山 8 型电力机车。高速机车更是无一例外地装有抗蛇行减振器。

一系及二系垂向刚度及阻尼对机车横向稳定性的影响很小，其数值主要应根据机车垂向振动的要求来确定。

6. 轮、轨间的蠕滑系数

轮、轨间的蠕滑系数对横向稳定性的影响不能一概而论，而与踏面外形及悬挂装置的刚度有关。当一系横向及纵向刚度较小时，轮轨蠕滑系数减小对横向稳定性有利，亦即机车在

潮湿钢轨上运行时，临界速度较高。必须指出，轮轨间的蠕滑系数是客观存在、不能控制的，它与轮径、轴重、踏面及轨头外形及轨面状态有关。

综上所述，车体蛇行失稳可采用下述措施加以控制：① 增大一系悬挂的纵向刚度；② 减小二系悬挂的横向刚度；③ 增大二系悬挂的横向阻尼及回转阻尼。适当选择上述参数，可以消除车体蛇行失稳，使机车最大运行速度只受转向架蛇行失稳的限制。

转向架蛇行是无法消除的（除非采用圆柱形踏面），但可以推迟发生。转向架蛇行一旦失稳，随着速度的增加，蛇行会愈剧烈，车体也会发生剧烈的横向振动。下述措施有利于增加转向架的蛇行稳定性：① 减小踏面等效斜率；② 增大一系横向及纵向刚度；③ 增大二系回转刚度，减小二系横向刚度；④ 增大二系横向阻尼及回转阻尼，减小轮对及转向架的质量等。

如果车体与转向架之间不能相对横动，则车体和转向架一同发生蛇行运动，其临界速度比有横动装置的机车要低得多。这种结构只适用于速度较低的调车机车及工矿机车。

简而言之，车体蛇行失稳主要可以用二系悬挂中的阻尼和小的横向刚度来控制，使车体蛇行消除。转向架蛇行不可避免，但可以选择恰当的悬挂参数，使其临界速度超出机车的最大运行速度，减小踏面斜度、增大一系纵向刚度、增大二系回转刚度及回转阻尼等措施能使转向架蛇行临界速度增加，但对曲线通过不利。这就是通常所说的改善机车横向稳定性和曲线通过性能的相互矛盾性。应按照具体情况，兼顾两方面的要求来选择悬挂参数。

三、高速机车走行部的结构及参数对机车运行平稳性与稳定性的影响

机车运行平稳性是指高速运行时，机车在垂向及横向产生振动，让车体中的人所感觉到的舒适程度。影响机车平稳性的因素是振动频率、振幅、振动加速度以及振动加速度的变化率，即车体的振动特性决定了车体的平稳性。要使高速机车具有良好的垂向及横向平稳性，应恰当选定一系及二系悬挂的垂向及横向刚度及阻尼参数。

机车稳定性是指机车横向稳定性，即蛇行稳定性。高速机车必须具有良好的稳定性，其蛇行临界速度应高于机车的最大运行速度，并有足够的裕量。影响机车稳定性的因素是机车走行部的结构及参数，包括悬挂装置的参数。

必须指出，机车的横向稳定性好，其平稳性不一定就好，即机车对线路不平顺的响应（机车振动）不一定就好；但横向稳定性差的机车，在高速时的横向平稳性一定不好。这是因为稳定性差，高速时机车蛇行运动就较剧烈，其横向平稳性就一定较差。

在高速机车上，为了提高蛇行临界速度，通常采取下列措施：

（1）较大的转向架轴距。高速机车通常为二轴转向架。为提高蛇行临界速度，要采用较大的轴距。例如，德国 ICE 动车组和法国 TGV 动车组，其最大运行速度分别为 250 km/h 和 300 km/h，其转向架轴距都是 3 m。

（2）减小转向架的质量及转动惯量。减轻转向架簧上、簧下质量及转动惯量可以提高蛇

行临界速度。这就是高速机车要把转向架上的牵引电动机移至车体上的原因。

（3）二系较小的横向刚度。高速机车都采用较小的二系横向刚度及恰当的纵向刚度，并配以横向阻尼及回转阻尼。采用较软的车体与转向架的横向弹性连接，是为了尽量减小转向架横向振动与车体横向振动的相互影响，使车体的蛇行失稳不发生，机车的稳定性取决于转向架的稳定性。二系悬挂的纵向刚度决定了转向架的回转刚度，这不仅影响转向架的蛇行稳定性，而且还影响曲线通过性能。当二系悬挂采用橡胶簧或高圆簧加橡胶垫时，二系的纵向刚度与横向刚度是相关的，甚至是相等的，视具体结构而定。

（4）小斜度的锥形踏面。日本和法国采用斜度为 1 / 40 的锥形踏面来提高高速列车的蛇行稳定性。该踏面在新的状态下斜度为 0.025，随走行里程的增加，踏面磨耗，外形改变，等效斜率增大；但根据法国 TGV 高速列车的运用经验，踏面磨耗过程极为缓慢。

德国 ICE 高速列车采用磨耗形踏面，其等效斜率高达 0.2（新踏面），用抗蛇行减振器来保证机车高速时的蛇行稳定性。ICE 采用等效斜率较高的磨耗形踏面的理由是：① 能改善机车的曲线通过性能，减少轮缘和轨侧的磨耗；② 磨耗形踏面的磨耗速度比锥形踏面慢，而且磨耗后踏面外形变化较小，等效斜率增加很慢。

TGV 和 ICE 的运用试验及经验表明，采用两种不同踏面，都能在车速高达 300 km / h 时保证机车的蛇行稳定性，满足高速列车的要求。

（5）抗蛇行减振器。当代高速机车及准高速机车都安装了抗蛇行减振器来提高机车的蛇行稳定性。抗蛇行减振器是一种具有特殊阻尼特性的液压减振器，纵向安装在转向架两侧，连接车体及转向架。转向架相对车体回转时，该减振器产生阻尼力，衰减了转向架的蛇行运动。

四、机车直线横向稳定性与曲线通过性能的协调

我国修建的京沪高速铁路的特定条件是：有可能在相当长的时期内，在高速客运专线上实现高速列车与中速旅客列车混跑。两种列车的运行速度有很大差异，在曲线的外轨超高设置上要予以折中，即高速列车将在欠超高的状态下通过曲线，在这种情况下，过大的未平衡离心力对机车曲线通过十分不利。此外，为了实现与非高速线路上大城市间的直达运输，部分高速列车还将离开高速线路转到普通线路上运行，这样可能会遇到一些曲线半径较小的区段。因此，应在提高高速机车转向架蛇行稳定性的同时，努力设法改进转向架的曲线通过性能。

实际上，德国及法国的高速铁路都是由新建线及改造线连接而成的，这些线路上都是高速列车与中速列车混跑。他们都注意到高速列车不仅要有良好的蛇行稳定性，而且也要有良好的曲线通过性能。这两个性能是相互矛盾的，因此要进行折中、协调，使这两个性能都能满足要求。

法国 TGV 高速列车采用小斜度的锥形踏面来提高列车的蛇行稳定性（踏面斜率 1 / 4，配 1 / 20 的轨底坡）。德国 ICE 高速列车则采用大等效斜率的磨耗形踏面（等效斜率 0.2，配 1 / 40 的轨底坡），使动力车的曲线通过性能得以改善。等效斜率大的磨耗形踏面虽然不

利于机车的蛇行稳定性，但对于精心设计的悬挂系统，仍能保证机车在车速高达 300 km/h 时仍有良好的稳定性。

ICE 高速列车由于采用了磨耗踏面，减少了轮轨的磨耗，使动力车转向架两次旋轮间的走行里程达到 60 万千米以上，高于法国 TGV 高速列车的水平。

我国设计的高速机车转向架，应根据我国高速列车运行的具体情况，考虑直线性能与曲线性能的协调、走行性能与维修性能的协调，采用适合我国条件的磨耗形踏面，减轻转向架质量及转动惯量，采取较长的转向架轴距，恰当选定与稳定性及曲线通过性能有关的一、二系悬挂参数。

第六节　机车径向转向架

机车轮对定位的纵向刚度很大，这是为了传递纵向的牵引力所必需的。因此，转向架内的几根车轴总是要保持平行，即使进入曲线也是如此。图 3-6 所示为普通三轴转向架通过曲线时的情况，转向架第 1 轴的车轮平面与轮轨接触点轨道切线的夹角称为前轴的冲角。由于冲角的存在，增大了轮轨间的横向作用力，使车轮易于爬轨，而且使轮缘和轨侧磨耗增加。

图 3-7 所示为径向三轴转向架通过曲线时的情况，转向架前轴和后轴都向曲线半径方向偏斜从而占径向位置，使冲角为零，故称之为径向转向架，冲角为零的好处是减少了轮缘的磨耗，减小了轮轨横向作用力，减小了车轮爬轨的危险性，减少了踏面与轨面间的滑动，从而改善了曲线上机车的黏着性能。

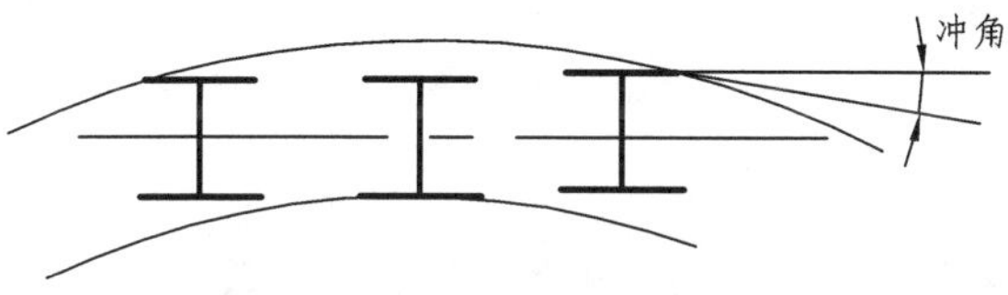

图 3-6　普通三轴转向架通过曲线时的情况

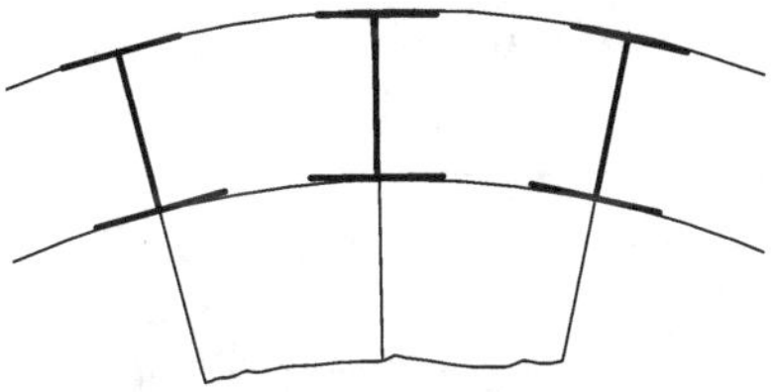

图 3-7　径向三轴转向架通过曲线时的情况

自 20 世纪 60 年代末轮轨蠕滑理论有了突破性进展以来，人们对轮轨接触面上的作用力有了真正的认识，机车车辆动力学得到了迅猛发展，使重载牵引、高速列车也得以顺利发展。机车、车辆径向转向架的发展是轮轨蠕滑理论在曲线通过领域应用的重要成果。

车辆转向架的结构及作用相对比较简单，其径向转向架在 20 世纪 70 年代初便开始出现并陆续投入运用，目前已有不少国家将它作为货车转向架的一种重要形式。

机车转向架除必须具备车辆转向架的所有功能外，还必须把轮周上的牵引力由车轴传递到转向架构架。这通常是通过轮对定位的纵向方向来传递的，因而轮对定位的纵向刚度通常都很大，否则无法传递牵引力。定位纵向刚度大，轮对就无法向径向位置偏斜，机车径向转向架就难以实现。这就是通常所说的牵引和导向的矛盾。所谓导向，这里是指使轮对占径向位置，利于通过曲线。机车径向转向架的导向机理、设计方法以及结构形式远比车辆径向转向架复杂。因此，机车径向转向架的发展远远滞后于车辆径向转向架。经过长时间的技术积累，到 80 年代末 90 年代初，机车径向转向架的技术出现了突破，德国、瑞士、南非、奥地利等国家相继在电力机车转向架上采用了径向调节技术。

值得特别提出的是，美国 GM 公司与德国西门子公司于 1992—1993 年联合开发了新一代的 SD60M-AC 型及 SD70M-AC 型内燃机车，其特征为交流传动、计算机控制及径向转向架，被称为径向交流机车。该机车取得了极大的成功，达到了前所未有的轮轨黏着水平和牵引能力，并可用于过去三轴转向架难以涉足的多小半径曲线的困难区段，扩大了三轴转向架的应用范围。

一、车辆径向转向架

车辆转向架应有良好的横向稳定性及曲线通过性能。改善横向稳定性，即提高蛇行临界速度的措施是：增加轴箱在水平面内的悬挂刚度，减小踏面斜度。但这样却使曲线通过性能大为恶化。机车稳定性与曲线通过性能之间的矛盾，是普通转向架所不能解决的。当前，能同时满足机车稳定性及曲线通过性能两个要求的就是径向转向架。

径向转向架可分为以下两大类：

（1）自导向径向转向架。转向架的前后两轮对通过导向杆刚性或弹性相互连接，相互作用。利用轮轨间的纵向蠕滑力，使前后两轮对接近占径向位置，以利于曲线通过。

（2）迫导向径向转向架。利用车辆通过曲线时转向架与车体间的相对转角，通过杠杆系统的作用，迫使轮对占径向位置。

迫导向径向转向架在转向架与车体之间增加了杠杆系统的联系，结构较复杂，给换修转向架增加了麻烦。自导向径向转向架所增添的机构全在转向架上，结构相对简单，所以发展较快，各国采用较多。

二、机车径向转向架

机车径向转向架也分自导向及迫导向两类。自导向结构相对简单，应用较广。下面主要介绍机车自导向径向转向架。

与车辆自导向径向转向架的机理相同，机车自导向径向转向架也是靠内外轮纵向蠕滑力形成的力偶来实现轮对的径向调节，但具体实现方法与车辆自导向径向转向架有极大差异，因为机车径向转向架要考虑到下列特点：

（1）机车踏面上作用有纵向的牵引力（亦属蠕滑力）。由于蠕滑力有其极限值（通常称为黏着力），因此，由内外轮轮径差产生的蠕滑导向力就受到限制，其与牵引力的合成不能超过蠕滑力的极限值，亦即机车转向架的自导向作用不及车辆转向架（减小轴箱纵向定位刚度，就能实现车辆轮对的径向调节），对机车径向转向架来说，轴箱纵向定位刚度应该比车辆小得多才能实现轮对的径向调节。所以机车径向转向架的轴箱纵向定位刚度应尽可能小，以利于径向调节。

（2）机车轴箱纵向定位刚度要满足牵引力传递的要求。踏面上的纵向牵引力从车轴向构架传递，必须具有很大的纵向刚度，对于机车径向转向架来说，轴箱纵向定位装置已不能用来传递牵引力了，而要另外增加一套牵引装置，称为牵引与导向功能的分离。对牵引装置的要求是：具有足够大的纵向牵引刚度，使轮对不能纵向移动，但又不约束轮对相对于构架的摇头及横动。

基于上述原因，机车径向转向架的结构比较复杂，所以机车径向转向架的实际应用比车辆晚了十多年。

为了提高转向架直线运行的横向稳定性，需要通过机构实现轮对摇头运动的相互耦合。当前轴向径向位置偏斜时，后轴也同时向径向位置偏斜，使前后轮对相对于构架的摇头运动角度大小相等，方向相反。

下面将以实际的机车径向转向架为例，说明机车径向转向架的结构特点。

1. 德国 E120 型电力机车的试验型转向架

为了减小机车通过曲线时的轮轨横向力及轮轨磨耗，并提高机车曲线运行时的黏着牵引力，德国从 20 世纪 80 年代末就开始了机车径向转向架的理论及试验研究，即利用一台 E120 型电力机车进行径向转向架的试验研究，如图 3-8 所示。

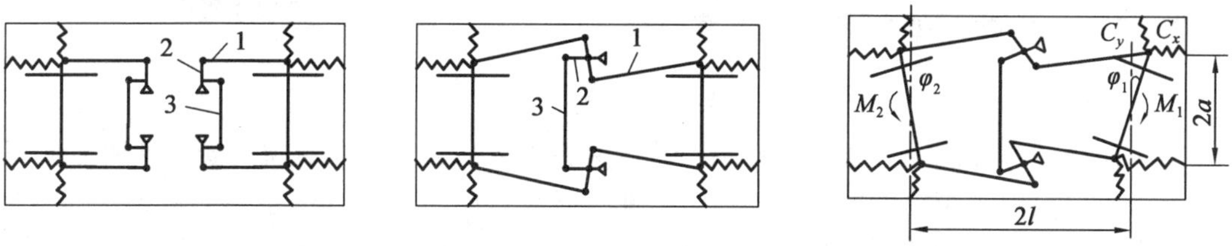

（a）轮对相互独立的自导向　（b）轮对相互耦合的自导向　（c）轮对径向调节时前后轮对耦合情况

1—拉杆；2—拐臂；3—连接杆；4—长拐臂。

图 3-8　德国 E120 型机车的径向转向架结构示意图

图 3-8 中，图（a）的轮对可以径向调节，但相互独立；图（b）为轮对连接，摇头运动相互耦合。在图（a）中，拉杆、拐臂及连接杆为牵引机构，轮对上的牵引力由拉杆传至构架，由连接杆平衡左右车轮的牵引力，牵引刚度很大，轮对不能纵向移动，由于轴箱纵向定位刚度不大，轮对在蠕滑力矩作用下可向径向移动，通过拐臂的转动、拉杆的摆动实现轮对的摇头和横动。图（a）表示了牵引与导向功能分离的原理，由于轴箱纵向定位刚度很小，转向架的蛇行稳定性很差，实际上是不能采用的。

为了提高转向架的蛇行稳定性，必须把前后轴连接起来，使摇头运动相互耦合，如图 3-8（b）所示。通过长拐臂与前、后拉杆的连接，实现前、后轮对摇头运动的耦合：当前轮对向径向调节时，后轮对也向径向调节，如图（c）所示。

对于轮对相互耦合的自导向径向转向架，存在下述基本关系：

$$\varphi_1 = \varphi_2 = \frac{M_1 + M_2}{2C_x a^2} \tag{3-3}$$

即前、后轮对相对于构架的转角永远反向且相等。前、后轮对上的外力矩 M_1、M_2（蠕滑力矩）叠加后均匀作用于两个轮对上，使轮对相对于构架产生偏转角 φ_1、φ_2。轴箱纵向定位刚度 C_x 是轮对摇头位移的主要约束。

由式（3-3）可知，所谓自导向径向转向架，车轴一般并不能达到径向位置，只是自原有位置向径向偏转角度 φ_1 而已。向径向调节的角度 φ_1 取决于蠕滑导向力矩及轴箱纵向定位刚度。

2. 美国 SD60M-AC 型及 SD70M-AC 型内燃机车转向架

美国 GM 公司与德国西门子公司联合开发的 SD60M-AC 型机车及其系列化产品 SD70M-AC 型机车，其径向转向架具有良好的性能，名为 HTCR 转向架，其示意图如图 3-9 所示。

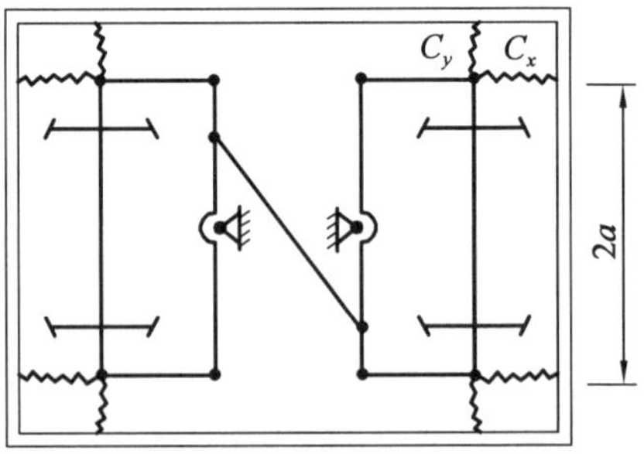

图 3-9　美国 HTCR 径向转向架机构原理图

该转向架的机构原理与其他机车径向转向架相同，即牵引与导向分离，前、后轮对摇头运动相互耦合，且相对于转向架构架的转角方向相反、大小相等。

该径向转向架的曲线性能大为改善，与常规三轴转向相比，前轮对外轮的冲角减小一半，轮缘磨耗也减少一半，曲线上机车黏着性能大为改善。

3. 机车径向转向架在我国的发展前景

与常规转向架相比，机车径向转向架有下述优点：

（1）曲线通过性能大大改善，轮缘及轨侧磨耗大大减轻，防止脱轨的安全性明显提高。

（2）直线运行横向稳定性与曲线通过性能达到良好的协调。

（3）曲线上的粘降减少，机车牵引性能明显提高。

我国铁路曲线所占比例较大，轨轮磨耗问题非常突出，严重影响铁路运输能力。发展机车径向转向架不仅有利于提高山区铁路列车的速度和运能，也有利于提高繁忙干线的运能。机车径向转向架在我国有良好的发展前景，应用范围包括：

（1）用于重载牵引，特别是多曲线区段的重载牵引。

（2）用于多小半径曲线的山区线路。

（3）用于提高既有线路的列车速度，特别是曲线半径较小区段的提速。

（4）地铁及轻轨线路的曲线半径较小，机车径向转向架可用于地铁及轻轨车辆的动车转向架。

由于机构的复杂性及结构布置上的困难，开发机车径向转向架在技术上有相当大的难度。戚墅堰机车车辆厂为 DF8B 型机车设计的三轴径向转向架是我国机车径向转向架开发的突破，其借鉴了美国 HTCR 径向转向架的结构形式，该形式的转向架与传统转向架的最大区别在于增加了一套径向调整装置，使在曲线较多的线路上能够减少轮缘磨耗及钢轨侧磨，延长旋轮周期和车轮寿命，提高曲线运行速度。

图 3-10 所示为 DF8B 型机车的三轴径向转向架总图，图 3-11 所示为该转向架的径向调整装置结构示意图。

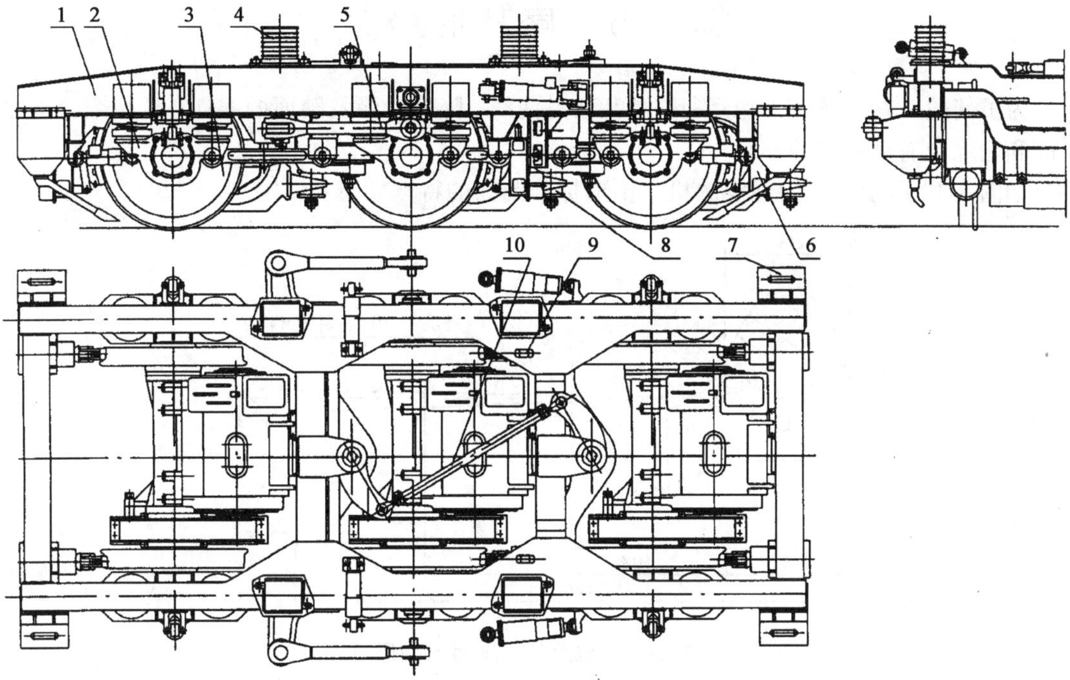

1—构架；2—轴箱；3—轮对；4—旁承；5—牵引杆装置；6—基础制动装置；7—砂箱；8—电动机悬挂装置；9—手制动装置；10—径向机构。

图 3-10　DF8B 型机车的三轴径向转向架总图

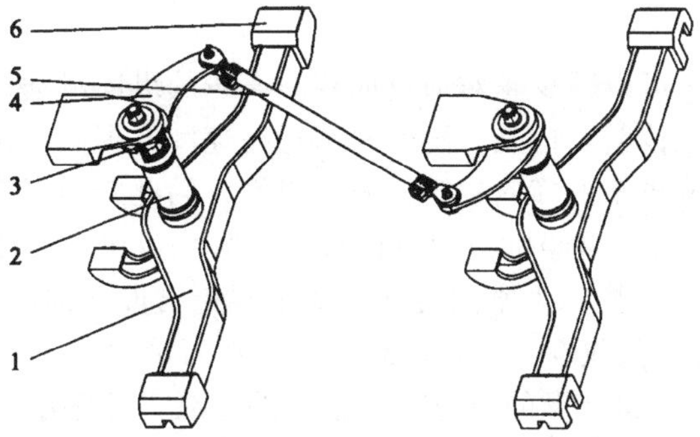

1—导向梁；2—扭筒；3—支承关节；4—转臂；5—中间连杆；6—拉杆座。

图 3-11　DF8B 型机车的三轴径向转向架的径向调整装置

DF8B 型机车的三轴径向转向架的主要技术参数如表 3-2 所示。

表 3-2　DF8B 型机车的三轴径向转向架的主要技术参数

用途	货运（尤其适应于多曲线区段）	两转向架中心距 / mm	12 300
轴式	C_0-C_0	通过最小曲线半径 / m	145
轴重 / t	23 + 2	电动机抱轴方式	滚动抱轴承抱轴
轴距 / mm	2×1800	制动装置	6 组单元制动器
轮径（新）/ mm	1 050	转向架牵引点高度 / mm	725
最大速度 / (km/h)	100		

第七节　磨耗形踏面

为了使轮对在钢轨上平稳运行，顺利通过曲线，降低轮缘及踏面的磨耗，延长镟轮里程，踏面和轮缘应有合理的外形。

如图 3-12 所示，我国规定的机车锥形标准踏面的特点如下：

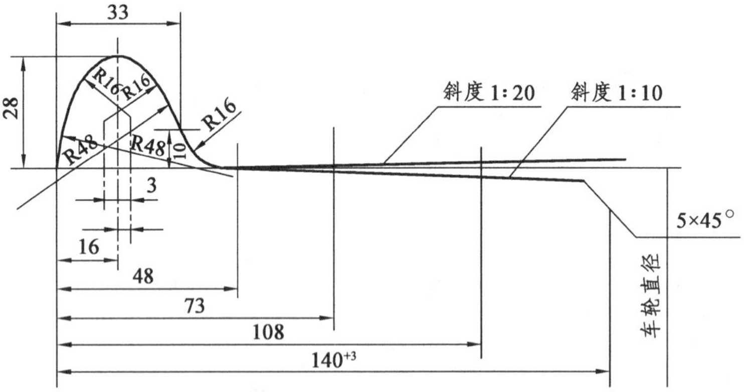

图 3-12　锥形标准踏面的外形

（1）轮缘厚度为 33 mm，高度为 28 mm，轮缘外侧与水平面呈 65° 角（俗称轮缘角）。

（2）踏面有 1∶20 及 1∶10 两段斜面，在外侧有 5×45° 的倒角。

（3）轮缘与踏面连接处有一段 *R*16 的圆弧，轮缘内侧有 *R*16 的倒角，以便引导车轮顺利通过护轨。

锥形踏面具有斜度，可以减少轮对通过曲线时车轮的纵向滑动；直线运行时轮对自动对中，避免轮缘单靠而形成偏磨。但是，随着机车运行速度的提高，锥形踏面斜度引起转向架的蛇行运动会加剧，影响机车的横向稳定性及平稳性，因此踏面斜度不宜很大。

斜度为 1∶20 的一段踏面是经常与钢轨接触的，磨耗较快，易使踏面形成凹陷，轮对在进入道岔或小半径弯道时可能产生剧烈跳动。为了避免出现这种情况，在 1∶20 斜度的外侧有一段 1∶10 的斜度，这一段仅在小半径曲线上才与轨面接触。

近 20 多年来，对于踏面外形的研究有了很大的进展，低斜度锥形踏面及磨耗形踏面得到了应用。

日本及法国的高速列车，为了提高机车的蛇行临界速度，把 1∶20 斜度的锥形踏面改为 1∶40 斜度。但在运用中踏面磨耗后，斜率显著增大，需及时旋轮，尽量保持踏面原有外形。

锥形踏面相对横动数毫米时，踏面的接触范围很窄，在这狭小的接触面积上产生局部磨耗，使踏面呈现凹形。但踏面达到某种凹形程度后，外形便相对稳定，磨耗变慢。如果把踏面外形设计成磨耗形（凹形），则轮轨接触一开始就比较稳定，磨耗较慢，这就是近 30 年来世界各国广泛采用的磨耗形踏面。

新设计的磨耗形踏面与锥形踏面相比，在外形上的主要特点是：

（1）在直线上踏面与圆弧形轨头接触部不是锥形而是圆弧形的凹面。轨头表面圆弧半径通常为 *R*300，踏面圆弧半径宜为 *R*500 左右，这两个圆弧半径相差不宜过小，否则踏面的等效斜率过大。

（2）轮缘根部与踏面连接处有一段小圆弧（半径 *R*14 ~ *R*16），磨耗形踏面在此小圆弧与踏面连接处加了一段过渡圆弧，通常半径为 $R100$ 左右，正是这段过渡圆弧避免了踏面和轮缘与钢轨的两点接触。

图 3-13 所示为我国钢轨断面图。图 3-14 所示为我国定型的机车磨耗形踏面——JM 踏面外形。

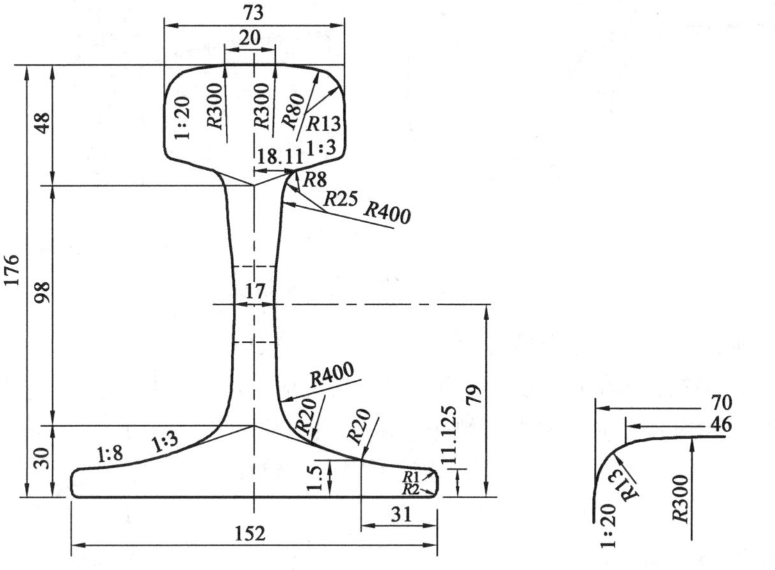

（a）60 kg / m 轨　　（b）50 kg / m 轨

图 3-13　我国钢轨断面图

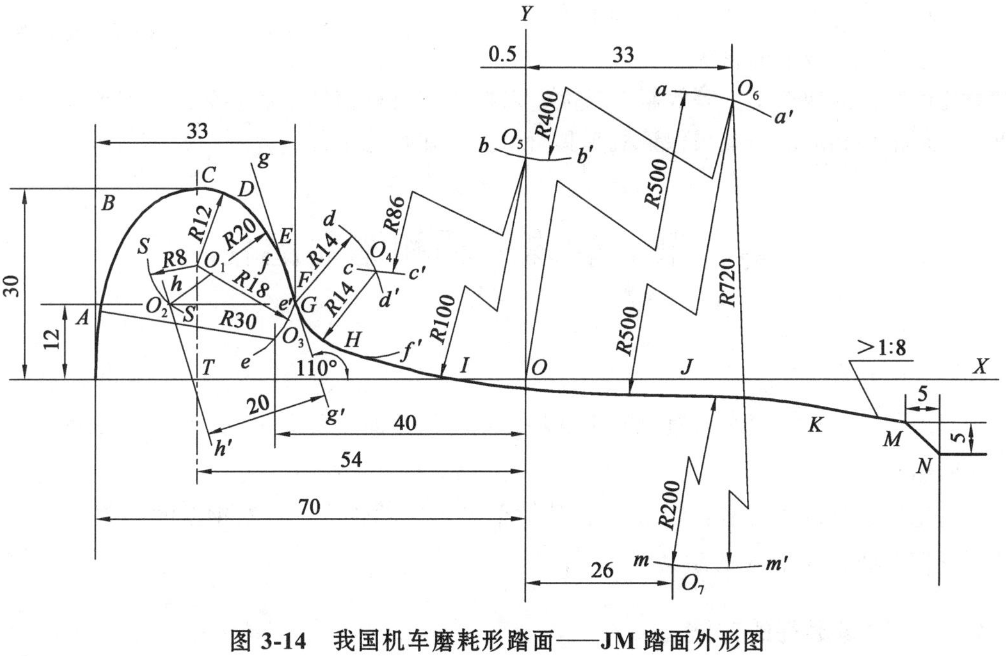

图 3-14　我国机车磨耗形踏面——JM 踏面外形图

（3）磨耗踏面的等效斜率较大，有利于曲线导向。

（4）锥形踏面轮缘向钢轨贴靠时，轮轨呈两点接触［如图 3-15（a）所示］：一点接触于踏面，传递轮荷重；一点接触于轮缘 C，传递轮缘力，该点与钢轨有相对速度，磨耗较快。

而磨耗形踏面从踏面到轮缘接触的过渡是连续过程，轮轨间总是一点接触，如图 3-15（b）所示。接触点 C' 的位置随轮缘力的大小而变化，接触处的轮缘角随轮缘力的增大而增大。由于轮轨一点接触，故轮缘磨耗大为减少，通常可较锥形踏面减少一半。

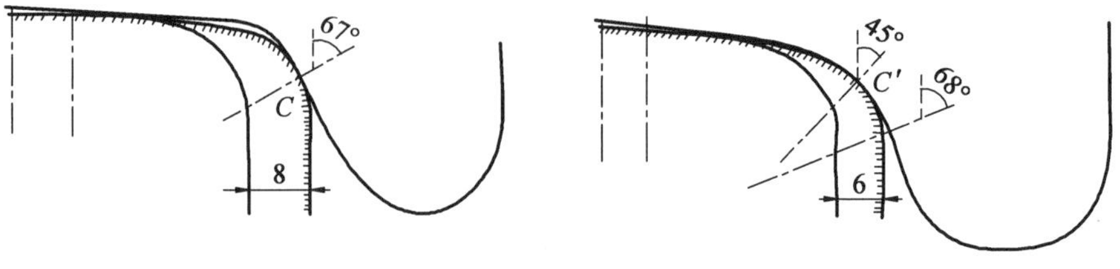

（a）锥形踏面　　（b）磨耗形踏面

图 3-15　轮、轨接触情况

（5）与锥形踏面相比，磨耗形踏面的踏面磨耗也较少。其原因：一是凹形踏面与轨头的接触面积较大，接触应力小；二是通过曲线的轮对横动时，踏面与轨头接触点的变动范围较宽，亦即磨耗带较宽（见图 3-16），减轻了踏面及轨面的磨耗。

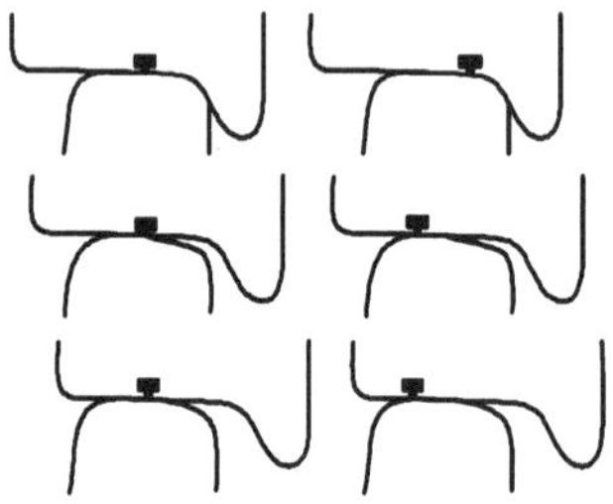

（a）锥形踏面　（b）磨耗形踏面

图 3-16　轮对横向移动时踏面及

磨耗形踏面的优点是：

（1）延长了镟轮里程，减少了镟轮时的车削量。

（2）在同样的轴重下，接触面积增大，接触应力较小；在同样的接触应力下，容许更大的轴重。

（3）减少了曲线上的轮缘磨耗。

磨耗形踏面的缺点是：等效斜率较大，对机车蛇行稳定性不利。为此，对于速度较高的机车，必须采用相应的措施来保证机车具有足够的蛇行稳定性。

第八节　轮缘磨耗和踏面磨耗

一、轮缘磨耗

机车通过曲线时，轮缘与轨侧发生磨耗。我国铁路曲线所占比重较大，轮缘磨耗一直是个重大问题。

影响轮缘磨耗的因素有：① 通过曲线时前导车轮的轮缘力及对钢轨的冲角；② 轮缘与轨侧的摩擦系数；③ 轮缘的耐磨性。下面具体分析。

1. 减少轮缘磨耗的方法

（1）踏面等效斜率（j_e）越大，曲线导向性能越好。j_e 足够大时，转向架前导轴内外车轮踏面上的纵向蠕滑力形成的力偶能帮助转向架沿曲线运行，这就是通过曲线时的蠕滑力导向，在大半径曲线上有可能避免轮缘接触，即使轮缘与钢轨接触，较大的 j_e 总能使轮缘力有所减小；但是，较大的 j_e 不利于转向架的蛇行稳定性，这就是通常所说的机车蛇行稳定性与曲线通过性能相矛盾的一个方面。

磨耗形踏面的等效斜率 j_e 较大，使轮缘力减小；另外，磨耗形踏面避免了与钢轨的两点接触，使轮缘磨耗显著减少。

（2）机车通过曲线时，径向转向架内各轴能自动向径向位置偏转，车轮与钢轨的冲角大为减小（如果转向架完全占径向位置，则冲角为零），使轮缘磨耗大幅度减少。

（3）转向架固定轴距越长，通过曲线就越困难，其冲角及轮缘力均较大，轮缘磨耗当然也较大；相反，转向架固定轴距越短，通过曲线就比较容易。两轴转向架与三轴转向架相比，前者通过曲线时轮缘力小得多，冲角也小，轮缘磨耗明显改善，这就是两轴转向架的机车特别适用于多曲线的山区铁路的原因。

（4）三轴转向架 C_0-C_0 机车因轮缘磨耗严重而不适宜于多曲线的山区铁路。用 B_0-B_0-B_0 式机车代替 C_0-C_0 式六轴机车，可以显著改善机车的曲线通过性能。

给三轴转向架中间轴以适当大的自由横动量，可以在不影响转向架在直线上的蛇行稳定性的条件下，改善转向架的曲线通过性能。中间轮对的自由横动量增大后，使它在半径不大的曲线上能贴靠外轨，参与导向，如图 3-17 所示，结果有可能使第 1 轴外轮轮缘力减少 20%～30%。

一般而言，给中间轴以 10～15 mm 的自由横动量，就能在机车通过 300 m 半径曲线时使中间轴贴靠外轨，而不贴靠构架。

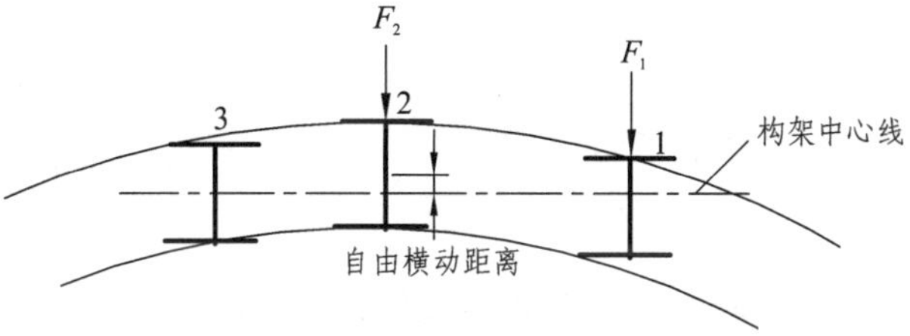

图 3-17　中间轴贴靠外轨，参与导向

必须指出，中间轴的自由横动量不应过大，否则会出现中间轴轮缘磨耗比两端轴严重的情况。这是因为对两端操纵的机车来说，如果中间轴的自由横动量过大，则上行通过曲线时，第 1 轴及中间轴轮缘磨耗；下行通过曲线时，第 3 轴及中间轴磨耗，这样中间轮缘磨耗就比第 1 轴和第 3 轴严重。对于这种情况，就应稍减中间轴的自由横动量，使通过小半径曲线时中间轴轮缘不贴靠外轨，让中间轴及两端的轮缘磨耗同步。这一中间轴的最佳横动量，与机车线路的曲线状况及运行速度有关，只能通过试验确定。

（5）如果车体与转向架连接装置中采用摩擦旁承，则转向架相对车体回转就要克服摩擦力矩。如果车体与转向架的连接采用橡胶堆旁承或高圆簧支承，则转向架相对车体回转时要克服复原力矩。摩擦力矩和复原力矩对机车的蛇行稳定性有利，但不利于通过曲线。因为这样会使第 1 轴的轮缘力增加，加剧了轮缘磨耗。

（6）机车通过曲线时，后转向架前端比前转向架后端离开轨道中心远，如图 3-18 所示。如果两端用弹性装置相连，则在后转向架前端连接点 C' 与前转向架后端的连接点 C 之间就会产生一对大小相等而方向相反的横向力 K 和 K'。K 和 K' 力分别使前、后两转向架后部向外移动，前转向架由 a 位移至 b 位，后转向架由 a' 位移至 b' 位，使两转向架的导向轮的冲角减少。K 和 K' 还分别使前后转向架导向轮的轮缘力减少。轮缘力及冲角减少使轮缘磨耗明显减少。

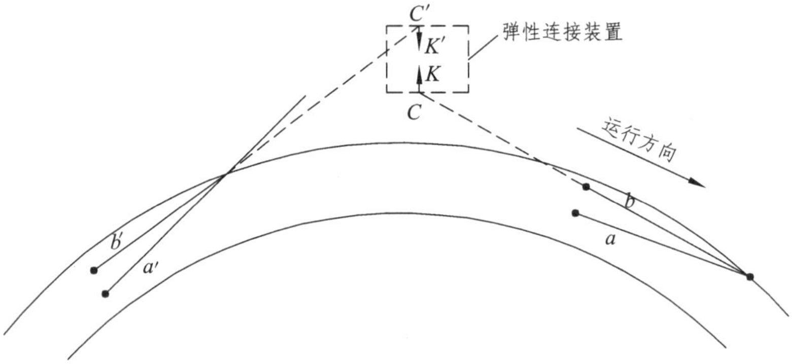

图 3-18　两转向架之间的横向弹性连接装置

（7）提高轮箍硬度可以提高轮缘的耐磨性。轮箍硬度由布氏硬度 250 ~ 275 提高至 320 ~ 340，可以使轮缘磨耗减少一半。

（8）为了减小轮缘与钢轨侧面的摩擦系数，可以采用钢轨侧面润滑或轮缘润滑或二者兼施的方法。用这种方法可以使轮缘磨耗减少一半甚至更多。目前我国机车普遍采用轮缘润滑器给轮缘润滑，效果显著。但若保养不当或使用不善会引起踏面黏着恶化。

2. 轮缘磨耗的两种特殊类型

轮缘磨耗还有两种特殊类型：

1）轮缘偏磨

机车在运用中常发生个别轮对轮缘偏磨的现象，往往成为难以解决的问题。轮缘偏磨的主要原因如下：

（1）轮对组装位置不正确。轮对应与转向架构架垂直，转向架内各轮对相互平行。如果某一轮对位置歪斜，则在走行中会造成一侧轮缘偏磨。

（2）轮对两侧车轮载荷不等。如图 3-19 所示，如果轮对两侧车轮载荷不等，$P_1 > P_2$，则由于踏面的斜度，轮、轨作用于踏面的法向反力 N_1、N_2 不等。法向反力的垂直分量与车轮载荷平衡，横向水平分量 $H_1 > H_2$；在 $\Delta H = H_1 - H_2$ 的作用下，轮对有向轮荷重较轻一侧横移的趋势。轮对静置于钢轨上时，轮轨间的摩擦力很大，横向力 ΔH 较小，不足以使轮对横移；但在轮对滚动前进时，较小的 ΔH 却能使轮对横移，直至轮荷重较轻的车轮轮缘贴靠钢轨。这样，该轮缘在直道上与钢轨接触，形成轮缘偏磨。

造成轮对两侧车轮载荷不等的原因是两侧轴箱弹簧刚度不等，刚度较大的轴箱弹簧，其车轮载荷就较大。因此，在装配轴箱弹簧时，应尽量做到轮对两侧的轴箱弹簧刚度相等或接近。

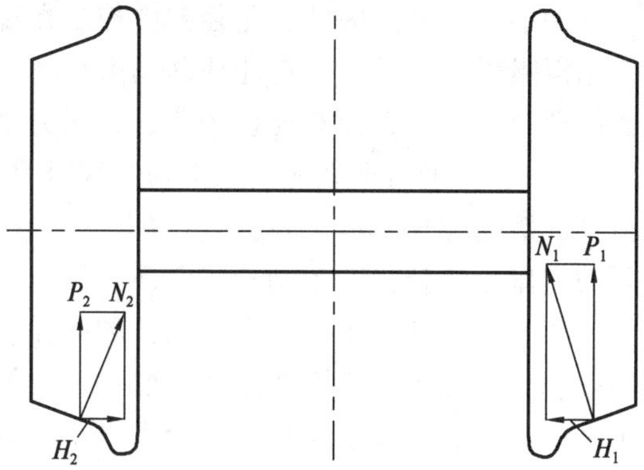

图 3-19　轮对两侧车轮载荷不等，造成轮缘贴靠钢轨

2）轮缘顶部磨耗

如果轮对冲角过大，导致轮缘顶部与钢轨磨耗，严重时能把轮缘顶部磨成尖形，影响行车安全。轮对冲角过大，通常不是由于转向架通过曲线时的冲角造成的，即使通过小半径的曲线上，冲角也不是很大，不会引起轮缘顶部与钢轨磨耗；但是，当转向架蛇行运动较剧烈时，会引起轮对冲角过大，形成轮缘顶部的磨耗。

二、踏面磨耗

车轮与轨面滚动接触的踏面磨耗有时也会成为突出的问题：轮缘磨耗不严重，踏面磨耗反而严重。影响踏面磨耗的因素如下：

（1）轮轨接触应力。踏面的接触应力越大，磨耗就越快。接触应力过大时，踏面会发生片状剥离，磨耗更快。接触应力与轴重及轮径有关，还与轮轨接触面的形状有关。轴重大、轮径小均能使接触应力增加，使踏面磨耗加剧。轮轨接触面的形状影响接触面积。磨耗形踏面与钢轨的接触面积就比锥形踏面大，因而接触应力较小，踏面磨耗慢。磨耗形踏面磨耗较慢的另一个原因是轮对相对钢轨横向移动时，踏面的接触区宽度大，踏面沿宽度磨耗较均匀。

（2）牵引力。轮周牵引力若大于黏着牵引力，则发生空转，踏面迅速磨耗，这是要极力避免的。当牵引力小于黏着力时，轮轨之间不发生空转，但存在蠕滑，蠕滑即微滑。无牵引力时，蠕滑为零，轮轨间为纯滚动；牵引力增大时，蠕滑也增大，牵引力增至稍大于黏着力时，蠕滑（微滑）变成大滑，即空转。机车起动工况及持续工况的牵引力较大，蠕滑也较大，引起踏面微量的磨耗；但积少成多，持续牵引力所对应的黏着系数越大，则踏面的磨耗越快。所以，持续牵引力应比黏着牵引力小得多，一是为了保证持续牵引力能可靠地发挥，在任何情况下也不会发生空转；二是使踏面磨耗变慢，维持一定的使用期限。持续牵引力所对应的黏着系数通常为 0.2 左右。

在实际运用中，机车的牵引质量越大，则牵引力亦越大，踏面磨耗亦越快。

（3）轮径差。一个轮对左右轮径差越大，则踏面与轨面之间的纵向蠕滑越大，踏面磨耗也越快。一个转向架内轮径差大，则影响牵引电动机间的电流分配及各轴牵引力的发挥，也使轮轨间的纵向蠕滑增大，踏面磨耗加剧。因此，轮径差应控制在规定的限度内。

必须指出，凡是使轮轨蠕滑量增大的情况，都能使踏面磨耗增加。例如，机车运用于多弯道区段，不仅机车轮缘磨耗严重，而且踏面磨耗也较明显，因为轮轨之间的纵向及横向蠕滑量，曲线明显高于直线。又如，机车通过曲线时，如果利用蠕滑力导向来减少轮缘的磨耗，则轮轨间的纵向蠕滑增大，踏面磨耗增加。

（4）车轮空转及踏面制动。车轮空转会产生剧烈的踏面磨耗，故应极力避免车轮空转。机车制动时闸瓦与车轮踏面产生摩擦，加快了机车车轮踏面的磨耗。因此，列车制动时，司机通常利用小闸使机车制动缓解，避免机车踏面及闸瓦的磨耗，延长车轮踏面的使用寿命。但是，对于调车机车，调车时车辆一般不发生制动，完全靠机车的制动来调节速度，因此，调车机车的车轮踏面磨耗比之干线机车要增加许多倍。

第九节　轮缘润滑及钢轨润滑

20 世纪 80 年代初，美国铁路协会运输试验中心偶然发现机车轮缘润滑不仅能降低轮轨磨耗，而且能减少列车运行阻力，减少机车燃料消耗。当时试验是为了测量轮缘和曲线轨侧润滑对曲线上不同材质钢轨磨耗的影响。试验列车由 70 辆 100 t 的车辆组成，以 64 km/h 速度运行，机车燃油消耗量比未润滑的钢轨上运行相同列车的耗油量减少约 30%。后来，美国联合铁路公司和圣太菲铁路公司进行了大量详尽的现场试验，试验结果表明，轮缘润滑可使机车节约燃料 7%。加拿大铁路也进行了大量的试验，最终查明，通过机车轮缘润滑而将一层薄薄的润滑脂涂抹在曲线及直线钢轨侧面后，机车燃料消耗平均可节约 2% 以上。

对轮缘润滑能节省机车能源消耗的解释是：列车即使在直线上行驶时，车辆车轮的轮缘也不时和轨侧接触，而形成运行阻力；如果通过机车轮缘将一层薄薄的润滑脂涂抹在钢轨侧面，包括曲线和直线的钢轨，则上述的运行阻力得以减少，从而节约了机车的能耗。

机车轮缘润滑器的型式繁多，应通过试验及运用选定性能优良的轮缘润滑器。一台机车应装几个轮缘润滑器才能达到减少磨耗和节能的双重目的，需要通过试验确定。

在美国，早在发现直线线路钢轨润滑的益处之前，就在弯道旁安装轨道润滑器。这是工务部门安装的，目的是降低曲线上钢轨的磨耗。有了车上轮缘润滑器是否就应该取消或减少轨道润滑器，或是二者配合使用。

润滑脂的性能至关重要。什么是最佳润滑脂，仍有待继续探讨。国外很多实验室对各种润滑剂的效果进行了模拟试验，但是实验室的试验并不能重复现场的实际情况，还必须进行现场试验，这是一项复杂而庞大的工程。

怎样的润滑脂是最佳的润滑脂？有些国外专家认为，优良的轮缘润滑剂应具有下列特点：

（1）具有可从轮缘涂抹到钢轨的良好的传递性，从而可最大限度地散布到全列车轮缘。

（2）具有足够的黏性（附着性）而不会被甩掉，而且具有抗挤出的性能。

（3）润滑剂的黏度不能过大，以便可用油泵输送，黏度随温度的变化率要小，从而可以在温度较高的轮缘上停留，车轮因制动温度会升高。

（4）不会被雨水冲刷掉。

（5）由于压力、温度或长期存放等原因，不会发生添加剂分离。

（6）对环境没有危害性。

（7）润滑剂的组成成分应经过精细研磨，从而可以与喷嘴中部件的精密公差相匹配。

（8）具有可以确定已散布至全列车的可辨认特征。

（9）价格不高。

采用不同的添加剂，润滑剂就有不同的特性。对于特定的润滑器，就存在一种最佳的润滑剂，这往往是一种“秘密配方”，能达到最大的经济效益。

润滑脂用量不足，起不到应有的作用，达不到应有的目的；但润滑脂使用过量也不利。润滑脂使用过量是指具有一定黏度的润滑脂在一些地方发生了堆积现象，然后被挤压到踏面或轨面上，从而容易导致机车车轮空转。

事实上不一定要在每台机车上都安装轮缘润滑器，一部分机车可以不装，以免润滑脂过量。只要能形成覆盖接触表面的非常薄的润滑脂且所涂抹的润滑脂不会从钢轨滴落下来即可。实际上，如果不用纸巾来擦抹钢轨，那么人是看不见钢轨上的润滑脂的。

第四章　现代轨道交通牵引传动与控制技术

第一节　交流传动的优越性及其发展概况

一、交流传动的优越性

交流传动技术是一门综合了高科技含量的技术，其本质是牵引电动机采用了交流异步电动机，其一系列的优点都是由此而表现出来的。交流传动机车之所以成为现代机车发展的方向，正是由异步电动机的特点和优点所决定的。与传统的串激直流电动机驱动系统相比，交流异步电动机驱动系统的优越之处表现在机械、绝缘、耐热、耐潮、黏着、维修、效率、质量、尺寸等诸多方面。

1. 构造简单，转速高，可靠性高，维修简便

三相异步电动机结构中无换向器、无电刷装置，所以相同功率的电动机，异步电动机的重量轻、体积小，可使机车转向架簧下部分质量相应减少，在机车通过曲线时，轮轨之间侧向压力也就相应减少，这对高速行车尤为重要；同时，由于电动机体积减小，便能选择更为合适的悬挂方式，从而简化了转向架结构；除轴承外无摩擦部件，密封性好，防潮、防尘、防雨雪性能好；全部电气部件均是绝缘的，且所用绝缘材料均为 H 级或 F 级，绝缘性能好，耐热性能好，因此故障率低，可靠性高；控制装置是模块结构，故障率也很低，驱动系统的全部运行过程和控制过程均由无触点电子元件完成，所以不存在传统系统中经常发生的触点磨损、黏连、接触不良、机械卡滞等问题。据美国柏灵顿北方铁路介绍，该公司直流电动机的大修期一般在 4 ~ 48 万千米之间，而交流牵引电动机的大修期可高达 120 ~ 160 万千米。另外，交流传动机车有完备的计算机监视系统和故障诊断系统，可随时监视系统的技术状态，进行故障诊断。由此可知交流传动系统的可靠性是很高的，维修量很小，且检修简便，维修费用大大降低。加拿大 CP4744 型交流传动机车的应用实践表明：不仅延长了计划修间隔，而且还减少了计划外修理次数，每台机车每年可减少计划外修 6 次。

2. 功率大，牵引力大，机车可以发挥较高的输出功率

异步牵引电动机不存在换向问题，所以高速行车时电动机的效率也就较高；同时，牵引电动机因无换向器，空间利用好，使机车功率得以进一步提高，再生制动时亦能输出较大的电功率。而串激直流电动机结构复杂，定子、转子都有绝缘要求很高的绕组，有换向器装置和电刷机构，摩擦部分多，接线复杂，机械转速受换向条件和机械强度的限制，只能达到

2 500 r/min 左右。交流异步电动机转速可达 4 000 r/min 以上，试验转速甚至可达 6 000 r/min，这是直流电机望尘莫及的。

3. 黏着性能好

（1）异步电动机有很硬的机械特性，所以当某台电动机发生空转时，随着转速的升高，转矩很快降低，具有很强的恢复黏着的能力。空转发生时，转速上升值不大，即使是同步转速，与原工作点的转速差一般也不会超出 5%。串激电动机则不然，转矩变化一点，转速就变化很大。

（2）异步电动机的工作点可以很方便地进行平滑调节，以实现最大可能的黏着利用，不会出现黏着中断情况。根据检测有关黏着控制的信号，准确、迅速地改变逆变器输出的电压和频率，寻求最佳工作点，使驱动系统既不会发生空转，又能充分发挥最大的牵引力。

（3）可实现各轴单独控制。当某台电动机发生空转时，可调节该台电动机，这样能充分利用机车的黏着性能。在交直传动系统中，当某轴空转时，需要使其他所有轴的电动机卸载，这样就大大降低了机车的牵引能力。

由于上述特性和良好的控制功能，交流传动系统的黏着系数可以利用得很高。1992 年，美国铁路协会（AAR）在向四家机车制造厂提出的 26 台交流传动机车投标建议书中提出的黏着指标是：起动黏着系数为 45%，全天候牵引黏着系数为 32%。如此高的黏着系数，正是得益于交流机传动机车良好的黏着控制性能，这对于交直流传动系统是不可能达到的。

4. 简化了机车主电路

异步电动机的正、反转及牵引、制动状态的转换，通过机车控制电路就能实现，不需要改变主线路，所以机车主线路中的两个位置转换开关可以省去，主电路变得十分简单，使整车的可靠性大大提高，降低了使用维修费用。

5. 动力性能和制动性能较好

异步电动机结构紧凑、质量小，同时采用特殊的悬挂装置，簧下质量小，有较高的曲线通过能力，对轨面的冲击力小；可在广阔的速度范围内实行电制动，甚至可以制动到零，制动功率大。其中部分电制动的能量可用于其他辅助设备。

6. 效率高，利用率高，使用灵活性强

交流传动系统的总效率约为 0.90，而交直流传动系统的总效率约为 0.86。对 E120 型交流传动机车的长期应用对比中发现，客运作业时可节能 3% ~ 6%，货运作业时可节能 8% ~ 10%。由于其可靠性、耐久性和易于维修，使交流传动机车的利用率显著提高。与直流传动机车相比，BBC 交流传动机车的利用率提高了 10%。对铁路运营管理部门来说，在计算所需机车数量时，机车利用率起着重要作用，对所需投资有决定性的影响。交流传动机车有很强的使用灵活性，它既可满足货运的大的起动牵引力的要求，又可满足客运高速度的要求。

综上所述，交流传动机车具有起动牵引力大、恒功率范围宽、黏着系数高、电机维护简单、功率因数高、等效干扰电流小等诸多优点，是目前我国铁路发展的必然趋势。新的铁路技术政策也明确指出，我国牵引动力将在十年之内，完成由直流传动向交流传动的升级换代。

二、交流传动的基本原理

图 4-1、图 4-2 所示是交流传动系统的基本功能框图与主电路原理图。

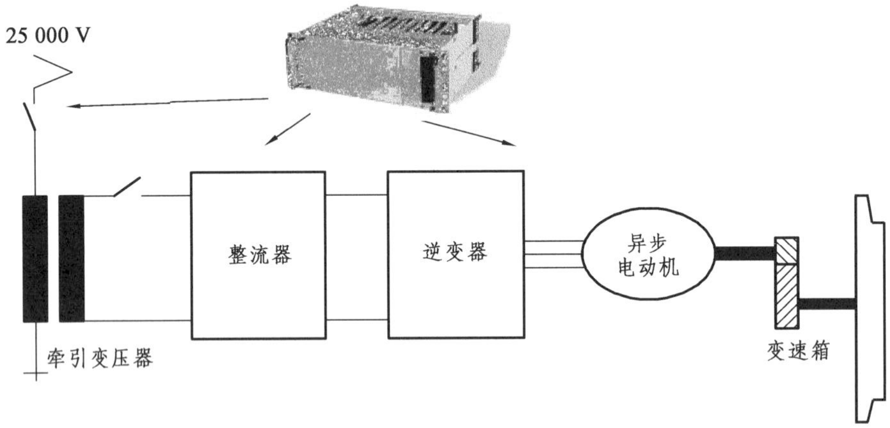

图 4-1　交流传动系统的基本功能框图

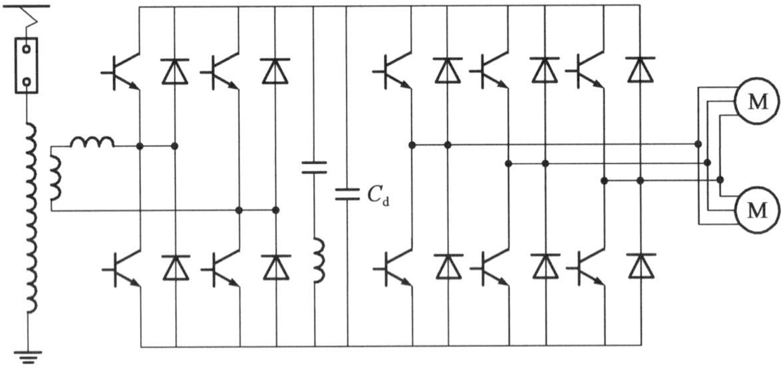

图 4-2　交流传动系统的主电路原理图

从图 4-1 和图 1-2 可以看出，交流传动机车由各种变流器供电，机车和动车组采用三相交流同步或异步电动机作牵引动力。机车在工作时，受电弓将网压引入机车变压器一次侧绕组，经变压器二次侧绕组降压后送入整流环节，将交流电转换为直流电，经中间直流环节消除脉动，送入逆变环节，再将直流电逆变为电压和频率可调的三相交流电，经平波电抗器供给牵引传动环节的三相异步牵引电动机，实现牵引运行。在这个系统中，机车先将电网的交流能量转换为直流能量，然后进一步转换成电压和频率可调的交流能量。机车主电路中整流电路的作用是将交流电转换为直流电，具体电路可以是不可控整流桥、相控整流桥、四象限脉冲变流器，目前交流传动机车主要采用四象限脉冲变流器作为整流电路。

三、交流传动技术在国内外的发展概况

1. 德国

1971 年，德国 Henschel 公司和 BBC 公司首先开发出 DE2500 型交流传动内燃机车，功

率为 1 840 kW，从此开始了现代交流机车的时代。自 1970 年起，交流传动机车的产量逐年增加。以 DE2500 型机车为先驱的交流传动机车可视为第一代交流传动机车。受当时技术发展的限制，主电路开关元件采用的是关断速度较快的普通晶闸管，控制电路有的还没有采用计算机，属于这一代的还有荷兰的 DE6400、土耳其的 ME07、伊朗的 ME10 等各型机车。

1987 年，世界上出现了第一台应用 GTO 元件的交流机车——3 200 kW 的 Re4/4 型机车，应用 GTO 元件的交流机车称为第二代交流传动机车。1989 年，Krupp MaK 公司和 ABB 公司开发出利用 GTO 晶闸管逆变器的第二代交流传动 DE1024 型内燃机车；1996 年 11 月，德国 Adtranz 公司和美国 GE 公司合作开发出第一台“蓝虎”系列交流传动内燃机车，功率范围为 1 640 ~ 3 280 kW，货运机车最高速度为 120 km/h，客运机车最高速度为 200 km/h 和 240 km/h。

2. 美国

从 20 世纪 80 年代中期开始，美国 GM 公司便与德国西门子公司合作，共同开发新一代交流传动大功率内燃机车。1993 年，美国柏灵顿北方圣菲铁路（BNSF）一次就向 GM 公司订购 350 台 4 000 马力（英制）的 SD70MAC 型交流传动内燃机车，随后该公司的订货量增加到 535 台。这种新型交流传动内燃机车显示出良好的技术经济性能，又适应美国各大铁路公司因机车老化需要更新换代的需求。GM 公司的大批交流传动内燃机车的订货单，刺激并推动了 GE 公司加速开发自己的大功率交流传动内燃机车。这样，在北美两大机车制造厂家之间，便掀起了开发大功率交流传动内燃机车的竞争热潮。至目前，GM 公司和 GE 公司的大功率交流传动内燃机车的订货总数估计已超过 3 000 台。GM 公司和西门子公司合作，1998 年开始向印度提供 30 台 4 000 马力（英制）的 GT46MAC 型交流传动内燃机车，同时对印度作技术转让，使印度 DLW 工厂也能生产这种机车。

3. 中国

我国交流传动技术的研究始于 20 世纪 70 年代初，可以说起步不晚，但国际上 20 世纪 80 年代初交流传动机车就已经进入商用化，技术日趋成熟。因此铁道部主管领导曾指出，我国发展交流传动，应跨过 GTO 阶段，直接发展 IGBT 技术，缩短我国与国际上当今先进技术的差距。

20 世纪 90 年代，我国由株洲电力机车研究所和铁道部科学研究院共同研制的、功率达 1 000 kW 的电力牵引交流传动系统获得成功。在此基础上，由株洲电力机车厂、株洲电力机车研究院于 1996 年共同研制的 4 轴 4 000 kW、我国第一台交流传动电力机车（原形车）诞生。以 AC4000 命名的交流传动机车的研制，标志着我国电力机车进入交流传动时代。之后，我国又不失时机地对交流传动电力机车和动车组进行研发。到 2004 年，已有澳星、九方、天梭号交流传动高速客运机车和 DDJ_1（大白鲨号）、DJJ_1（蓝箭号）、DJF_2（先锋号）、DJF_1（中原之星号）、DJJ_2（中华之星号）等电动车组先后问世，并投入运营；同时与国外合资研发的大功率货运交流电力机车和 200 km/h 以上电动车组从 2006 年起陆续投入运行，标志着我国铁路机车已进入高科技时代。

2004 年以来，我国与日本、德国、法国等合作，引进了世界一流大功率交流传动技术和动车组技术。大连机车车辆有限公司与日本东芝、株洲机车车辆有限公司与德国西门子、大同机车车辆有限公司与法国阿尔斯通等国外公司合资研发生产我国新一代大功率交流传动电力机车，最大持续功率为 7 200 ~ 10 000 kW、轴重 (23 + 2) t、牵引定数 2 万吨、最高速度为 120 km/h 的大功率交流传动重载电力机车，命名为“和谐型”（HX_D），HX_D3 型为我国大连机车车辆有限公司与日本东芝联合设计生产的 6 轴交流传动机车，HX_D1 型、HX_D2 型为我国株洲机车厂与德国西门子、大同机车厂与法国阿尔斯通公司联合设计生产的 8 轴交流传动机车。2008 年 12 月 29 日，我国拥有自主知识产权的首台和谐型 9 600 kW 大功率交流传动货运电力机车在大连下线。由大连机车车辆有限公司自主设计研制的这款中国品牌机车，是目前世界上单机功率最大、技术水平最高、性能指标最先进的货运电力机车。这台机车可单机牵引 5 000 ~ 6 000 t 货物列车，最高运行速度达 120 km/h，具有更大的加速能力和牵引通过能力，成为我国铁路货运重载的主型机车。该车集成了众多现代高新技术，多项关键技术引领了我国和世界的机车技术发展方向。

在消化吸收国外先进技术和经验的基础上，通过再创新国产化研究，研发出 HX_D1B、HX_D1C、HX_D2B、HX_D2C、HX_D3B、HX_D3C、HX_D1D、HX_D3D、HX_D1F、HX_D2F、FXD1/FXD2B 等“和谐型”“复兴”系列电力机车。

我国首列速度 300 km/h 的 CRH_2 型交流传动电动车组，于 2006 年 12 月下线，该动车组由四方机车车辆厂生产，通过从日本、德法等国引进先进技术，已成功掌握了 9 项关键技术，制造出具有自主知识产权的动车组产品系列。首列国产化 CRH_3 型大功率交流传动电动车组于 2008 年 3 月 31 日在唐山下线，该动车组设计速度不低于 350 km/h，率先在京津城际铁路投入运行。CRH_3 的原型是德国 ICE3 型，制造商是唐山机车车辆厂和德国西门子公司。CRH_3 型动车组不但速度快，而且工艺精湛，在其内部，吧台等豪华设施应有尽有，几乎可以和高档轿车相媲美。在“十一五”期间，我国不但开发了速度 350 km/h 的动车组，还完成了运行速度 300 ~ 350 km/h 动车组的卧铺车、餐车、行李车等产品的开发，形成了自主设计和制造能力，打造出中国铁路动车组和大功率机车的系列产品。

我国同时也在进行交流传动内燃机车的研制。1999 年 9 月 8 日，我国首台交流传动内燃机车“捷力”型调车内燃机车研制成功，它标志我国机车工业由直流传动向交流传动转换的发展战略迈出了关键的一步。交流传动内燃机车是以先进的交流传动技术替代传统的直流传动技术的新一代机车，是我国“九五”期间的重点科研攻关项目，这种交流传动机车比传统的直流传动内燃机车的起动牵引力提高了 15%，持续牵引力提高了 20%，目前，只有美国、德国、日本等少数国家能生产。1999 年 11 月 30 日，通过国际招标，投入商业运营的交流传动内燃机车“捷力”型调车内燃机车在四方机车车辆股份有限公司竣工出厂，标志着我国交流传动内燃机车已进入批量生产阶段。交流传动内燃机车是我国在本世纪铁路机车发展的方向和主流机车。

2000 年 6 月，由大连机车车辆厂和西门子公司合作研制生产的 DF_{4DAC} 型交流传动内燃机车落成，该机车为客货运两用，它的研制成功标志着我国大功率内燃机车跨入了全面实现交流化的新时代。

2002 年，我国又推出了 DF_{8CJ} 型机车，它是交流传动重载货运内燃机车，既可满足单机牵引 5 000 t、最高速度 90 km/h 的重载货运需要，也可满足最大速度 120 km / h 的快捷货运需要，是为满足我国铁路货运重载、快捷需求而开发的功率大、速度高、维护工作量少的理想牵引动力设备。该型机车装用 16V280ZJB 型 R16V280ZJ，具有功率大、黏着利用率高、牵引力大、恒功速度范围宽、维护方便等优点。该型机车采用了许多新技术、新结构，例如：

进口 IGBT 交流传动牵引变流器及其控制系统、交流辅机电传动系统、计算机控制系统、交流异步牵引电动机、干式冷却系统、柴油机电子喷射控制系统、承载式燃油箱结构、具有全功率自负荷试验功能的电阻制动系统等。

2008 年 7 月以来，由大连机车车辆公司、戚墅堰机车车辆公司分别与美国 EMD、GE 内燃机车公司联合设计制造的首台和谐 3 型、和谐 5 型大功率交流传动货运内燃机车，陆续正式下线投入运营。

未来十年将是我国铁路机车交流传动技术“十年转换”工程的关键时期，交流传动电力机车和内燃机车牵引运载装备将成为牵引动力主流。通过与国外合资研发生产、引进技术，200 km / h 及以上交流传动电力机车、内燃机车和动车组要达到产业化，交流传动电力牵引摆式列车技术在工程化上将有所突破，货运重载、客运高速机车具有自主知识产权，构成具有全面自主知识产权的系列机车技术，满足既有线客货路运进一步提速的要求。

第二节　车载交流传动系统的应用特点

牵引传动及控制技术是轨道交通机车车辆必需的技术配置，它推动了机车车辆技术的进步，成为高速铁路和重载货运发展的基础。可以说，是否拥有成熟的牵引传动及控制技术，已经成为衡量一个国家铁路技术水平的重要标志之一。同时，牵引传动领域的技术进步和成熟，将辐射到电气自动化、节能等诸多领域，形成具有核心竞争力的自主品牌。

一、牵引/制动特性

轨道运输装备的牵引/制动特性是其最基本、最重要的性能，是运输装备设计首要考虑的重要因素之一。它包括运输装备的持续运行速度、最高运行速度、牵引/制动力特性以及装备的加速性能。

在轨道运输装备减速制动时通常优先采用再生制动，将电机产生的电能通过变流装置回馈给电网达到绿色环保、节能的目的。

目前，在系统研究与实际工程应用中，采用高功率密度变流装置、变压器、牵引电动机和直接转矩控制等先进电机控制策略，在实现对电动机的牵引/制动特性准确控制的同时，可以获得毫秒级的转矩阶跃动态响应性能。

二、轮轨关系

轮轨黏着条件是指轮轨之间的自然黏着特性，它决定了运输装备所能发挥的最大牵引/制动力，是制约运输装备性能的关键因素之一，对于大功率货运机车而言显得尤为重要。

在各种千差万别的轮轨黏着条件下，怎样使运输装备输出的牵引力尽量逼近当前轮轨黏着条件所容许的最大牵引力是黏着利用控制的主要任务。

在理论研究与工程应用中，我国采取了独创的、先进的自适应黏着控制策略，采用线性系统理论，通过对牵引力的测量与计算，间接地获取黏着特性曲线斜率，实现了最佳黏着利用。

三、弓网关系

弓网关系即受电弓与接触网的关系。牵引系统必须与电网友好匹配：低干扰电流、高功率因数、4QS 运行等。“跳弓”现象对于电力机车（包括动车组）来说是很常见的现象。如果不能及时处理，通常会导致变流器瞬时过压、过流，甚至损坏器件。

在探索、掌握高动态响应、高系统稳定性、高性能指标的主电路参数和电机控制理论的基础上，通过高速硬件平台微秒级快速采集网侧电量信号，检测到信号发生变化后，四象限和电机控制系统会快速地对控制参数进行及时调整，以保证变流装置能稳定正常工作，适应各种极端的运行工况，实现高可靠性的工程应用。

四、功率流密度

轨道车辆车载设备对体积、质量有非常高的苛求，需不断追求变流装置的更高功率流密度。

由 IGBT 器件组成的单模块容量从最初的 400 kV·A 到如今 1 600 kV·A（在 7 200 kW 交流传动电力机车上大批量应用），如采用最新 6 500 V 元件可达到 2 000 kV·A，采用 IGCT 器件模块可达到 9 MV·A。

五、电磁兼容性要求高

电磁兼容性指设备或系统在电磁环境中能正常工作，且不对该环境中的任何事物构成不能承受的电磁干扰的能力。

对于低压小功率的变流应用场合，这个问题不突出，但在功率通常都在 MW 级以上的大功率牵引系统领域，由于体积、空间的限制，强弱电共存，且强弱设备共用一个接地点，通常控制装置与高压开关器件相邻布局，辐射干扰和传导干扰等电磁干扰问题非常突出，也成为大功率牵引变流及控制技术的一个关键应用难题。

在不断探索与应用中，我国已掌握了接地抗干扰技术、屏蔽抗干扰技术、磁场屏蔽技术等来改善牵引系统本身的电磁兼容性，以提高抗外部干扰的能力，有效减小了对外界生物的辐射污染；通过主电路合理的布线设计来提高弱电信号的抗干扰能力，同时采用诸如优化的脉宽调制技术等先进的控制方式，有效地抑制了电流谐波带来的干扰问题；通过长期的经验积累，我国已具备良好的 EMC（Electro Magnetic Compatibility）试验条件、严格的 EMC 试验，形成了 EMC 工程技术能力。

六、环境条件

轨道牵引传动设备的现场应用环境条件非常恶劣：振动与冲击、环境温度与湿度、海拔高度、耐腐蚀性以及抵抗风雪雨等指标都远高于普通的工业应用。以机车为例，变流控制装置通常在夏天要承受 60 °C 左右的环境温度，冬天要承受 – 40 °C 的低温，这对电子产品的耐受性、可靠性提出了更高要求，同时，还要考虑盐雾、湿热、振动、沙尘等工作环境，从而提高了对控制系统的设计要求。

第三节　变流技术与变流器产品的应用

一、电传动系统的性能最佳匹配技术

1. 系统技术的突破

1）电传动系统的性能最佳匹配技术

受轨道牵引车辆轴重的限制，在满足车辆动力性能的前提下，要求牵引变流器与异步牵引电动机的最佳匹配和适度的主电路网侧电参数，以实现系统的性能最佳、质量最小和经济性。

我国在实际工程应用中，采取配合牵引/电制动特性选择适当的齿轮传动比，使电机既能在牵引的最高转速处具有一定的转矩过载倍数，又能发挥高速的峰值功率，同时使起动电流和峰值电流在变流器的允许值范围之内；根据所要求的旅行速度，由典型区段计算出的等效电流及电动机的发热温升来确定电机的额定功率等；高压电器的选型和主要参数则要考虑高压电气性能、可靠性、所承受的供电网的过电压并根据主电路典型电流曲线等选取，同时利用系统仿真手段，进行电传动系统的最优匹配设计。

2）功率器件性能最优利用技术

在高压大功率牵引传动系统中，器件本身非常昂贵，同时受器件本身的性能参数、安装空间和体积重量的限制，设计余量选择往往会决定最终性价比。通常设计余量都尽可能取得较低，这必须不断追求功率器件性能的最优利用以保持产品的持续竞争力。与此同时，高压大功率变流器开关频率低，变流器承受的尖峰电流和过电压都很高，功率器件的性能最优利用技术门槛非常高。

经过长期的技术经验积累，我国已掌握了高性能的异步电动机直接转矩控制策略，可以充分利用开关频率，获得更低的尖峰电流及过电压指标；采取功率因数闭环控制和瞬态电流控制的四象限控制策略，可以在各种不同负载下获得接近 1 的高功率因数指标。这两种技术均可以使功率器件在同样的峰值电流下输出更大的基波电流，从而在同样的保护参数下的性能可以得到更充分的利用；同时，成熟的器件分级保护系统，特别是纳秒级检测、微秒级响应动作的硬件保护电路，可以确保功率器件在最优利用时的安全性和可靠性。

3）系统仿真平台技术

仿真技术可以保证系统性能，降低设计风险，提升设计能力，推进创新，缩短系统及部件开发周期，快速响应市场需求，提升关键部件开发和系统研究与集成能力。

经过近十年的努力，我国先后建立了多个仿真平台：① 牵引计算仿真平台，可以验证列车整个牵引电气系统的性能；② 系统主电路仿真计算平台，可以验证主电路原理并确定部件的电气参数；③ 半实物实时仿真平台，包括硬件在环回路（HIL）和快速控制原型（RCP）半实物实时仿真平台，可验证各种控制策略和控制算法；④ 热仿真和结构仿真平台，可辅助热设计及机械结构设计。

2. 器件技术的突破

1）器件开发及其应用技术

新型电力电子器件及其相关新型半导体材料的研究，一直是电力电子行业极为活跃的领域。随着每一代新型电力电子器件的诞生，变流技术往往都会掀起一场革命浪潮，从晶闸管到 GTO，再到如今的 IGBT、IGCT，都是一代器件决定一代装置。电力电子器件已经在国家节能减排、建设节约型社会中发挥着不可替代的作用。

经过四十多年的努力，我国已攻克了金刚石台面工艺、离子注入工艺、全压接工艺等关键技术，成为国际上为数不多的具备普通器件、IGCT、IGBT 完整产品链的大功率半导体器件供应商，产品最大规格达到 6 英寸（6×25.4 mm），最高电压达到 8 500 V。成功开发出 4 500 V/4 000 A IGCT 器件，成为全球第二个掌握该器件技术的国家。

（1）电力电子器件的串并联技术。随着现代电力电子变流技术的飞速发展，实际工程应用中对变流装置高压、大功率的需求越来越迫切，而电力电子器件的串并联技术是当前变流装置实现高压、大功率的最关键技术。但是，串并联将导致元件间电压、电流的静态与动态均匀分布问题。以高压直流输电变流器为例，上百个的开关器件串联后并入高压电网，必须保证器件触发的高度同步，否则微秒级的差异就会带来灾难性的后果。可靠的同步触发技术、优良的吸收回路是解决该问题的关键。

通过长期对高压大功率变流装置的研发，我国采用独特的吸收回路设计，高同步脉冲触发技术，攻克了器件串并联应用中的均压、均流技术。在晶闸管串并联应用技术方面，研制成功 135 MW 晶闸管整流大功率电源，最大空载输出电压达到 44 000 V，稳定功率为 135 MW。

（2）电力电子器件驱动技术。电力电子器件应用中的驱动和保护是一项关键技术。先进的驱动控制技术可以有效减小电力电子器件的导通压降、开关损耗以及提高短路电流所带来的应力，更重要的是降低电力电子器件开关时的过电压，防止潜在振荡，减小噪声干扰，保护器件正常工作。

经过长期的研究，我国掌握了各种电压等级的晶闸管、IGBT、IGCT 驱动技术。前期掌握的电信号通过隔离变压器驱动技术，随着电压等级的提高，常出现在变压器隔离后导致脉冲陡度不够，不能可靠触发驱动器件动作，同时也暴露出电信号通过隔离变压器方式的抗扰能力差等问题，通过技术攻关，我国成熟掌握了光触发技术，解决了高压大功率可靠驱动的难题。

2）冷却技术

随着变流技术的不断发展，变流装置的体积趋于紧凑化，但系统趋于复杂化，高热密度成了一股不可抗拒的发展趋势。变流装置的紧凑化和集成化要求冷却装置具有紧凑性、可靠性、高散热效率、维护简便等特点。

在小功率变流应用场合，如电动汽车、辅助变流器等，可采用风冷技术；在中功率变流应用场合，如城市地铁轨道车辆等，采用热管散热冷却技术；在大功率变流应用场合，如干线电力机车等，采用水冷却方式。

通过长期的技术研究，我国已掌握了冷却技术的仿真计算技术散热器热阻、流阻设计及试验技术，自主研制的热管散热器已批量应用于地铁项目，水冷散热器和嵌片散热器已批量应用于 7 200 kW 电力机车。

3）低感母排技术

低感母排是一种多层复合结构连接排。与传统导线连接方法相比，低感母排可以大大降低线路的杂散电感，降低开关器件的过电压，使器件工作于更加安全的区域，并提供现代的、易于二次设计、安装快速和结构清晰的配电系统。

通过长期的技术研究，我国已掌握了低感母排的高低温极限条件件材料技术、高性能绝缘薄膜介电技术、柔性连接技术、压合技术及灌封技术等关键技术。

二、变流器产品及应用

图 4-3 所示的 IGBT 器件及变流装置已经成功应用于 HXD1C 型 6 轴、7 200 kW 的交流传动货运电力机车、北京地铁 13 号线车辆、上海地铁 1 号线车辆、广州地铁 1 号线车辆、北京房山线车辆、沈阳 2 号线车辆、深圳 5 号线车辆、上海低速磁悬浮列车、电动汽车、国家电网直流融冰装置、柔性输电设备等项目。

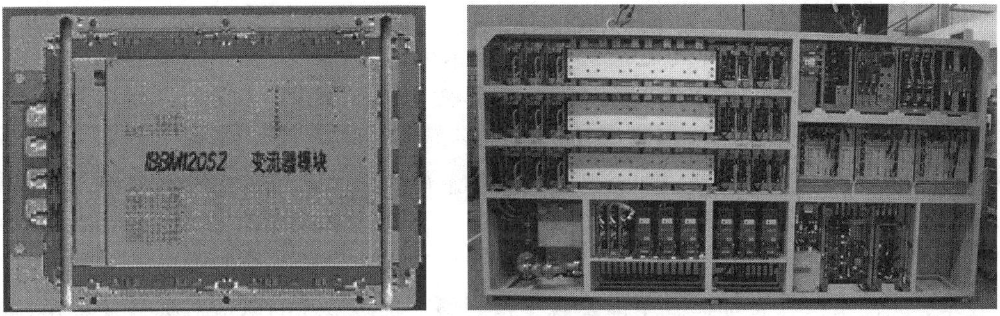

图 4-3　交流传动机车变流器模块及变流器成品图

7200 kW 电力机车变流器与国外跨国公司同类产品的技术参数对比如表 4-1 所示。

表 4-1　7 200 kW 电力机车变流器与国外跨国公司同类产品的对比

技术性能	TEG HXD1C	西门子 HXD1	西门子 HXD1B
单机功率	7 200 kW	2×4 800 kW	9 600 kW
主电路	① 两级过压保护，可用性高；② 可实现单轴隔离，损失 1/6 动力	① 一级过压保护；② 变流器架控，实现单架隔离，损失 1/2 动力	① 一级过压保护；② 单轴隔离，损失 1/6 动力

续表

控制方式	直接力矩控制	矢量控制	矢量控制
选用的IGBT	3 300 V，价格低，成熟度高，货源广	3 300 V	6 500 V，价格高，成熟度低，货源紧张
开关频率	450 ~ 500 Hz	250 Hz	350 Hz
功　能	各种功能及保护与西门子相当，均能满足用户需求		
变流器模块	四象限模块与逆变器模块完全通用，降低了维修成本和备品备件数量	可以互换	不能互换
谐　波	开关频率高，谐波小，噪声小	开关频率低，谐波大，噪声大	开关频率低，谐波大，噪声大
体　积	3 100 mm×1 060 mm×2 000 mm（L×W×H）	3 700 mm×1 060 mm×2 000 mm（L×W×H）	3 400 mm×1 060 mm×2 000 mm（L×W×H）
质　量	0.7 kg/kW	0.71 kg/kW	0.58 kg/kW

三、控制技术

1. 关键技术的突破

1）PWM 控制技术

脉冲宽度调制技术（PWM）是现代变流技术广泛应用的起点，是奠定绿色变频节能的基础。其通过改变输出脉冲的占空比来实现等效的输出电压与频率，从而实现交流到直流、直流到交流的能量变换。通常采用的空间矢量脉宽调制（SVPWM）技术在三相对称正弦波电压供电时，以合成旋转的空间电压矢量为参考，三相逆变器 8 种不同开关模式电压矢量合成参考电压矢量，形成 PWM 波。

通过长期的理论分析和试验研究，我国已掌握了异步→同步分频调制→方波的控制及切换技术，保证系统在各种模式下能实现平滑过渡，获得最优的电流对称性及转矩控制性能，取得了“一种基于空间矢量的闭环同步调制方法及系统”和“一种基于空间矢量的同步调制方法及系统”两项国家发明专利。

2）传动控制技术

传动控制技术是牵引传动系统的核心技术，传动控制技术已经由转差电流控制发展成矢量控制和直接转矩控制等。

（1）转差电流控制技术。这是一种早期的用于控制交流异步电动机的方法，基于异步电动机的稳态数学模型，控制性能远不能与直流调速系统相媲美，系统的动态性能差。

（2）矢量控制技术。矢量控制，又称为磁场定向控制（FOC），其基本原理是将异步电动机的定子电流正交分解为产生磁场的电流分量（励磁电流）和产生转矩的电流分量（转矩电流）分别加以控制，并同时控制这两个分量的幅值，从而达到控制异步电动机转矩的目的。

矢量控制策略存在一些固有缺点，比如转子磁链难以准确观测，对电机参数比较敏感，实际工程应用时矢量控制必须具备异步电动机参数自动辨识功能。与直接转矩控制相比，矢量控制具有直接的电流闭环控制特点，电流控制的稳定性高，有独立的 PWM 调制单元，这决定了其转矩控制结果是一个开关周期内的平均值。

（3）直接转矩控制技术。这是继矢量控制技术之后发展起来的一种高性能异步电动机变频调速技术。与矢量控制不同，直接转矩控制通过直接控制转矩和磁链来间接控制电流，不需要复杂的坐标变换，因此具有控制结构简单、转矩响应快以及对参数鲁棒性好等优点，它在很大程度上解决了矢量控制中结构复杂、计算量大、对参数变化敏感等问题。直接转矩控制可以充分利用逆变器的开关频率，从而特别适用于大功率牵引传动领域。

目前，通过对直接转矩控制的深入理论分析和试验研究，我国已掌握了转矩-磁链动态开关控制、定子磁链的轨迹优化控制、最佳开关频率利用控制、恒功区的动态弱磁控制等核心技术，该技术已经大量应用于干线电力机车，如和谐型 7 200 kW 交流电力机车，也应用于城市轨道交通领域，如上海地铁 1 号线、北京房山线、深圳 5 号线、沈阳 2 号线等。

3）绿色节能减排控制技术

变流器 + 异步牵引电动机已成为现代轨道牵引装备的主流模式，极大地满足了铁路高速、重载运输的要求，但也带来了对电网和环境的负面影响，牵引系统运行时产生的谐波和电流无功分量，如果不加以控制，会对电网产生非常严重的污染，不仅会增加电网容量，造成固定设备投资规模庞大，严重影响电能品质和稳定性，还可能会引起电磁干扰及噪声污染。

为了实现轨道牵引系统的绿色节能，实现万里路网低碳化，提高资源效能并保护环境，必须采用高性能的网侧控制技术及高效的主电路形式。

（1）四象限脉冲整流技术。牵引变流器的输入端是与电网密切相连的整流器，它既能把电能从电网送到变流器和负载，也能把负载和变流器运行中产生的“垃圾”（谐波、无功分量）带入电网。为了彻底解决电能品质问题，只有在牵引传动系统才采用四象限脉冲整流技术，以达到对电网侧的高功率因数控制的目的。

在交直交电传动的电力机车上，为了改善功率因数和减少谐波电流对电网的干扰，其电源侧变流器通常是用斩波原理构成的脉冲整流器，又称四象限变流器。四象限脉冲整流器与一个贮能环节相结合可以减小电流波形畸变，使电网的基波相位移系数和总功率系数接近于 1。

图 4-4 所示为四象限脉冲整流器的基本电路图。如图所示，四象限脉冲变流器是在二象限变流器的二极管整流桥上加上 4 个可关断的桥臂 $T_1 \sim T_4$，它们与原整流桥臂反并联连接，如同逆变桥臂一样组成。新加的可控桥臂和通常的逆变器一样，可用 PWM 方法控制，使该电路能在两个方向导通电流而与所施电压的极性无关，亦即变流器可以工作在输入电压 U_S 和 i_N 的四个象限（$+U_S$、$+i_N$；$+U_S$、$-i_N$、$-U_S$、$+i_N$；$-U_S$、$-i_N$），由于在两个方向传递能量，因而能够进行传动系统的再生制动。

在分析四象限变流器的功能时不难看出，电路中电感所吸收的无功功率，并不能来自单相交流电网，因为 i_N 和 U_N 是同相的，所以无功功率必然需要由直流电压侧来提供。这在二象限变流器中是不能实现的，只有依靠四象限变流器中的逆变器桥臂的功率反馈作用才能实现。于是，四象限变流器就有了“开关”、“整流”和“反馈”三种功能。

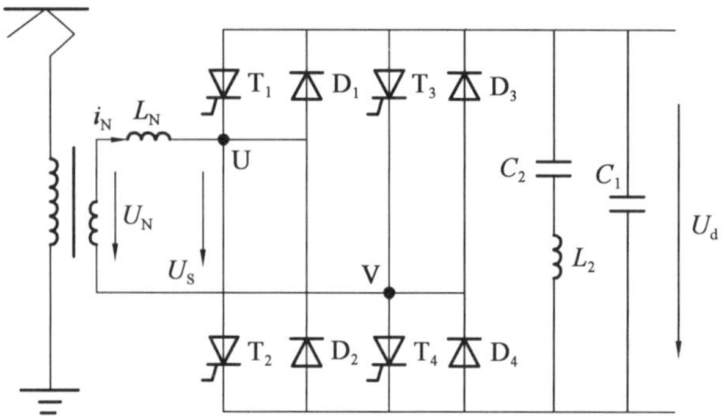

图 4-4　四象限脉冲整流器原理图

例如，在正半波触发 T_2（U 端为正，V 端为负），则变压器次边绕组通过 T_2 ~ D_4 短接，使输入电压 $U_S = 0$，这时四象限变流器处在“开关”状态。由于变压器漏抗和线路电抗都比较大，所以在短路时电流上升率是有限的。如果重新使 T_2 关断，那么变压器次边电压加上电感贮能形成的电压，将比中间回路电压还要大，所以电流从变压器经由 D_1 和 D_2 流入中间回路，这种“开关”作用正是升压斩波的结果，使得在较低的变压器次边电压（如 1 500 V）下，能够得到较高的中间回路直流电压 U_d（如 2 800 V）。对于负半波也有类似的情况。

“整流”和“反馈”功能，可以通过对可控桥臂的控制来实现，即可以使电网电流正向或反向流入中间环节（$i_O = +i_N$、$i_O = -i_N$），或者说直流电压正向或反向接至交流侧（$U_S = +U_d$、$U_S = -U_d$）。

通过调制，可使直流电压 U_d 在电源回路的 U、V 两端产生工频交流电压 U_S，如果在调制时对 U_S 的相位和幅值进行控制，就可以实现电源侧回路电流 i_N 和电网电压同相位，即基波相位移系数等于 1；与此同时，由于调制的频率足够高以及回路电感 L_N 足够大，可以使电流畸变系数接近于 1，结果是，既改善了电网的功率因数又减小了谐波的影响。

关于四象限脉冲整流器改善电网功率因数的效果，已被近年来的实践所证实，在欧洲国家研制的三相交流电力机车上，都装有四象限脉冲整流器，已获得功率系数接近于 1 的良好效果。

通过长期的理论分析和实际应用经验的积累，我国已掌握了高性能的四象限控制策略，采用基于瞬态电流的控制算法，通过精确的网压锁相检测，实现了电网电压与电网电流同相位、低谐波电流、高稳定的直流电压的目标，开发出独特的功率因数闭环跟踪控制技术，可以在低至 20% 的额定负载时，仍可以将网侧功率因数保持在 98% 以上，同时有效控制电网电流中的谐波分量。该项技术已经大量应用于和谐型大功率电力机车、国家电网柔性输电工程及变电所无功补偿装置等项目。

（2）软开关技术。目前，牵引变流器中的辅助变流器一般选择较高的开关频率，这样有助于改善系统性能，能减少谐波含量、降低电磁干扰和音频噪声。但这样会使变流器系统效率降低，增加额外耗能，同时也会引发电磁干扰。

我国通过长期研究，已将软开关技术成功应用于中、小功率变流装置。该技术的应用可使电力电子器件的开关速度大幅度提高，开关损耗和开关元件上的电应力大大降低。相应地，变流器的体积和重量也可大幅下降，同时产品的电磁干扰和音频噪声也大大下降，具有非常高的绿色节能效果，可广泛应用于城轨车辆、铁路客车、动车组、电力机车的辅助变流器以及光伏发电逆变器等相关拓展领域。

2. 变流控制产品及应用

TEC3000 平台的传动控制单元（DCU）是新一代的交直交机车牵引变流器控制装置。采用高速专用总线贯穿整个控制单元，通过高性能 CPU（PowerPC5200）为主构建系统管理器进行管理和调度，周期短、信息化程度高。变流器硬件平台实时控制器主处理器采用 TMS320C60000 系列高性能浮点 DSP，浮点运算速度高达每秒上亿次。采用多 DSP 结构，从而使变流器实时运算能力达到最优，完全具备了应对各种复杂变流器高性能实时控制的能力。硬件平台的处理能力达到甚至超过西门子 SIBAS 32、Bom-bardier 的 MITRAC、ABB 的 ControlAC800PEC 的水平。DCU 可通过数字化软件编程来设置保护门阀值，实现变流器多级保护，达到 DCU 对变流器故障的纳秒级快速响应。目前我国异步电动机控制、四象限控制、黏着利用控制等技术的关键指标达已到国际先进水平。

表 4-2 所示为 TEC3000 传动控制系统与庞巴迪公司产品的主要性能对比。

表 4-2　TEC3000 传动控制系统与庞巴迪公司产品的技术性能对比

指　标	株洲所 TEC3000 传动控制系统	庞巴迪公司 MITRAC 传动控制系统
主处理器型号	MPC5200D	Motorob MC68360
主处理器速度	533 MHz	25 MHz
实时 DSP 芯片型号	TI TM S320C6713	Motorob D SP 56302
实时 DSP 芯片主频	200 MHz	80 MHz
FPG A 型号	Xilinx FPG A XC3S500E	Xilinx FPG A XC4013
FPG A 逻辑门	50 万门	1.5 万门
电机控制策略	直接转矩控制/矢量控制	矢量控制
转矩阶跃响应性能	4 ms	小于 10 ms
四象限控制策略	瞬态电流控制 + 功率因数闭环控制	瞬态电流控制
调试开发编程工具	CSRDriver	TRACSmonitor

面向系统集成用户开放的 CSRDriver 软件平台可完成变流器的控制模式选择、参数配置、高速数据监视、单点程序下载、故障记录、数据分析等功能，其界面如图 4-5 所示。

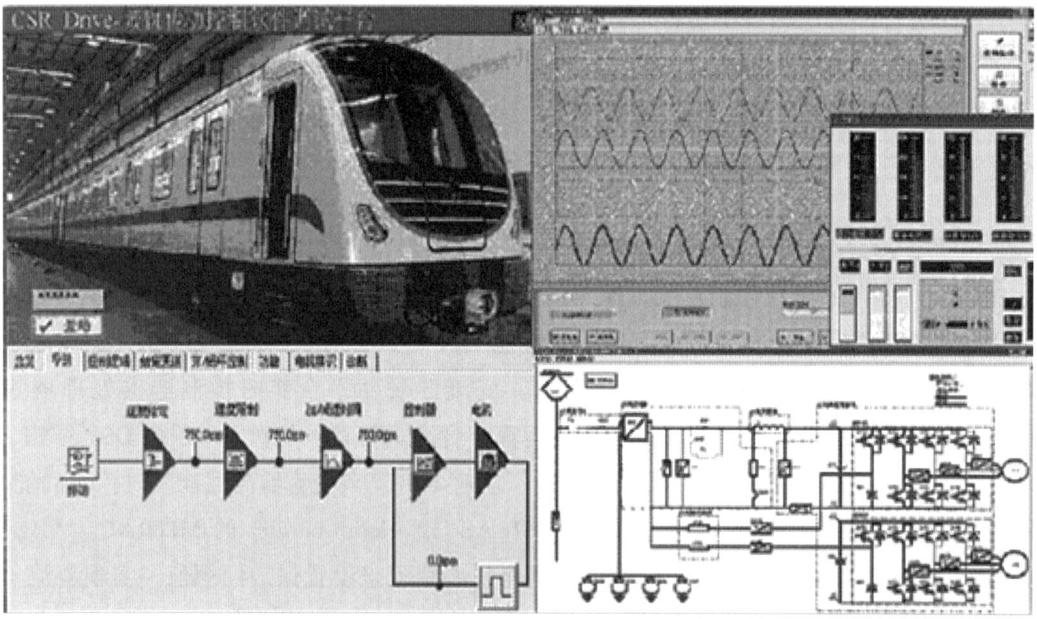

图 4-5　我国自主开发的面向系统集成用户的 CSRDriver 开放软件平台

四、信息技术与列车通信网络控制技术

列车信息化系统集检测、控制、诊断、信息管理于一体，是列车的大脑，它协调各子系统有序地工作。

1. 关键技术的突破

1）列车网络控制技术

以国际先进的网络控制系统设计思想为基础，通过在列车通信网络控制领域的不断研究与创新，在前期开发的集中式列车网络系统的基础上，我国自主研发出基于 IEC 61375 国际列车通信网络（TCN）标准的分布式网络控制系统平台——DTECS，成功攻克了列车网络通信技术（CAN 总线、车载以太网、TCN、Lonworks）、控制系统模块化软硬件技术、实时控制与故障诊断技术以及图形化编程技术，并取得了多项专利。DTECS 平台整体技术水平达到了西门子、庞巴迪公司当前主流产品的技术水平，并已经在多个铁路干线机车、城轨地铁车辆项目上得到批量应用。

2）列车运行控制技术

列车运行控制系统简称列控（ATP/ATC），是保证列车安全、快速运行的集中控制中心，同时是列车的事件记录“黑匣子”。我国在干线铁路列控系统领域，完成了 LKJ93 和 LKJ2000 列车运行装置的开发与应用，均具有完全自主知识产权，具备了 CTCS0 级 ATP 设备产品标准，在我国铁路多次大提速中发挥了至关重要的作用。

2. 网络控制产品及应用

分布式网络控制系统 DTECS 不仅适用于各种干线机车列车/车辆级控制，而且适用于地铁列车/车辆的控制，现已经广泛应用于各类地铁、干线电力机车，构成标准化、网络化的车载控制与诊断系统。

LKJ2000 监控装置已在国内全路近 2 万台机车上装车，有效减少了铁路信号险性事故发生率，并累计取得 17 项专利成果授权以及 15 项软件著作权。

五、产品质量保证与试验技术

在产品质量保证方面，我国已搭建了电子产品可靠性工程、失效分析等系统，并且制定了一系列严格可靠的项目管理、研发过程管理和产品生产制度。

我国已建成交流传动试验室、变流技术应用/ 综合试验室、复合环境试验室、电磁兼容试验室等 18 个国内领先、国际先进的研究性试验室，并引进了具有国际先进水平的专用测试设备及仪器，引入了 CAD/CAM/CAE 计算机系统、多通道数据采集和处理系统、环境试验箱、振动与冲击试验台以及从事变流技术应用研究和开发的相关实验室的全套设备，拥有具有国际先进水平的电子产品、半导体器件和专用测试设备及仪器。

第四节　轨道交通牵引与控制技术的未来发展

一、功率器件

碳化硅（SiC）是一种物理化学特性仅次于金刚石的化合物半导体材料，有着非常优秀的物理特性，可极大地提高电力电子变换器的效率。可以使原件体积减少到原来的 5%～20%，具有耐高压（达数万伏）、耐高温（大于 500 °C）的特性，被公认为是下一代电力电子器件的最佳候选者之一。

二、无线传输技术

现代高速列车通过车-地信息网络来达到安全运行的要求。随着无线技术的日益发展，无线技术的应用越来越被各行各业所接受。通过采用先进的无线局域网（LAN）和 GPRS/GSM 无线通信技术实现快捷的信息处理；采用无线通信方式实现高速列车远程监控技术；采用无线通信方式实现远程列车设备检修数据库的访问技术等，从而摆脱地面设备的束缚，实现实时列车状态的跟踪运行。

三、新一代传动控制技术

1. 永磁驱动及控制技术

与异步电动机相比，永磁同步电动机具有高能流密度、高功率因数、高效率、体积小、重量轻等特点；与同容量的异步电动机相比，永磁同步电动机的体积和质量能减少 15%～30%，且永磁同步电动机具有转速平稳、过载能力强、噪声低、可靠性高、结构多样化、应用范围广的特点。永磁同步电动机将在未来取代异步电动机，成为轨道牵引传动的主流牵引电动机。近年来对永磁驱动及控制技术进行了大量研究，小功率的永磁驱动技术已经在电动汽车上批量装车应用，目前正针对“500 km/h 高速动车组”项目进行大功率永磁驱动及控制技术的研究。

2. 无速度传感器控制技术

无速度传感器控制技术可减小牵引电动机的体积和传感器故障的发生率，大大提高了传动控制单元的系统可靠性，并省掉了速度传感器及连接电缆的费用，节约了成本。无速度传感器控制系统近年来已成为交流传动控制研究的热点。

目前，我国已经成功完成了异步电动机无速度传感器技术的理论研究与地面试验，攻克了逆变器保护封锁后的带速度重投、极低速定子零频附近的额定转矩发挥以及再生制动状态等技术难题，正在积极进行工程化的应用研究。

四、现代控制技术的改进

无论是矢量控制技术还是直接转矩控制技术，在对于电机参数可能发生的变化时，都会影响变频器对电机的控制性能。自适应控制器可以根据对受控对象在工作过程中不断检测的系统状态参数或性能指标的变化情况，自行修正控制参数或控制作用以适应环境和对象本身的动态变化，保证系统始终在最优或次最优的工作状态下。

目前，我国正在积极采用自适应控制技术进行电机参数自辨识技术的研究，以不断提高传动控制的性能。

五、功率模块的集成化

随着功率电子器件、功率电子设备以及变流技术向模块化方向发展，功率模块的功能、通用性以及性能也变得越来越强。我国目前已成功完成了 IGBT、IGCT 以及高压大功率晶闸管的模块化集成工作，成功解决了各类模块化器件在集成过程中产生的控制、驱动以及故障保护检测等问题，正朝着体积更小、重量更轻、功率更高、效率更高的方向发展。

随着电力电子技术的飞速发展以及控制技术的日益更新，现代轨道牵引传动及控制技术已经广泛应用于电力机车、内燃机车、新型动车组、城市地铁轨道车辆以及电动汽车领域，并逐步朝着新能源（风力发电、太阳能光伏发电等）等领域、电网电能质量的改善（风力发电变电装置、大功率无功补偿装置）以及大量的民用装备领域 （石油钻井、船舶推进系统、大型实验装备）发展。

六、直驱转向架技术

永磁同步电机替代交流异步电机的转向架直驱技术是当前轨道交通传动系统新的发展趋势，这种技术模式可以有效地提高电机的利用效率，从而提升整个系统的效率；同时，这种技术模式仍然保留了齿轮箱和联轴器，对于转向架及其传动装置未做较大变更，因此仍然有进一步研究的价值。在原有转向架的基础上取消齿轮箱传动环节，直接将牵引电机输出的转矩传递给轮对，这种转向架称为电机直接驱动式转向架。采用电机直接驱动的优势在于消除齿轮传动带来的传递损耗，降低噪声和降低维护保养成本；提高传动效率，有利于降低车辆总体重量，从而实现整体系统节能；取消复杂的传动系统，减少对转向架的空间占用，有利于转向架设计以及提高经济性。这种技术是当今交流传动技术的又一次升级。

由于永磁直驱牵引系统具有诸多优势，近年来德国、法国和日本等轨道交通装备制造强国纷纷开展永磁同步直驱牵引系统的研制，并取得了大量的研究成果。国内相应研究起步较晚，但是发展迅速，方兴未艾。

我国轨道车辆永磁直驱转向架技术起步较晚，但是近年来发展迅速，研制单位主要集中在中车青岛四方机车车辆股份有限公司、中车南京浦镇车辆有限公司和中车大同机车车辆有限公司。图 4-6 和图 4-7 所示是我国中车集团公司研制的永磁直驱转向架结构图。

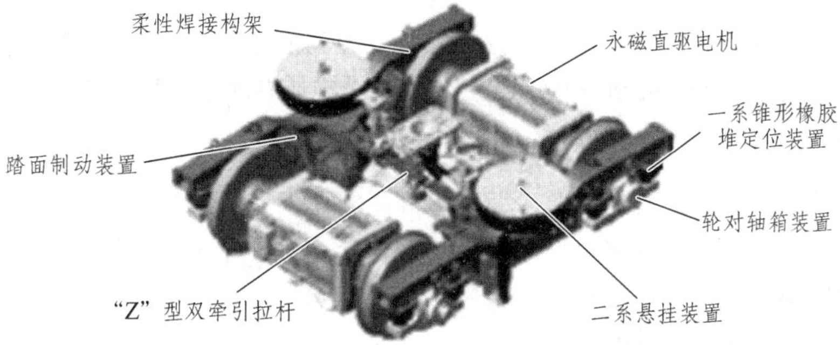

图 4-6　永磁直驱转向架结构（中车南京浦镇公司研制）

图 4-7　永磁直驱转向架结构（中车青岛四方公司研制）

1. 永磁电机直接驱动技术的优势

转向架直驱技术可省略传统转向架上牵引电机和轮对之间的传动系统，可实现直接将牵引电机输出的转矩传递给轮对或车体。对于异步电机，如要实现直接将牵引电机的输出转矩传递给转向架技术的要求，则其体积和重量将会非常大，对于轨道交通车辆转向架有限的空间来说很难实现，即使能够实现也会大幅度增加转向架的簧下质量，使转向架的结构变得非常复杂。

而近年来随着永磁材料的发展，在此基础上开发的永磁同步电机具有能量密度高、发热小、结构紧凑的优势，能够满足直驱转向架对电机的要求，可实用的转向架直驱技术逐步发展起来的永磁直驱牵引系统与交流传动牵引系统相比，有着以下优异特性：

（1）电机启动转矩大、功率因数和效率高、过载能力强、转速平稳、发热小。

（2）无传动齿轮磨损和噪声，免润滑油、免维护，解决了齿轮传动带来的传递损耗、噪声、漏油和维修等问题。

（3）可减轻车辆质量并提高传动效率，实现牵引系统的节能。

（4）给转向架的设计提供更多自由的空间，有利于提高车辆的经济性和运行性能。

2. 永磁同步电机直接驱动转向架的结构特征

永磁同步电机直接驱动转向架，按照不同的分类方法，可以分成不同的结构形式。

1）按转子类型分

根据永磁同步电机的转子类型，可分为外转子型和内转子型。外转子型的特征是电机外壳随同车轮一起旋转，而电机轴不转；内转子型的特征是内部电机轴旋转，而电机外壳不转。

2）按驱动车轮的方式分

根据驱动车轮的方式，可分为单轮驱动型和轮对驱动型。单轮驱动型的特征是左右两侧车轮互相独立、独立驱动，具有良好的曲线通过性能和两车轮之间无较高的旋转车轴占用空间，因此一般应用在城市轻轨低地板车辆转向架上；轮对驱动型的特征是由电机整体驱动轮对，主要用于城际列车或地铁转向架上。

3）按电机悬挂方式分

根据永磁同步电机的悬挂方式，可分为电机刚性悬挂和弹性悬挂。刚性悬挂模式的特征是电机通过轴承机构承载在轮对上，电机与轮对之间不设置弹性元件。其优势是电机工作气隙和性能较稳定、结构简洁、占用空间小；缺点是电机工作环境较恶劣，此模式适合中低速度运行。弹性悬挂模型的特征是电机通过减振元件悬挂于轮对上。其优势是弹性元件能够部分降低电机承受的振动冲击，而且能够部分减小簧下质量；缺点是结构较复杂、维护保养量较大，而且因其电机转子存在偏心，运行过程中产生动载荷，限制其速度的提升，此模式比较适合中等速度运行的转向架。

4）按一系悬挂的位置分

根据一系悬挂的位置，可分为一系悬挂外侧布置和一系悬挂内侧布置。一系悬挂外侧布置的特征是转向架一系悬挂弹簧位于车轮外侧，该模式下悬挂元件不占用两车轮之间的空间，电机的尺寸和功率可以做得较大；一系悬挂内侧布置的特征是转向架一系悬挂弹簧位于车轮内侧，该模式可以使转向架结构更紧凑，实现集成化和轻量化。

5）按电机悬挂的位置分

按电机悬挂的位置，可分为轮对悬挂和电机构架悬挂。轮对悬挂的特征是永磁电机直接悬挂在轮对上。其优势是结构简洁，电机悬挂对转向架一系悬挂影响小，利于转向架主悬挂系统设计；其缺点是电机直驱结构全部或部分属于簧下质量，导致转向架簧下质量增大，限制了转向架速度和性能的提高。电机构架悬挂的特征是永磁同步电机直接悬挂在构架上，而电机与轮对间设置的连接装置只起传递转矩的作用。相比于永磁电机轮对悬挂，该模式的优势是有效降低转向架簧下质量，改善了驱动装置的工作条件；缺点是结构复杂、占用空间大，同时电机悬挂对转向架一系悬挂的设计存在较大限制，该模式适用于中高速度运行的转向架。

3. 发展展望

（1）直驱转向架具有结构简单、电机效率高的优势，在轨道交通领域，尤其是在城轨交通方面会得到广泛应用。

（2）直驱转向架电机直接通过轴承抱在车轴上，电机质量属于簧下质量，因此，不宜于高速运行。

（3）正是由于电机属于簧下质量，电机本身重量及体积都受到限制，从而限制了电机功率，因此，不宜用于大功率的机车。

（4）如果将同步电机通过弹性环节支撑在车轴上，将电机由簧下质量变成簧上质量，有可能应用于高速城轨动车，这需要进一步做详细的可行性分析。

第五章　机车计算机控制系统

第一节　机车计算机控制系统概述

计算机应用于工业控制领域比较早，而应用于铁路机车控制系统是从 20 世纪 80 年代以来发展起来的。机车计算机控制系统发展的速度非常快，一度成为现代新型机车的标志性配置，成为新型机车不可或缺的标配系统。机车计算机控制系统最初主要取代电子模拟控制电路解决牵引与制动运行目标及其相关的控制问题，后来发展成为包括列车运行监控、诊断、状态信息传输与显示、模块控制等在内的强大的网络控制系统。主要有日本的 TCMS 技术、欧洲的 SIBAS、TCN 和美洲的 LonWorks 技术，目前均发展为多 CPU 计算机网络控制系统。机车网络监控与诊断系统专门有相应课程介绍，本章介绍的计算机控制系统是这些控制系统对牵引与制动运行控制的最基本的方法和控制单元，是机车计算机网络控制系统最基础的控制技术和根本方法，本书依然把此内容保留并作为机车新技术的一部分介绍，对机车专业学生认识和学习机车计算机网络控制系统很有必要。

一、计算机控制系统的基本概念

计算机控制系统一般都具有三个要素，即控制对象、信息处理机构、执行机构。控制对象给出控制目标；信息处理机构将目标值和实际情况进行比较、运算，给执行机构发出动作指令；执行机构根据接收到的动作指令进行调节，以求达到或尽量接近控制目标。图 5-1 所示为控制系统示意图。

图 5-1　控制系统示意图

控制系统有开环控制和闭环控制之分。在开环控制中，输出信号不反馈到信息处理机构；在闭环控制中，信息处理机构是根据给定目标与输出反馈信号的差值来进行控制的。毫无疑问，闭环控制比开环控制更稳定并具有较高的精度。

一个复杂的控制系统可以由多个闭环系统组合而成，如速度环、电流环、电压环等。例如，SS 型电力机车计算机控制系统，不论是在正常工况下还是在故障工况下，都采用闭环控制，由系统自动调节，从而减轻了司机的劳动强度，简化了司机的操作程序。

在电力机车上，计算机的控制目标主要是电机电枢电流和机车速度，信息处理机构是微型计算机，执行机构是晶闸管变流装置，即计算机根据司机给定的手柄级位以及实际机车速度来调节晶闸管的触发角，从而使机车稳定运行在司机希望的工况下。

我国 SS_8 型电力机车是国产电力机车中首次采用计算机控制的车型。以往的机车都采用模拟控制，如 SS_3、SS_4 改和 SS_7 型机车等，它们都采用以运算放大器为基础的模拟控制方式。随着电力电子技术、半导体集成技术的发展和控制要求的提高，用计算机控制来取代模拟控制是牵引动力技术发展的必由之路，它标志着机车控制技术水平上升到了新阶段。与模拟控制相比，计算机控制有以下特点：

（1）计算机控制系统不仅需要有硬件，而且必须有软件，而模拟控制中只有硬件。硬件是指各种能完成一定功能的电子插件，是看得见摸得着的。软件是指为实现一定功能而编制的程序，它通常存储在断电也能保存的器件（如 EPROM、ROM）中，是一串由 0 和 1 构成的代码。软件又分系统软件和应用软件。对用户来讲，主要是根据需要编制应用软件。

（2）计算机控制系统的硬件是通用的，它不是针对某个特定任务设计的。例如，我们现在使用的计算机控制硬件就能在所有交直传动车上使用，尽管有些功能可能在某种车型上并不需要。因此，计算机控制的优点就是通用，易于从一种车型移植推广到另一种车型，而且易于适应设计过程中新增加的控制功能要求。而模拟控制的电路有一定的针对性，不同的车型不能互相通用。

（3）计算机控制具有灵活可变的软件，对于不同机车的不同控制功能要求，可用改变软件的方法来实现。在研发过程中，对于设计、调试过程中新提出的问题可以通过修改、增加一段程序的方法来解决，一般不必改动硬件。而在模拟控制中，每增加一个功能都必须通过增加相应的电路来实现，功能越多，则硬件电路越多，也越复杂。有些控制功能用硬件来实现则电路比较复杂，如果用软件来实现则只是增加一段相应的程序。因此，在计算机控制中，有时用软件来实现一些硬件难于实现的功能。例如，多段折线的函数发生器、空转保护中的速度差、加速度、加速度的变化率、轮径修正及减流曲线等，用软件实现既方便快捷又稳定可靠。

（4）在计算机控制中，只有输入、输出部分与模拟控制相似，中间的数学运算、逻辑判断过程全部为数字量运算。计算机控制系统所有输入的模拟信号，经过信号调整，再经模/数转换变成数字量送入中央处理器 CPU 处理；模拟量输出是由 CPU 送出的数字量，经数/模转换得到的。数字量本身不受环境温度的影响，因而计算机控制系统对环境温度敏感性小，亦即在各种环境条件下所得到的数据分散性较小，重现性好，机车控制性能非常稳定。

（5）采用计算机控制后，一方面器件集成度提高，另一方面大量的控制功能由软件实现。只要计算机 CPU 正常工作，软件执行就不会出错。而在模拟控制中，任何一个电路环节、元器件的故障都可能导致输出的错误，所以采用计算机控制可以提高控制系统的可靠性。

（6）计算机控制系统具有记忆功能，而模拟控制系统则没有。计算机控制系统可以储存大量信息以及对某些特定时刻的信息进行逻辑判断，实现复杂的控制；可以进行自检、故障检索和故障监控等，具有智能的特点。这是模拟控制系统无法做到的。

（7）计算机的工作是按一定的节拍、一定的时序、有条不紊地进行的。每个 CPU 都有自己的晶振，产生几 MHz 或几十 MHz 的固定频率，再经分频得到 CPU 的主振频率，它直接影响 CPU 的工作速度。同一型号的 CPU 可以有不同的主振频率，代表了不同的运算速度。

二、国内外机车计算机控制系统的发展概况

1. 国内外机车计算机控制系统的发展概况

发达国家应用微型计算机控制铁路电力机车已有许多成功的例子，并且形成了不同的控制模式系列，主要有以下几种模式。

（1）欧洲模式：其列车通信网络速率较高，实时性较强，支持动态编组。具有代表性的是由西门子、Firema、ABB、AEG 等铁路供应商联合开发的 TCN（Train Communication Network），并已形成 IEC61375 列车通信网络国际标准。Alstom 公司采用了 WorldFIP 技术作为其网络控制系统的平台。

（2）日本模式：无论是三菱公司的 TIS 系统还是日立公司的 ATI 系统、东芝公司的 TCMS 系统，都具有相似的结构。网络控制系统主要用于列车及其各个设备的监视、显示、操作提示、信息存储和转储。结构都是在每节车辆上装备一个网络节点，车辆内各设备的状态信息通过硬连线、20 mA 电流环或 RS-485 等方式汇集在本车辆的节点中。

（3）北美模式：列车控制网络主要采用 LonWorks 和 ARCnet 技术。

（4）中国模式：DTECS (Distributed Train Electrical Control System)，它是专门为干线机车、动车组、地铁等应用设计的网络控制系统；具有完全自主知识产权，拥有多项核心专利；系统由一系列的功能模块组成，各功能模块通过 WTB、MVB 总线进行连接，完成列车控制、信息传输、状态监视、故障诊断等功能；系统完全符合 TCN 标准，支持冗余的 WTB、MVB 总线及总线主设备，可以实现故障无缝切换。

SIEMENS 公司早在 1983 年起就推出了以 16 位微处理器（最先为 Intel 8086，后改为 Intel 80186）为中心的通用型机车计算机控制系统——SIBAS-16 系统（西门子铁路自动化系统），该系统采用通用型模块式结构设计，利用总线将各模块连接起来。根据模块的不同组合及软件系统的编程，使控制系统能适应各种不同的机车（内燃机车 / 动车组，电力机车 / 动车组、地铁、轻轨动车组等），可完成对主电路的斩波控制，交直流传动机车的整流、逆变控制，交流传动时的变频控制及机车故障监控、列车自动控制、乘客信息服务等多种功能。

SIBAS-16 的动力传动控制装置，其任务重点在于对驱动装置的控制和调节，故对中央控制装置重点在于逻辑处理器（其逻辑控制单元利用功率模块，可直接驱动接触器）取代大量的继电器逻辑电路，并以分散的智能外围装置单元 SIBAS-KLIP 站来减少机车、动车的布线。SIBAS-KLIP 站是从可编程控制器发展而来的，由于它结构非常坚固耐用，故它可以安装在机车内的任何位置。SIBAS-KLIP 站通过屏蔽双绞线串行通信与机车计算机控制系统的主机连接，收集周围设备的信息并传送给主机，又从主机接收命令来控制周围的设备，从而达到减少机车动车布线的目的。由于 SIBAS-16 计算机控制系统能实现机车上几乎所有的控制功能，故得到了十分广泛的应用。例如，ICE 动车的驱动装置就采用了西门子 SIBAS-16 系统，西班牙国铁 S252 型电力机车（由德国 Krauss-Maffer 公司生产）及我国上海地铁动车均采用 SIBAS-16 系统。

在 1992 年的奥地利格拉茨国际现代机车车辆会议上，SIEMENS 公司又正式向外推出了代表未来机车控制系统发展趋势的 SIBAS-32 机车计算机自动控制系统，该系统现已正式用于机车、动车组。SIBAS-32 系统实际上是一种完成机车、动车几乎所有控制和监控任务的计

算机自动控制系统，主机采用 32 位的 Intel 80386 作为主 CPU，它通过标准接口和专用外围组件可与任意控制过程相连接。SIBAS-32 系统除了能完成原 SIBAS-16 系统的各种功能外，由于其计算容量比 SIBAS-16 高出约 80 倍，故 SIBAS-32 能承担更多的实时控制任务，如磁场定向调节、最优化控制、防空转、防滑控制等，并能进行设备故障智能诊断。SIBAS-32 系统已应用在号称“欧洲短跑手”（Eurosprinter）的电力机车上，我国 $HX_{D}1$ 型电力机车采用 SIBAS32 控制系统和 TCN 列车通信网络系统，另外还安装了 Locotrol 动力分布控制系统和 CCBII 制动系统。

此外，国外还有许多其他的机车计算机控制系统，例如，ABB 公司的 MICAS 系统、德国 Krauss-Maffer 公司的 K-MICRO 系统及由此发展起来的 KD-DIREKT 计算机控制系统等，都应用得很广泛。ABB 公司的 MICAS 牵引控制系统，采用并明确提出了“分级控制”的思想，将 MICAS 系统分为三级：列车控制级、机车车辆控制级与驱动控制级。我国从法国进口的 8K 机车中的 135 号、136 号机车即采用了 ABB 公司的 MICAS 控制系统取代机车的电子控制装置，机车控制级采用 80186 作 CPU，负责机车控制、监视、故障诊断及与驱动级的数据交换等，开发了 FU-PLA 工具软件，方便工程技术人员使用；驱动控制级采用 16 位单片机 8097 并采用汇编语言编程以保证执行速度。新研制的 MICAS-S2 系统的驱动级与机车控制级之间的数据交换通过由光纤导体组成的标准机车串行数据总线（多功能机车总线 MVB）完成。同样，MICAS-S2 系统也包含有诊断装置，能检测出故障，确定运行状态，并将数据显示在司机控制台上。当出现突发事件或误操作时会给出故障的信息，专家系统会建议司机应该怎样操作方能使机车继续运行。

6K 型电力机车是我国从日本进口的，是最早批量应用计算机控制的电力机车，其计算机控制系统由两个结构完全相同的 PHAI-16 计算机控制箱和两组司机台和副机台、故障显示器等组成。每个 PHAI-16 包含有两个 16 位的 8086-CPU 和两个 8 位的 8085-CPU。8086 用于计算机车控制特性、晶闸管触发、故障逻辑判断及产生相应的保护驱动信号，8085 则用于故障信息的传输与记录。总之，计算机控制是电力机车控制技术的发展方向。

2. 国产交直传动机车控制系统的发展概况

国产交直传动电力机车控制系统的发展经历了以下历程：

（1）有接点控制——SS_1 型电力机车。

（2）模拟控制——SS_3 型、SS_4 型电力机车。

（3）计算机控制——SS_8、SS_{4B}、TM_1、SS_9、DDJ_1、春城号动车组、SS_{7D} 和 SS_{7E} 等车型。

（4）计算机网络控制——“和谐型”系列电力、内燃机车，“和谐号”系列动车组。

国产交直传动电力机车的计算机控制从 1987 年开始研究，1991 年年底装于 SS_4 型 0038 号机车试运行，1993 年年底通过部级技术审查，1996 年年底通过部级鉴定，1997 年开始批量生产，并推广到各型新研制的交直传动电力机车上。

国产电力机车的计算机控制是在消化吸收 8K 机车（147、148 号车）的 MICAS 系统、6K 机车的 PHAI-16 计算机控制系统两种车型的计算机控制技术之后，决定硬件以 8K 型机车为蓝本，吸收 6K 型机车的故障诊断技术和 DF_6 型内燃机车上的显示模式，自行开发的故障诊断和显示功能。在参考及消化引进国外先进技术的基础上，国产 $SS_4$0038 号计算机控制的电力机车于 20 世纪 90 年代初研制成功并接受了运用考核。随后 SS_8、SS_9、SS_{7D}、SS_{7E} 型计算机控制的准高速电力机车也投入运行。我国“和谐”型交流传动机车的计算机控制系统已经应用了新一代网络控制系统，有采用国外技术的，也有采用我国自主研发的 DTECS 系统的，其技术更加先进和完善，功能更加强大。

三、机车计算机控制系统的分级结构和优点

1. 机车计算机控制系统的分级结构

电力机车计算机控制系统是一个多 CPU 级实时控制系统。一般采用分级控制思想，将控制系统分为三级结构，级间通信采用 RS-485 标准，CPU 可根据需要选型。

（1）人—机对话级：实现人—机对话功能，如时钟调整、累计参数设置、轮径修正、监控信号的选取、故障记录查询及自检项的选择和各种工况参数、自检结果及参数的显示等。采用 C 语言编程以便提高屏幕响应速度。

（2）机车特性控制级：实现机车特性控制、各种保护功能和故障诊断功能。采用 FUPLA 功能块语言编程，以提高编程效率和程序的可靠性，便于以程序段的形式移植到其他类型的机车上。

（3）变流器控制级：实现晶闸管触发脉冲控制。采用汇编语言编程，以满足晶闸管快速实时控制的需要。

2. 机车计算机控制系统的优势

机车计算机控制系统有如下优势：

（1）通用性强。硬件基本通用，依靠软件的灵活性来满足不同车型不同的控制要求。

（2）可靠性高。数字控制，使用冗余设计技术。

（3）自动化程度高。充分利用计算机的逻辑判断功能，部分代替司机的工作。

（4）容易实现重联控制。利用网络通信技术，满足机车不同编组方式的控制要求。

（5）功能强。除牵引、制动控制功能外，容易实现自动过电分相、保护和空电联合制动等功能。

（6）故障诊断和记录功能。能实现机车出库前的检查诊断，运行中随机诊断并记录各种传感器信号，故障发生时能保存故障发生前后所有模拟量和数字量的数据；机车回库后可进行故障原因分析，记录数据中也包括当时的运行速度和司机手柄级位，对判断是否误操作提供了确凿的依据。

（7）便于移植和推广。采用 FUPLA 功能模块语言编程，便于修改和调节。

第二节　机车计算机控制系统的工作原理与结构

一、机车计算机控制系统的功能、原理及构成

电力机车控制系统的根本任务就是控制列车运行速度。列车速度由列车加速度调节，加速度可由牵引电动机转矩与车轮轮周空气制动力矩控制。

由此可知，机车计算机控制系统的基本任务就是控制电机牵引与制动系统，其功能可归纳于图 5-2 中。

1. 牵引 / 制动控制

（1）牵引工况下，牵引电动机作为电动机运行，此时系统的主要特性用公式表示为

$$\begin{cases} I_{\mathrm{d}} = \dfrac{U_{\mathrm{d}} - E}{\sum R} \\ E = C_{\mathrm{e}} \cdot \Phi \cdot n \\ M = C_{\mathrm{M}} \cdot \Phi \cdot I_{\mathrm{d}} \end{cases}$$

式中：I_{d}、U_{d} 和 E 分别为牵引电动机电流、端电压和反电势；M 为电动机输出转矩，C_{e} 和 C_{M} 为电动机常数；$\sum R$ 为主回路电阻总和，其值一般为 0.01 ~ 0.1 Ω；n 为电动机转速。

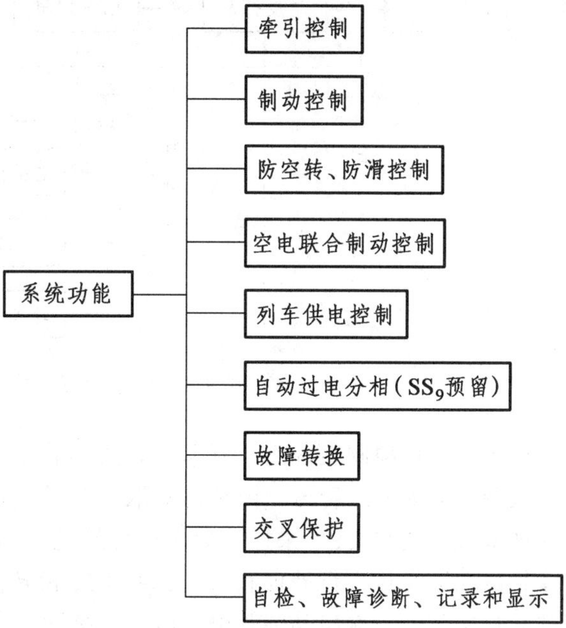

图 5-2　电力机车计算机控制系统功能图

由上述特性公式可知，硅机组整流出来的端电压 U_{d} 主要用来克服电动机的反电势 E，随着机车运行速度加大，反电势也加大，控制系统的作用就是不断地自动调整硅机组的输出 U_{d}，使机车在牵引阶段加速到手柄给定速度。

（2）制动工况下，牵引电动机作他励发电机运行，制动力的调节方法可由下面公式看出：

$$\left.\begin{aligned} M &= C_{\mathrm{M}} \cdot \Phi \cdot I_{\mathrm{Z}} \\ I_{\mathrm{Z}} &= (E + U_{\mathrm{d}}) / R_{\mathrm{Z}} \\ E &= C_{\mathrm{e}} \cdot \Phi \cdot n \end{aligned}\right\} \Longrightarrow I_{\mathrm{Z}} = (C_{\mathrm{e}} \cdot \Phi \cdot n + U_{\mathrm{d}}) / R_{\mathrm{Z}}$$

式中，I_{Z} 为制动电流；E 为此时电机发电电势；R_{Z} 为制动电阻。

从上面公式可以看出，当 U_{d} 为 0 时（此时未进入最大励磁限制），制动力矩会随机车速度的下降而减少，为了使机车低速时也能产生足够的制动力，可开通硅机组增加 U_{d}，以维持 I_{Z}，即所谓的加馈制动。

2. 控制方法

机车计算机控制系统的控制原理如图 5-3 所示，从该原理图可以看出，机车计算机控制系统采用了闭环控制方式，即速度与电流双闭环，电压限制作为辅助手段，其中计算机控制系统的作用是进行比较计算、数值变换——由差值到整流晶闸管的导通角，以达到恒电流起动、准恒速运行、电机限压等控制目的。

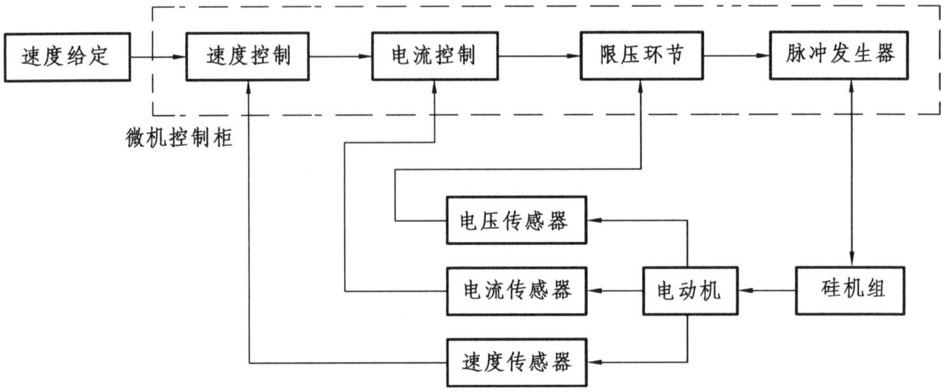

图 5-3　机车计算机控制系统的原理图

机车计算机控制系统的控制框图如图 5-4 所示。

从图 5-4 中可以看出，由传感器取得各种模拟信号，经信号调整使其量值适合于模 / 数转换的范围，再供 CPU 采样；数字信号经光电隔离后送 CPU；计算机根据预定的程序对这些模拟量和数字量进行处理和监测，再经数/模转换输出模拟控制信号；经脉冲控制器、信号调整和功率放大，输出晶闸管触发所需的脉冲；通过键盘和显示器进行人—机对话，司机可从显示屏上获得机车的各种信息。

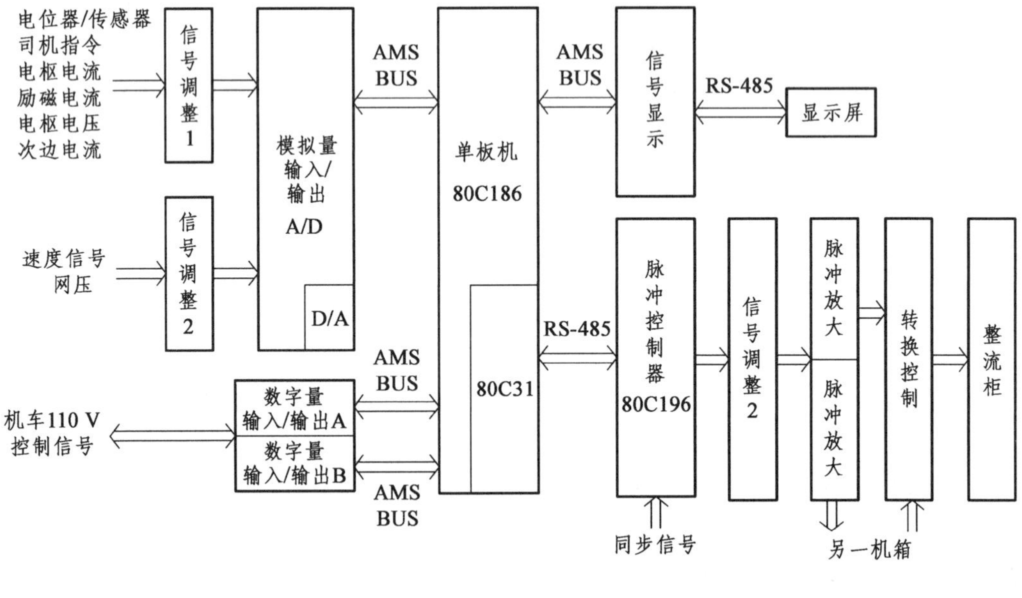

图 5-4　机车计算机控制系统的控制框图

3. 机车计算机控制系统的构成

机车计算机控制系统的构成见图 5-5，控制插件箱的硬件框图见图 5-6。

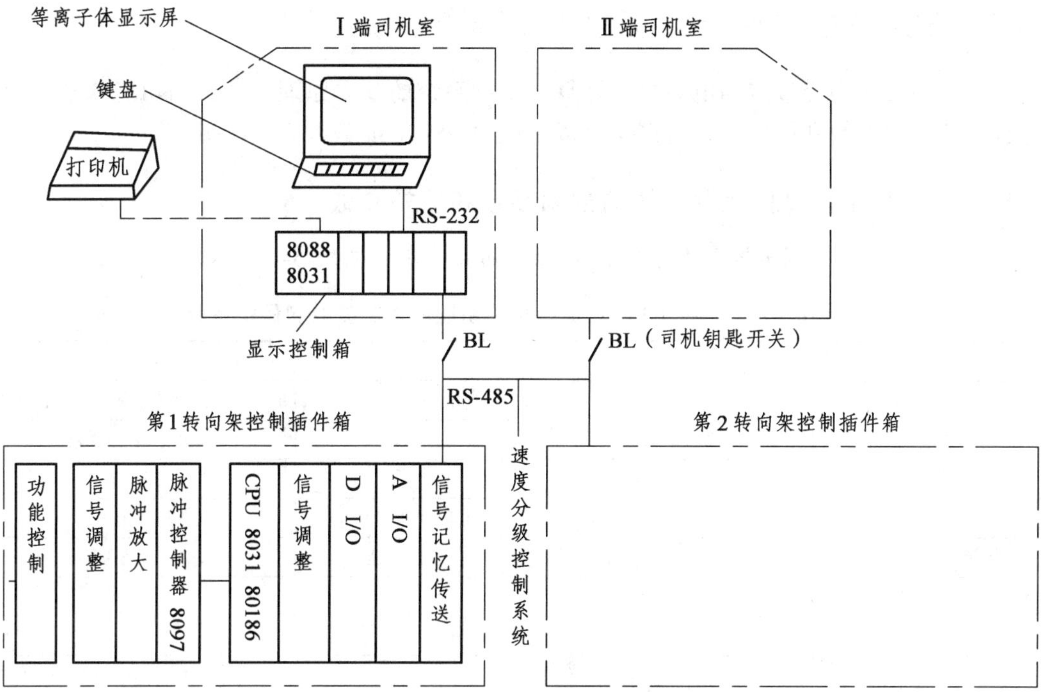

图 5-5　机车计算机控制系统的构成

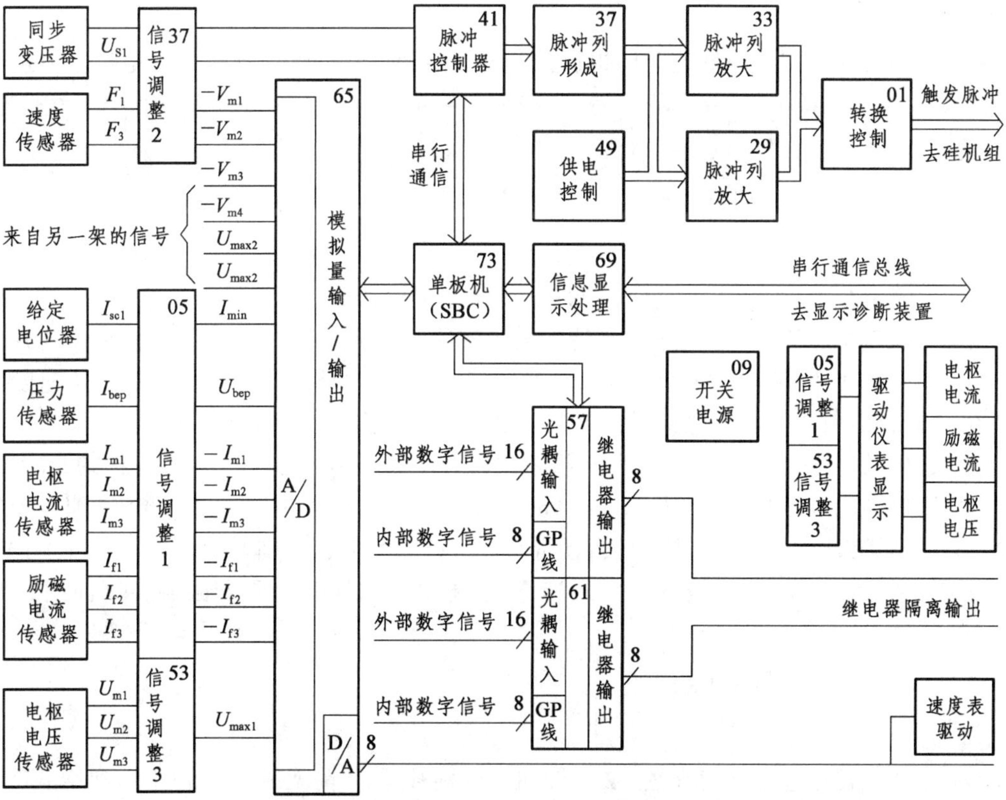

图 5-6　控制插件箱的硬件框图

二、SS9 型电力机车计算机控制系统简介

目前，国产新型交直传动电力机车计算机控制系统的基本原理、结构和功能基本相同，只是具体的控制参数和插件布置有区别。以下就以 SS9 型机车为例来说明。

1. SS9 型机车计算机控制系统的控制参数和保护参数

SS9 型电力机车计算机控制系统的控制参数和保护参数如表 5-1 所示。

表 5-1　SS9 型电力机车计算机控制系统的控制参数和保护参数

控制参数		保护参数	
最大电机电压	$U_d = 990$ V $v \leqslant 99$ km/h	电枢电流过载	牵引：1 520 A。制动：1 150 A
		励磁电流过载	制动：1 130 A
	$U_d = 1\ 100$ V $v \geqslant 119$ km/h	电枢电压过压	1 185 V
		机车轮轴超速	175 km/h
牵引最大电机电流	$I_m = 1\ 305$ A	网压欠压	AC 17.5 kV
制动最大电机电流	$I_Z = 870$ A	主变压器牵引绕组短路保护	AC 4 400 A
制动最大励磁电流	$I_f = 945$ A		
最深削磁系数	$B = 49\%$	小齿轮弛缓保护	同架电流相差 30%，持续 5 s 以上

2. 牵引控制

（1）采用特性控制，即低速时的恒流控制和设定速度点的准恒速控制。电机电流按下式控制：

$$I_m = \begin{bmatrix} 110N \\ 880N - 88v \\ 1\ 305 \end{bmatrix}_{\min} \quad (\text{A})$$

式中：N 为牵引级位，0 ~ 18 级连续可调；v 为机车速度，km / h。

在黏着限制的范围内，机车先按特性的平直段恒流启动（$110N$），待机车速度升高进入特性的斜线段即准恒速控制区（$880N - 88v$）后，机车按准恒速运行，同一级位速度变化范围约 10 km / h；1 305 A 为电机限制电流。最后输出电流取三者中的最小值。

（2）采用顺控方式。先开放大桥，再依次开放两段小桥。当机车速度小于 99 km / h 时，电机电压限制值为 990 V；速度达到 119 km / h 时，电机电压限制值为 1 100 V，即自动超压保护，中间范围线性调整，超压后可自动进行无级磁场削弱，磁削时电机电压维持 1 100 V。

（3）黏着限制由两段折线构成。用速度-电流限制曲线作为黏着限制控制曲线，其表达式为

$$I_m = \begin{bmatrix} 1\ 321.8 - 3.36v \\ 1\ 024 \end{bmatrix}_{\max} \quad (\text{A})$$

（4）对轴重转移进行电气补偿。2 个转向架分别补偿，前架减载 2.5%，后架增载 2.5%，额定电流以下不补偿。

（5）有速度监控装置常用制动外封锁接口。计算机控制装置接收到列车运行监控记录装置的常用制动命令时（减速命令），封锁触发脉冲，取消牵引动力。

3. 制动控制

（1）采用特性控制。制动电流按下式控制：

$$I_{\mathrm{m}} = \begin{bmatrix} 88v - 880N \\ 870 \end{bmatrix}_{\min} \quad (\mathrm{A})$$

式中：N 为制动级位，18 ~ 0 级连续可调；v 为机车速度，km/h。

（2）采用加馈制动。控制系统根据机车的速度首先自动调节励磁电流，使制动电流沿着给定的速度-电流曲线变化。当励磁电流达到最大后，则进入加馈制动工况，通过调节电枢电压来维持制动电流。最小电枢电流为 70 A。

（3）电制动限制特性。电制动限制特性见表 5.2。

表 5-2　各控制区的参数

项　目	加馈调压区			励磁调节区	
	低速区	恒制动力区	恒制动力区	恒功区	高速区
v / (km/h)	0 ~ 15	15 ~ 67.4	67.4 ~ 81.4	81.4 ~ 161.7	161.7 ~ 170
I_Z / A	0 ~ 792	792	792 ~ 870	870	870 ~ 870.7
I_f / A	945	945	按 I_Z 调节 I_f	按 I_Z 调节 I_f	按 I_Z 调节 I_f

4. 防空转、防滑行控制

防空转、防滑行控制可以保证机车在任何轨面条件下起动、加速、制动而不擦伤轮轨，不发生牵引电动机超速。防空转、防滑行控制完全由软件实现，控制特性一致性好，控制参数的调整和控制方式的修改较方便。有关软件直接移植自 SS8 型机车。因此，实地调整后能较好地满足控制要求。

5. 空电联合制动控制

空电联合制动的功能由主 CPU 板（SBC）及外围数字 I/O 板来实现。

空电联合制动控制是以机车准恒速加馈电阻制动和 DK-1 型机车电空制动机为基础，以主手柄级位作为给定速度，根据机车速度(反馈速度)及其他信号的相关状态，控制列车制动机和机车制动机的减压制动和充风缓解，同时对电制动进行干预，在充分利用电制动的前提下，使空气制动和电制动有机结合起来。

空电联合制动控制的原则是：

（1）电制动优先原则，即空气制动的投入必须以制动电流达到与机车速度对应点的最大值，且持续一定的时间为前提。一旦空气制动投入，则制动电流维持最大限制值，不受准恒速特性控制，直到空气制动缓解后 1 min。

（2）机车速度超过给定速度且其差值达到 5 km/h 时投入一级空气制动；差值达到 15 km/h 时追加减压一次；差值未达到 15 km/h，但 5 min 后仍未缓解时追加减压一次。

（3）机车速度低于给定速度且其差值达到 15 km/h 时缓解空气制动；若给定速度低于

30 km/h 则不自动缓解。

（4）空气制动投入后，可以由司机手动缓解。缓解后的处理与自动缓解时相同，但司机手动缓解后 2 min 内装置不再投入空气制动。

（5）机车经过分相无电区时，装置锁定列车制动机状态，无电区通过后，经合主断、进级，机车进入稳定状态，此时司机按“恢复”按钮才解除锁定。

（6）制动电流存在时，则机车空气制动自动缓解。

（7）机车电制动故障时，自动投入空气制动。

6. 列车供电控制

列车供电控制部分与列车供电整流柜配套使用，用于由机车向客车提供直流电源，将额定交流电压 870 V 变换为额定直流电压 600 V，额定直流电流为 2×670 A，整流桥采用两组相同的单相半控桥。

过压保护动作值：660×(1±5%) V，脉冲被封锁。

过流保护动作值：800×(1±5%) A，脉冲被封锁。

有关列车供电控制部分，全部通过计算机柜上的 N108 插座与外部连接。

7. 自动过电分相控制

计算机控制装置在收到来自列车感应器感应的过电分相信号（预告或强迫断信号），并确认后，先封锁触发脉冲，延时 200 ms 后发出主断分信号。在通过分相区后，机车计算机控制装置检测并确认网压已恢复正常，再发出主断合信号。计算机控制装置在过分相区、主断合后，在主手柄没有退回的情况下，控制电流上升速率，以防止司机突加给定引起的电流冲击。

8. 故障转换

与传统的模拟控制机车不同，SS_9 型机车的计算机控制装置不设 A、B 组。采用转向架独立控制，即每个插件箱控制一个转向架。故障转换开关的 3 个位的含义（Ⅰ位、正常位、Ⅱ位）也与模拟控制车不同：Ⅰ位、Ⅱ位作故障位，平时应放在正常位。当一个插件箱故障时，为了不损失牵引力或制动力，改为由一个插件箱集中控制。为了实现这一转换，增加了一个继电器转换控制插件和一个脉冲放大插件；另外，故障插件箱中的信号调整 1、信号调整 3 插件继续工作，电源改由另一正常插件箱提供，以便使仪表仍和正常时一样显示。

故障转换的具体操作：

（1）转换开关的中间位为正常位：表示此时两个转向架分别由两个插件箱独立进行控制，同一转向架的 3 台电机并联控制。此时具有全部的控制、诊断和保护功能。

（2）转换开关为故障位（Ⅰ位、Ⅱ位）：Ⅰ位表示改由一层插件箱（RACK1）集中控制，此时切除了二层插件箱的开关电源；Ⅱ位表示改由二层插件箱（RACK2）集中控制，此时切除了一层插件箱的开关电源。集中控制时，具有正常位时的全部功能，仪表仍能保持独立显示。

（3）若要切除整个计算机控制柜的电源，应分断电源柜中的“电子控制”自动开关。

9. 交叉保护

当一个插件箱故障时，计算机柜的转换开关要拨在故障位，此时正常插件箱仍然对所控制的转向架进行闭环控制，而故障插件箱的开关电源不工作，故障插件箱所控制的对应转向架则进行跟随控制。为了使跟随控制的转向架不会发生严重故障，特设交叉保护功能，即将原故障插件箱中控制的电机电枢电流、电机电枢电压的反馈信号分别取出最大值，送到正常插件箱的 A/D 采样通道，实现故障位时的电机电枢过流、电机电压过压的交叉保护，同时将原故障插件箱中控制的桥过流（主变压器二次侧过流）数字信号也送到正常插件箱的内部数字输入通道，实现故障位时的桥过流的交叉保护。

10. 自检、故障诊断、记录和显示

（1）静止时低压和高压自检：① 计算机控制装置自检；② 牵引、制动命令及主电路的构成检查；③ 给定值及特性计算检查；④ 传感器静差检查，包括速度传感器，电流、电压传感器；⑤ 牵引高压晶闸管触发检查，分别给三段桥发触发脉冲，检测电机电流和电压值；⑥ 加馈制动静止高压试验，司机控制器主手柄离开零位，励磁电流上升到最大限制值后，产生 70 A 加馈电枢电流。

（2）实时故障检测：① 速度传感器故障检测；② 电流、电压传感器故障检测；③ 小齿轮弛缓检测；④ 控制装置内部脉冲控制器和单片机之间的通信故障检测。

（3）诊断结果评判。机车彩色液晶显示系统的故障编码已达 80 多个。诊断系统将机车保护和部件诊断内容归结为若干种类型，每一种类型给出相应的处理办法。

（4）显示、操作。SS9 型机车的两端司机室都装有彩色液晶显示屏，显示屏下方有操作按键，自检命令和初始参数设置以及监控信号的选取等可通过键盘操作来实现。运行参数、诊断结果和提示信息则通过显示屏显示。

第三节　机车计算机控制系统的输入、输出信号

如前所述，机车计算机控制系统能实现牵引控制、电制动控制（加馈制动）、防空转/防滑行保护及空电联合制动控制等功能；牵引时有两极限压和自动无级磁场削弱控制，制动采用加馈制动；另外，机车计算机控制系统还具有故障监控、故障纪录和完善的高、低压自检功能，初步的故障诊断和智能控制功能。机车计算机控制系统通过输入/输出接口与机车的其他电路连接，完成整车的控制。机车计算机控制系统从外部取得的信号称为输入信号，由机车计算机控制系统发出的用来控制外部电路、显示电路、保护电路的信号称为输出信号。

一、输入信号

（1）司控器指令信号。司机给定信号由司控器中的电位器给出，为 0 ~ 15 V 的电压信号。司机给定信号经计算机柜转换成与速度成正比的控制电压，与机车速度一起进入牵引、制动控制特性形成环节，其输出即为控制目标计算值。

（2）牵引电动机电枢电流信号。每台牵引电动机电枢支路均有一个电流传感器，用以检测牵引电动机的电流。计算机采集电流信号来进行特性控制、保护、显示等功能的操作。

（3）牵引电动机端电压信号。该信号作为牵引电动机的限压控制信号。6 台电机各有一

个电压传感器，其电压信号分别送给计算机。

（4）牵引电动机励磁电流信号。该信号由励磁电流传感器提供。牵引时作为磁场削弱时的磁场电流反馈信号，输入计算机来控制磁削深度以及保证磁场削弱程度相同。电制动时，励磁电流信号作为电制动时的特性控制信号。

（5）网侧电压信号。网侧高压电压互感器按电压比 25 kV / 100 V 的比例转换后，再由降压变压器向计算机提供网压信号，降压变压器的电压比为 100 V / 5 V。

（6）移相同步电压信号。相控机车整流装置所需的同步电压信号，由同步变压器输出，同步变压器分别接在 a2—x2、a4—x4 绕组上。

（7）主变压器次边绕组电流信号。主变压器的次边绕组均有电流互感器检测其电流信号，该电流信号输入计算机作为变压器次边绕组的过电流保护信号。

（8）变压器油温信号。变压器装有两组温度传感器检测油温，该温度信号输入计算机作为变压器油温保护信号，当油温达到保护整定值时，计算机将发出保护指令（如跳主断）。

（9）机车速度信号。一般在机车的 1、4、6 轴装有双通道速度传感器，3 轴装有三通道速度传感器，作为机车的速度信号采集。1、3、4、6 轴每轴均取一个通道的速度信号送给计算机。1 轴速度传感器的另外一个通道速度信号送给轮喷控制盒，3 轴速度传感器的另外两个通道速度信号送给监控装置分别作为机车速度信号和防滑速度信号，4、6 轴速度传感器的另外一个通道作为速度信号备用。

（10）机车状态信号。机车的状态信号由逻辑控制单元 LCU、制动系统以及其他控制电路提供，有同一架电机全切、制动构成、第一架牵引构成、第二架牵引构成、主断合、预备、计算机复位、减压量、停车制动、空电联合、110 V 电源、地线、换向手柄后位、换向手柄牵引位、换向手柄制动位、控制电源、Ⅰ端控制、Ⅱ端控制等。计算机判断明确这些信号后，才能确定其控制功能是否进行或需要作出何种反应。

另外还有一部分状态信号送给计算机后，由计算机判断或检测这些信号内容的状况，并存储显示。这部分信号有：主接地 1、主接地 2、辅接地、控制接地、列车缓解、列车保压、列车制动，列车紧急、停车制动，Ⅰ端受电弓隔离、Ⅱ端受电弓隔离、空调故障 1、空调故障 2 等。

二、输出信号

（1）主整流器触发脉冲。计算机得到外部电路输入的信号后，进行机车工作状态控制，如牵引、电制动等。这些控制均通过硅整流装置中晶闸管的触发来进行，两组整流装置的触发脉冲信号均由计算机柜提供。

（2）司机室电压表信号。计算机将 1、2 架每个电压传感器输入的牵引电动机电压信号分别取均值输出到司机台电压表，显示为 1、2 架牵引电动机电压。

（3）牵引电动机电压、电流信号。计算机将 2 位、5 位电动机的电压、电流信号输出给电制动记录仪，电制动记录仪将这些信号进行处理后转换成功率。

（4）保护功能信号。网压故障、次边过载、励磁过载、电机过载都是计算机向 LCU 发出的保护指令信号，再由 LCU 及其他控制电路来完成保护动作过程。另外，当输入信号中的电机电枢、励磁电流，变压器网侧电压、侧边绕组电流信号等达到整定值时，计算机即发出保护信号。

三、其他信号

计算机在接收到自动过电分相装置输入的预备 / 强迫断信号后，向 LCU 输出分主断 / 合主断信号。计算机柜使用 RS-485 通信接口，经过 1、2 端通用屏幕显示器接线盒实现与计算机显示屏、监控显示屏、TAX 语音箱及 LKJ-2000 监控主机之间的通信联系。

此外，控制电路还将向计算机输入一些主令电器状态信号，如换向手柄向后位、换向手柄牵引位、换向手柄制动位、Ⅰ端控制、Ⅱ端控制等。110 V 控制电源和司控器电源也输入了计算机柜。

第四节　逻辑控制单元（LCU）在机车上的应用

一、什么是 LCU

LCU 是英文 Logical Control Unit 的缩写，中文叫逻辑控制单元。LCU 相当于可编程控制器 PLC，是近年来用在新型电力、内燃机车上的一种可编程逻辑控制器件。它在电力机车上的作用主要就是取代传统机车上原有的时间继电器、中间继电器等低压电器和大量的迂回线路，实现机车控制系统无触点控制，从而提高机车电气控制线路的可靠性。其内部核心是单片机，主要由主机板、电源板、输入板、输出板等组成。LCU 利用现代电力电子技术和微型计算机技术构成无触点控制电路，其本身就是一个计算机控制系统，带有自己的 CPU(中央处理器)、输入/输出接口以及与输入/输出接口相配套的输入/输出转换电路。这种器件具有直接输入直流 100 V 信号、输出大电流驱动负载的能力，因而具有控制方式灵活、编程方便、布线直观、检修条理清晰等特点，另外，它采用无触点输出控制方式，解决了原有系统在强振动环境下的不可靠问题。

LCU 与一般工业用的可编程控制器 PLC 有一些区别。例如：

（1）机车电子装置必须符合 TB / T 1394《机车动车电子装置》的要求。而一般的 PLC 很难满足这一标准要求。简单地说，一般的 PLC 无法适应机车的工作环境，也无法满足机车控制系统的技术要求。而电力机车逻辑控制单元 LCU 符合 TB / T 1394《机车动车电子装置》的要求，其结构组成符合高速列车硬件规范。

（2）根据 IEC 标准，一般 PLC 的工作电压为 DC24 V 或 AC 220 V，直流输出点的负载能力较低。而电力机车控制电压为 DC110 V，且负载电流比较大。

二、LCU 的优势

传统的机车控制电路由主令电器、各种功能的继电器、接触器、转换开关、保护电器以及电源等主要部件组成，其中继电器就有中间继电器、时间继电器、电压继电器、电流继电器、油流继电器、压力继电器等。继电器控制电路的原理和结构都比较简单，应用成熟，但继电器控制方式的可靠性比较差，控制功能少，不能随意变更控制功能，且布线工作量很大，接线十分复杂，当需要变更控制功能时，需重新布线，控制系统的通用性与灵活性差。更为严重的是，当机车速度达到 120 km / h 以上时，由于机车震动加剧，继电器触点的振动也随之增大，容易造成控制电路误动作而引发事故。

另外，由于电器柜体积比较大，车体内走线量既多且繁，整个控制系统重量大，不利于高速电力机车对降低轴重的要求。通过对采用了 LCU 取代电力机车继电器控制电路的分析后可知，LCU 与传统的继电器控制方式相比，有如下优势：

（1）LCU 的核心采用大规模集成电路技术，外部连线少，可靠性高，抗干扰性能好，逻辑功能强，功耗低，速度快，精度高。

（2）可以利用软件编程来完成控制任务，故对变更电力机车的控制或对不同的机车，可以方便地通过修改程序来满足控制要求，即容易实现“柔性控制”。这样不仅给机车控制系统的设计带来方便，而且可大大简化机车组装布线、检验及维修工作。

（3）LCU 的硬件结构为通用型模块设计，可根据不同对象进行组合和扩展，以满足不同的控制要求，具有很大的灵活性和可扩展性，不仅可在电力机车上应用，也可以在电传动内燃机车及其他继电器控制电路中应用，所以 LCU 具有较大的应用价值。

三、LCU 在国产机车控制电路中的应用

国产电力机车均采用传统的屏柜形式安装控制电器，除了个别分散的继电器外，中间继电器与时间继电器均集中在低压电器柜内，所以在用 LCU 实现继电器的功能时，在结构上容易实现与原控制的兼容。

SS_9、SS_{7D}、SS_{7E} 型电力机车及 DF_{8B} 型内燃机车是我国新型的国产机车，在控制电路中采用逻辑控制单元（LCU）取代机车上传统的继电器有触点控制电路，可以克服继电器控制电路的不足，适应机车计算机控制技术不断发展的需要。

SS 系列电力机车的几种主型机车的继电器电路参数如表 5-3 所示。

表 5-3　几种国产 SS 型电力机车的继电器参数表

机车型号		SS_1	SS_3	SS_{4B}	SS_8
时间继电器	个　数	12	14	13	10
	触头总数	34	42	39	30
	运用个数	21	21	17	16
中间继电器	个　数	10	10	25	20
	触头总数	80	80	200	160
	运用个数	34	32	84	64
继电器的总个数		22	24	38	30
总的触头数 / 实际运用数		114 / 55	122 / 53	239 / 101	190 / 80
LCU 实际 I / O 点数		22 / 55	24 / 53	38 / 101	30 / 80
LCU 设计 I / O 点数		32 / 64	32 / 64	64 / 128	64 / 128
继电器负载情况	接触器型号	CJ82-150Z	CJ82-150Z	3TB48 / 52	3TB48 / 52
	线圈电阻（最小）	27.2 / 2 400 Ω	16/1 800 Ω		
	吸持功率			19 W / 30 W	19 W / 30 W
	线圈电流	4 A / 0.046 A	7 A / 0.063 A	0.173 A / 0.273 A	0.173 A / 0.273 A
	主断路器型号	TDZ_1-400 / 25	TDZ_1-400/25	TDZ_1A	TDZ_1A
	分合闸线圈电流	4.39 A	4.39 A	4.39 A	4.39 A

另外，电力机车继电器电路的负载情况是比较复杂的，除表 6-3 所列的三相接触器和主断路器外，实际机车上作为继电器触头的负载还有电空接触器及电空阀等，不仅负载电流比较大，线圈带载开关所产生的感应电压峰值可达 1 kV 以上，因此，对 LCU 的可靠性及抗干扰性提出了很高的要求。

国产电力机车上的辅助电机都是采用三相交流异步电动机，而这些三相交流异步电动机是通过三相交流接触器进行控制的。由于三相交流接触器型号的不同，其控制电流变化很大。电空阀与电空接触器的线圈控制电流虽然只有 0.12 A，但由于线圈有 13 000 匝，所以在线圈开断时感应出的干扰电压可高达 1.3 kV，对机车计算机控制系统和电子线路形成极大的危害。因此，要求 LCU 不仅能够适应机车恶劣的工作环境，并且应该具有抗干扰性能好等特点。

由于各型机车的 LCU 结构、组成、功能相近，下面以 SS8 和 SS9 型电力机车为例介绍 LCU 在机车控制电路中的具体应用。

1. SS8 型电力机车的 LCU 系统

SS8 型电力机车的无触点控制电路是从 SS 系列电力机车传统的有触点控制电路发展而来的，该机车上继电器数量、类型都比较多，一些特殊的继电器是作为检测与保护环节运用的，安装位置也比较分散。例如，压力继电器（544KP，547KP）、油流继电器（16KF）、风速继电器（13KF、14KF、7KF、9KF、11KF、5KF、6KF）、过流继电器（10KC、11KC、12KC、5KC）等，是不适合于或不准备用 LCU 取代的。所以，LCU 所取代的对象是机车上两个电器柜内的中间继电器与时间继电器。LCU 也分成两个相互独立的单元，Ⅰ#柜对应 LCU1，Ⅱ#柜对应 LCU2。两柜之间预留标准串行通信接口进行信息与数据交换。LCU1 取代Ⅰ#电器柜内时间继电器及中间继电器 14 个（时间继电器 4 个，中间继电器 10 个），总共有 30 对触头参与控制，LCU2 取代Ⅱ#电器柜内时间继电器 6 个、中间继电器 10 个，取代继电器总数为 16 个，Ⅱ#电器柜内参与控制的触头总数为 50 对。LCU1、LCU2 总共取代继电器 30 个，继电器触头 80 对。对 LCU 而言，30 个继电器就意味着要从外部引入 30 路输入信号到 LCU 的输入端，而每一路信号中又包含了若干影响该路逻辑状态的信号，例如，预备中间继电器 25 kA 线圈的得电、失电，与主断路器、中间继电器、时间继电器、接触器及隔离开关等众多电器的工作状态有关，而零位中间继电器线圈则仅受司控器控制。

1）结构

LCU 控制系统的组成框图如图 5-7 所示。从图 5-7 可以看出，LCU 控制系统由输入单元、中央处理单元、输出单元、电源系统四个部分组成。

由司机控制器、按键开关组等传来的指令信号以及从主断路器、隔离开关、两位置转换开关和接触器等的辅助联锁传来的信号作为 LCU 系统的输入信号，均为 DC110V 信号，因此，在进入 LCU 进行逻辑控制运算前，首先要经过电阻网络的降压、稳压限幅、电容滤波、光电隔离等环节进行处理，将每路 DC110 V 机车信号转换为 5 V 电平信号，进入 LCU 参加逻辑运算。每路转换在输入控制板中完成，同时具有硬件抗干扰设计，让 10 ms 以内的尖峰电压串入输入电路后不被误认为是正常的输入信号。

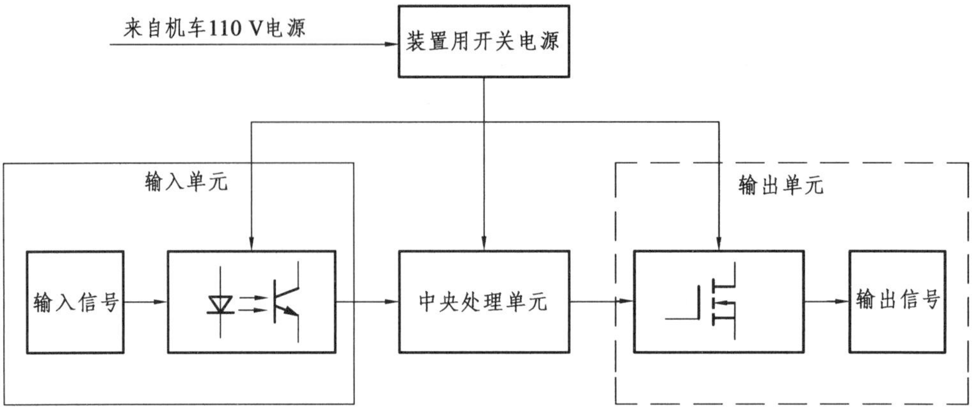

图 5-7　LCU 控制系统的组成框图

中央处理单元主要完成逻辑运算、延时控制及软件抗干扰功能等。该单元主要根据机车的实际工况确定的输入信号状态来决定各输出的状态。

输出单元通过输出电路，用光电隔离的方式实现高、低电压的隔离和驱动功率放大，从而直接驱动各类机车负载。

2）输入和输出

LCU 系统的输入信号的类型也比较复杂，大致可分为三大类：

（1）保留信号，即不能或不准备用逻辑控制单元取代的输入信号，主要有：

① 司机控制器、按键开关组等指令电器传来的信号。

② 主断路器的辅助触头、隔离开关、两位置转换开关及接触器辅助触头传来的信号。

③ 特殊继电器传来的信号，如过电流继电器、风速继电器、接地继电器等，这些继电器在逻辑控制电路中主要完成一些检测与保护等功能。

以上信号在用 LCU 取代继电器时仍需保留，为保证接触可靠，110 V 直流控制电源也不能改变，所以称之为保留信号。

（2）被取代继电器的自锁与互锁信号。当某个继电器被 LCU 取代后，原继电器触头产生的信号都是由 LCU 来输出的，这种信号可分为两种情况：

① 在 LCU 内可由软件完成自锁或互锁的信号，这类信号可以不再输出到 LCU 以外。

② 自锁、互锁信号出现在多种保留信号或接触器辅助触头之间，不更改机车布线就无法或不便于由 LCU 内部处理的信号，或者说虽然继电器已被取代，但线圈的自锁触头或与另一被取代继电器之间的互锁信号仍需输出到 LCU 以外才能实现。许多继电器的自锁触头都存在这种现象。

（3）电力机车计算机控制系统传来的信号，这些信号可以直接输入 LCU。

另外，机车的 110 V 信号是不能直接输入到 LCU 主机板里面去的，必须经过输入电路进行降压、隔离，即经过电阻网络降压、用稳压管限幅、电容滤波，再经光耦隔离后输入 LCU 主机。

实现 LCU 控制时，对应所取代的每个继电器线圈，都必须引入一路输入信号进入 LCU 内部。与继电器线圈的得电与失电相同，这一路信号的逻辑电平会受到多个信号的影响。对于继电器的触头，只有一部分是在电路中实际运用的，对参与控制的每对继电器触头（除了那些能在 LCU 内部实现逻辑自锁或互锁的外），都必须从 LCU 内对应一路输出。

LCU 内部的工作电压为几 V 水平，负载能力较小，为了使其具有足够的驱动能力，LCU 输出单元电路采用 MOSFET 作功率开关元件，负载能力大，开关速度高，采用高频调制信号通过脉冲变压器耦合去控制 MOSFET 的通/断，并且当 110 V 直流电源电压大范围变化时，逻辑功能保持正常。电力机车逻辑控制单元的输入/输出电路是 LCU 与电力机车控制系统的接口电路，其性能直接影响机车的行车安全。表 5-4 示出了电力机车 LCU 的输入/输出电路的性能参数。

表 5-4　LCU 的输入/输出电路的主要性能参数

输入电压	77～137.5 V（额定 110 V）	驱动方式	隔离放大驱动
瞬间最大负载电流	8 A	输入点数	最大 126 路
持续电流	1.2 A、3 A	输出点数	最大 81 路

2. SS9 型电力机车的 LCU 系统

1）结构

根据系统所需完成的功能及电力机车特殊的工作环境，LCU 在硬件结构上采用模块化设计，可根据不同型号的机车的需要扩展输入/输出点，利用软件进行不同的逻辑组合来满足要求，软件编写时采用软件容错和冗余设计。SS9 型机车的 LCU 系统的结构见图 5-8。LCU 的硬件结构主要包括机箱、电源板、主机板、输入板、输出板等。每套 LCU 采用双路冗余设计，即包含功能相同的 A、B 两组，并能进行手动转换，当其中一路出现故障时，可人为切换至另一路工作，从而提高了整个机车控制系统的可靠性。采用标准的 6U 机箱硬件结构，可与外围设备进行总线通信。

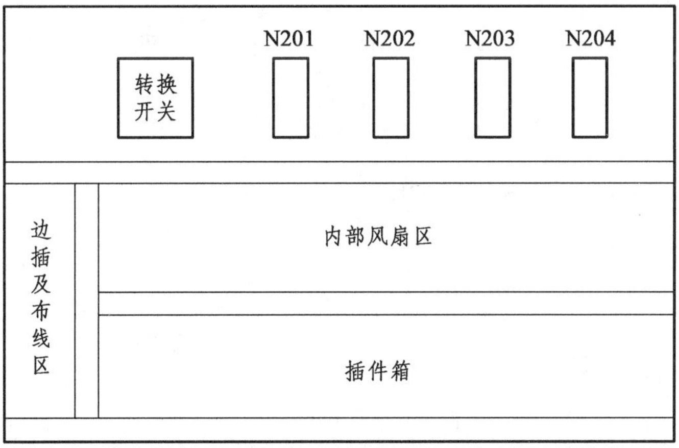

图 5-8　LCU 的结构示意图

由于标准 6U 机箱本身并不具备防尘功能，所以在机箱外面还有外部机箱，用于防尘、安装外接插头和安装冷却风扇、风道。接插件为铁路专用的 56 针插座，共 4 个，其中输入两个、输出两个。每路输入/输出都有状态指示灯。长度为 84 R 的标准 6U 机箱共有 21 个板位，其箱内插件布置如图 5-9 所示。

1	2	3	4	5	6	7	8	9	10	11	12	13	14	15	16	17	18	19	20	21
A输出板1	B输出板1	A输出板2	B输出板2	A输出板3	B输出板3	A主机板	B主机板	A输入板1	B输入板1	A输入板2	B输入板2	A输入板3	B输入板3	空	电源板 1			电源板 2		

图 5-9　LCU 插件箱布置图

（1）主机板主要完成输入点状态的采集、逻辑运算、输出点状态的确定以及与司机台彩色显示器进行数据交换等。

主机板采用了双机冗余设计：一台单片机处于在线工作状态时，另一台处于热等待。当在线工作状态的单片机发生故障时，主机板上的冗余管理系统自动将处于热等待状态的单片机取代发生故障的单片机来管理整个系统，并报警；若故障单片机恢复正常，另一台单片机又恢复热等待状态。在正常工作时，两台单片机通过串行通信保持具有同样的输入点、输出点，各个定时器的状态信息也一样，以避免单片机切换时发生输出点状态不确定的现象。

主机板采用 RS-485 标准，与电力机车的彩色显示器进行半双工的串行通信，将 LCU 采集到的电力机车故障信息传送到彩色显示器上显示出来，以便司机进行故障处理。

（2）输入板用于输入数字信号。SS9 型机车上有两种 LCU 输入板，每组总的输入点数分别为 126 点、120 点，各点都有指示灯指示该点的工作状态。

输入电路有两种形式，如图 5-10、图 5-11 所示。

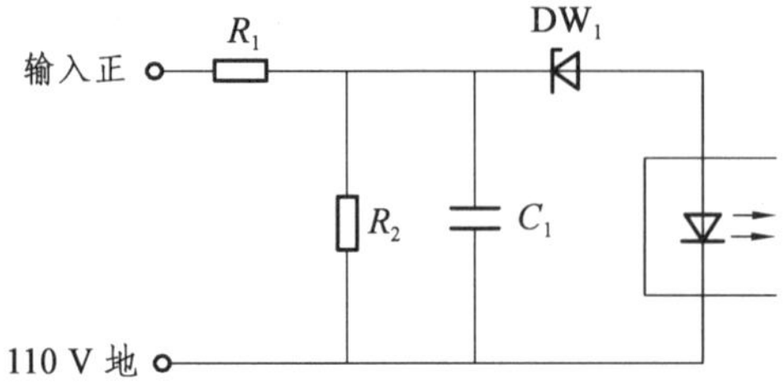

图 5-10　LCU 输入板电路原理图之一

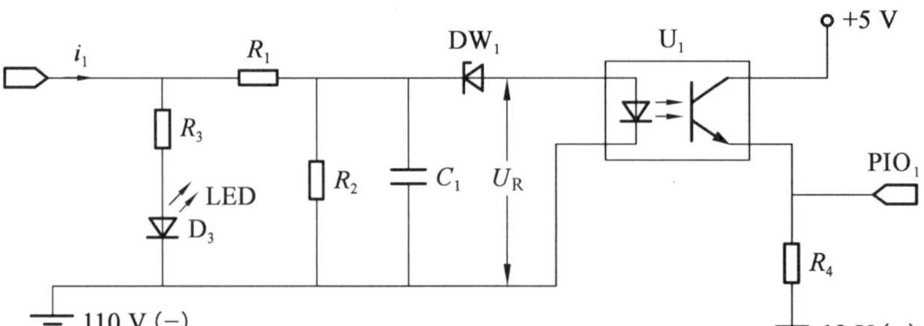

图 5-11　LCU 输入板电路原理图之二（1 路）

由于从司机控制器、按键开关组等传来的信号以及从主断路器、隔离开关、两位置转换开关和接触器等的辅助触点传来的信号均为直流 110 V，因此，这些输入信号必须经过电阻网络降压、稳压管限幅、电容滤波、光电隔离后，再经过施密特触发器输出给主机板，把大信号变换为单片机可以接受的 TTL 电平信号。采用这种电路处理可靠性很高，抗干扰能力强，能适应电力机车的恶劣工作环境。

图 5-11 所示的电路用来完成输入信号的隔离及电平转换。当外部信号 i_1 输入时，信号经 R_3、LED 支路点亮 LED 指示灯；同时经过 R_1、R_2 组成的分压电路输出 U_R 作为 U_1（光电耦合器）的输入信号，驱动光耦动作，完成电平转换。DW_1、C_1 用于对干扰信号的抑制。完成转换的 TTL 电平信号经 PIO_1 输出送入逻辑控制芯片，同时读入单片机进行逻辑运算处理。

（3）输出板。由于系统内工作电压为 TTL 等级，且其负载能力较低，为了与 LCU 外部的 110 V 直流工作电压一致，并具有足够的负载驱动能力，必须有专门的输出模块。

图 5-12 所示为采用 MOSFET 作为功率放大元件来取代传统的中间继电器的输出电路，并利用高频调制的控制信号通过脉冲变压器耦合控制 MOSFET 的通断，从而解决了多个串联触头间输出共地的问题。这种输出板每组总的输出通道为 27 路，其中 4 路为干触点，1 路为常开常闭触点，其他 22 路均为正电源 110 V 输出。输出板 A、B 两组，每组有 3 块输出板，总的输出点数为 81 点，每点的输出负载电流最大为 8 A，每块输出板为 20 点，各点都有指示灯指示该点的工作状态。

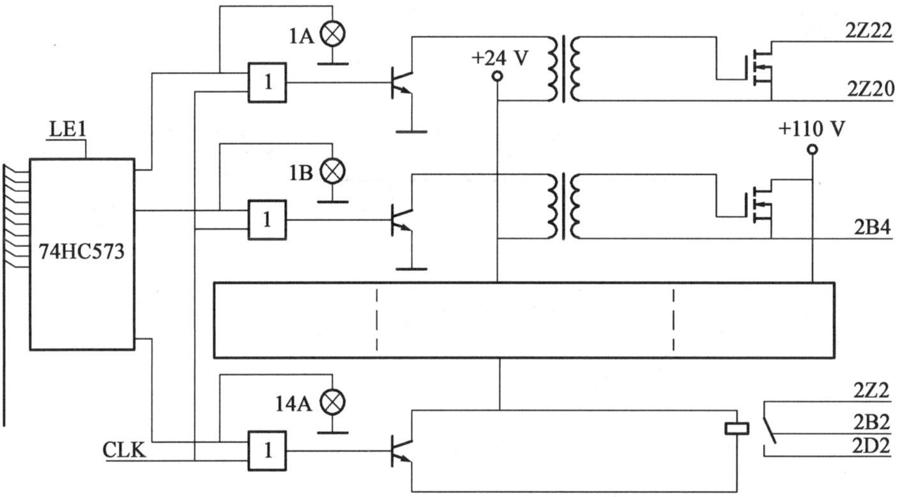

图 5-12　LCU 输出板电路原理图之一

图 5-13 所示为另一种输出电路，同样完成信号驱动转换功能。输出信号一路送由 R_{o1} 和 D_{o1} 构成的输出指示信号，另一路经稳压管后送光电隔离耦合器，完成低电平到 110 V 高电平的转换。经过输出板输出的信号，通过 56 芯机车专用连接器，形成各类负载的驱动信号。

（4）电源板。电源采用机车电子控制装置专用电源，其输入电压为 77 ~ 135 V，输出电压为 + 5 V / 2 A、± 24 V / 2 A。A、B 两组采用独立的稳压电源，自带过流、过压、过热保护功能。原理见图 5-14。

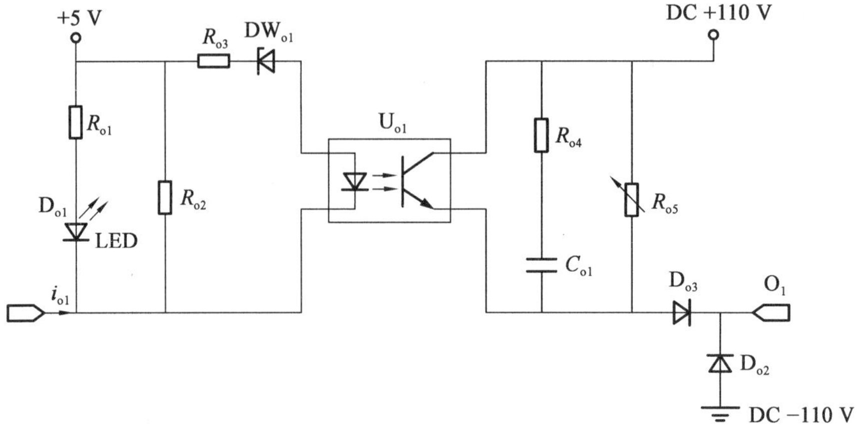

图 5-13　LCU 输出板电路原理图之二

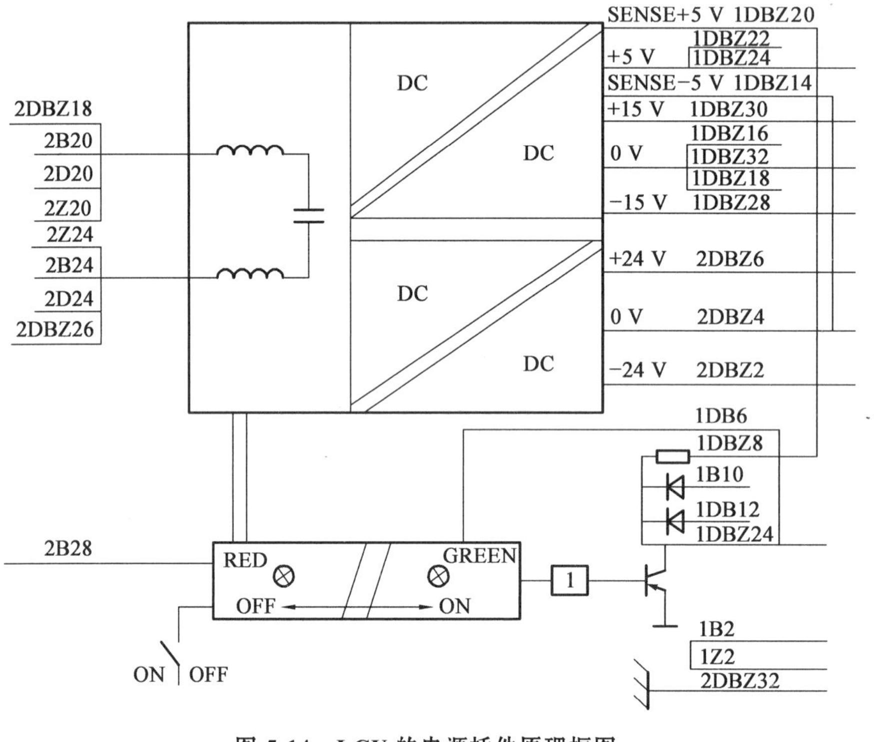

图 5-14　LCU 的电源插件原理框图

2）功能

SS9 型机车的 LCU 系统完成了电力机车控制电路的大部分功能及列车供电系统的控制，取代了所有的中间继电器和时间继电器。具体功能如下：

（1）整备控制。LCU 完成了除升受电弓之外机车起动前的各项预备操作。例如，分合主断路器，起动劈相机或辅助逆变器、空气压缩机、通风机灯，完成机车向前或向后、牵引或制动转换的操作。

（2）调速控制。LCU 完成了调速控制中的线路接触器、牵引接触器、励磁接触器和预备环节的控制，使机车预备完毕。

（3）信号控制。LCU 完成部分信号的显示，如主副台的预备、零位、欠压、原边过流、次边过流、励磁过流、辅过流、劈相机 1、劈相机 2 及过电分相等显示。

（4）保护控制。LCU 利用计算机控制柜提供的过流、欠压、过压信号完成机车的过流、欠压和过压保护；利用接地继电器完成各种接地保护；利用风速继电器完成风速保护；利用速度监控装置 LKJ-93 或 LKJ-2000、紧急制动按钮和 DK-1 型制动机完成紧急制动。LCU 还具有故障保护的恢复控制功能。

（5）其他控制。LCU 还完成撒砂控制及列车供电接触器等控制。

（6）故障显示功能。LCU 通过 RS-485 标准串行通信将机车的一些故障状态在司机台上的彩色显示器上显示出来，以便司机对故障判断和及时处理，其显示的故障信息包括牵引制动转换鼓是否到位、反向转换鼓是否到位、6 个线路接触器状态是否正确、劈相机起动是否正常、牵引风机和制动风机风速是否正常、牵引接触器和励磁接触器闭合是否正常以及主断分合是否正常等。

四、LCU 在电力机车试验及检修中的作用

逻辑控制单元在电力机车出厂调试、例行试验及检修中能提供大量的信息，帮助技术人员提高工作效率。例如，在 SS_9 型机车的调试过程中，发现励磁接触器 91 KM 和 92 KM 工作不正常，技术人员可根据图 5-15 所示的逻辑控制梯形图来检查是否满足励磁接触器闭合的条件。

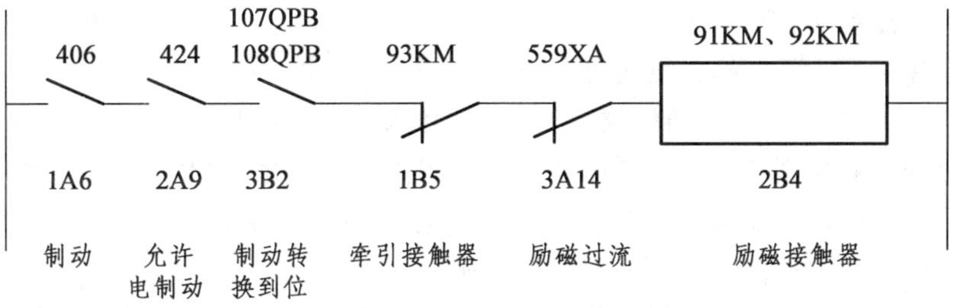

图 6-15　励磁接触器逻辑控制梯形图

先查看 LCU 的第一块输入板 A6 灯（表示为 1A6）是否亮。1A6 在司机手柄处于制动状态（406 得电）时应该发亮，若不亮，则表示 406 没有得电；若 1A6 亮，下一步就查 2A9 是否亮，若不亮，则为电空联合制动系统不允许电制动；1A6、2A9 都亮，就须查看 3B2（表示牵引制动转换鼓已转换到制动位）是否亮。同理，检查 1B5（表示牵引接触器吸合状态）、3A14（励磁过流）是否灭，若 1B5 亮，则表示牵引接触器没有打开，机车主电路还没有构成制动回路，因此不允许电制动；若 3A14 亮，则表示计算机控制柜检测到励磁回路过流，应停止电制动；若 1A6、2A9、3132 亮，而且 1B5、3A14 又灭，那就表示励磁接触器 91KM 和 92KM 应该吸合，因此应进一步查看 2B4 是否亮；若 2B4 亮，则表示 LCU 有输出，应检查励磁接触器 91KM 和 92KM 是否正常；若 2B4 不亮，则表示 LCU 本身有故障，应进行 A、B 组转换。

五、LCU 的故障诊断及检修

当司机合上蓄电池开关后，LCU 即得到了电源。

当 LCU 上电正常时，在司机显示面板上预备灯应该亮，若不亮则表示 LCU 不正常，须进行 A、B 组切换。如果运行途中 LCU 出现异常，司机可以通过 A、B 组转换来切换，在切换前应先将司机钥匙关掉，然后再进行 A、B 组切换。一般不要求司机在途中对 LCU 进行检修。

当机车 110 V 控制电源输入 LCU 内部的开关电源时，LCU 的散热风扇开始运转。A、B 两组系统自动完成初始化。A、B 两组的工作可以通过 LCU 面板上的转换开关来进行选择。当转换开关的红色箭头指向 A 或 B，则对应的那组 LCU 正在工作。

1. LCU 的故障检测

（1）确认是否逻辑控制单元故障。随着电子技术的不断发展，元器件的质量以及逻辑控制单元的生产工艺已经有很大改善，LCU 的可靠性也越来越高。因此，在怀疑 LCU 故障以前，有必要首先确认：

① 主电路是否已经构成，例如线路接触器是否可靠闭合等。

② 与 LCU 有关的状态控制信号是否送到 LCU，正确与否，如牵引、制动、零位、准备、操作端等。

③ LCU 对外连接插座是否接触良好等。

（2）确认 A、B 组是否都有故障。LCU 有 A、B 两组完全相同的系统，它们可以完全独立地工作。要检查 A、B 组是否都有故障，就要检查 A、B 两组的公共部分，即：在条件都满足的情况下，转换 A、B 两组，看故障是否一样；如果故障现象一样，则可基本排除 LCU 本身的故障，如果现象不一样，则可能是其中一组 LCU 发生故障。

（3）确认是否 LCU 的电源插件故障。如果基本确定是 LCU 本身故障，则开始检测 LCU 插件故障。首先查看电源板是否正常工作，如果电源板指示灯为红色，则查看是否是 LCU 工作电压太低使电源板处在欠压保护；如果工作电压正常，则查看是否为后部短路使电源板进行了过流保护，否则可能是电源板发生了故障。

（4）确认是否 LCU 的 CPU 板故障。如果电源板指示灯为绿色，而且从测试孔量得输出电压正常，则再次检测 CPU 板，主要检测 CPU 板指示灯是否显示正常。如果 A 板红灯闪烁，则第一块 CPU 故障；如果 B 板红灯闪烁，则第二块 CPU 故障，此时应更换 CPU 板。

（5）确认是否 LCU 的输入板故障。首先确认输入信号是否送进 LCU，可以通过测量 56 芯矩形插座上相对应的针是否得电，如果有电，而 LCU 输入板上相应的通道指示灯不亮，则可能是该输入板相应的输入通道故障。

（6）确认是否 LCU 的输出板故障。根据逻辑关系判断，某一输出点条件满足，应该有输出，而 LCU 输出板相应的通道指示灯不亮，并且相应的输出线不得电，则可能是该输出板相应的输出通道故障。如果某一输出线上不管条件是否满足一直有电，则说明该通道已经短路。

2. LCU 的检测

一般来说，LCU 运行一段时间之后应对其进行全面检测。LCU 的检测可以采用专用的 LCU 便携式测试仪或者 LCU 地面测试系统，针对整台 LCU 进行全面的测试，例如，对 LCU

的每个输入/输出通道进行测试，对 LCU 的逻辑关系进行测试判断以及测试串行通信、机箱布线等。在日常的维护中，也可以通过 LCU 地面测试系统提供的单板测试功能对单块插件进行测试。

第五节　机车计算机控制系统常见故障的分析及应急处理

一、故障分析

1. 电机电流不正常

电机电流不正常故障通常可分为三种情况（见图 5-16）：

（1）电机无流故障，使机车失去牵引力或制动力。

（2）电流不平衡故障，两转向架电流不平衡影响机车功率的发挥。

（3）电流冲动故障，可能引起机车窜动，使乘务员处于高度紧张状态。

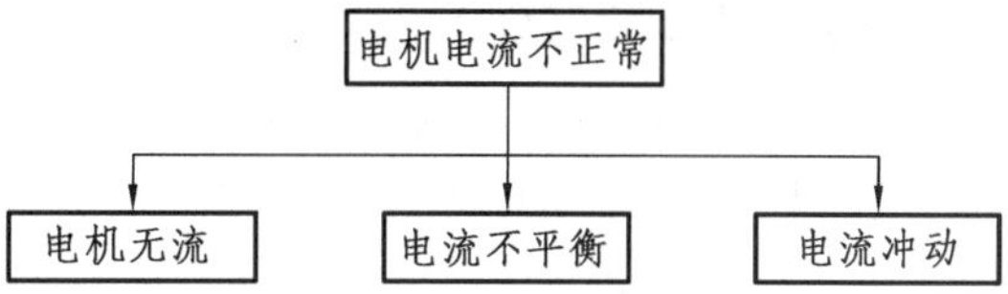

图 5-16　电机电流不正常的原因

1）电机无流原因分析

电机无流的原因有两大类，包含多种因素，如图 5-17 所示。

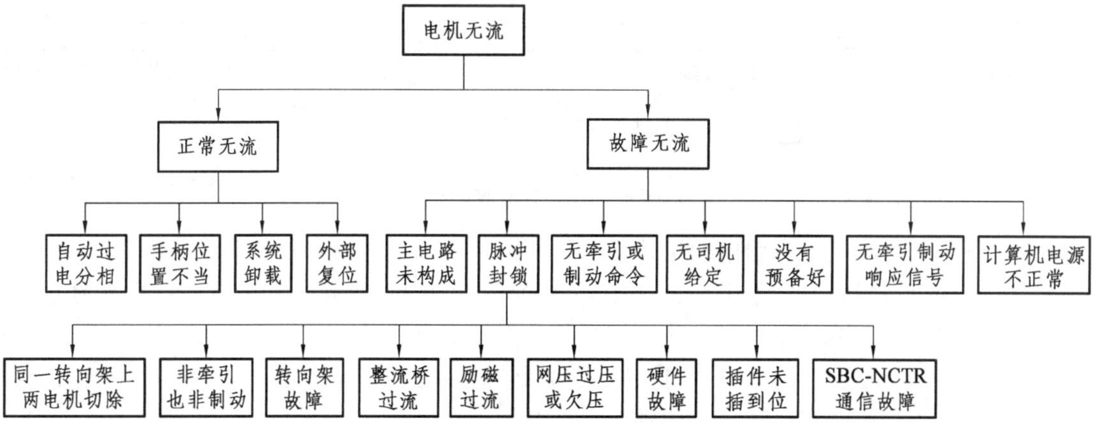

图 5-17　电机无流的原因

引起电机正常无流的主要原因是：系统卸载或手柄位置不当。系统卸载命令来自运行安全防护装置，当机车速度接近该区段限制速度时，为了防止超速而要求系统卸载取消牵引力。手柄位置不当是指手柄位置与实际速度配合不当，因为在特性控制时，如果实际速度超过牵引准恒速控制范围或低于电制动准恒速控制范围，都会无电流。只要牵引提升级位、电制动降低级位，就会有电流产生。在自动过电分相收到过电分相预告信号后，首先要封锁脉冲，再使主断路器跳闸；外部复位时，强制封锁脉冲而无流。

引起故障无流的原因有几种：① 没有牵引或制动命令；② 无司机给定；③ 没有预备好；④ 主电路（电枢电路和励磁电路）没构成；⑤ 无牵引制动响应信号；⑥ 计算机自身电源不正常（如二次保护或故障）；⑦ 脉冲封锁。如果是计算机电源二次保护，则可分合一次“电子控制”自动开关，使电源重新启动。如果主电路已构成但无牵引制动响应信号，则应检查电空接触器的联锁触头。

产生脉冲封锁的原因有几种：① 同一转向架上的两电机切除时，该转向架不需要触发脉冲；② 既非牵引又非制动时，将指令清零而封锁脉冲；③ 由于转向架故障（如电机过流、电机过压、超速、小齿轮弛缓）、整流桥过流、励磁过流、网压过压或欠压时，在保护电器动作前，先要封锁触发脉冲；④ 计算机本身如果插件未插到位，使系统处于复位状态而封锁脉冲；⑤ 计算机内部脉冲控制器（NCTR）的移相指令来自它与单片机（SBC）的通信，如果通信失败持续一定时间，NCTR 将封锁触发脉冲。

在故障无流的多种原因中，属于计算机控制自身原因的有 3 种。

2）电流不平衡原因分析

引起两转向架电流不平衡的原因有三大类，即正常不平衡、轮径设定不当和故障不平衡，见图 5-18，下面具体分析。

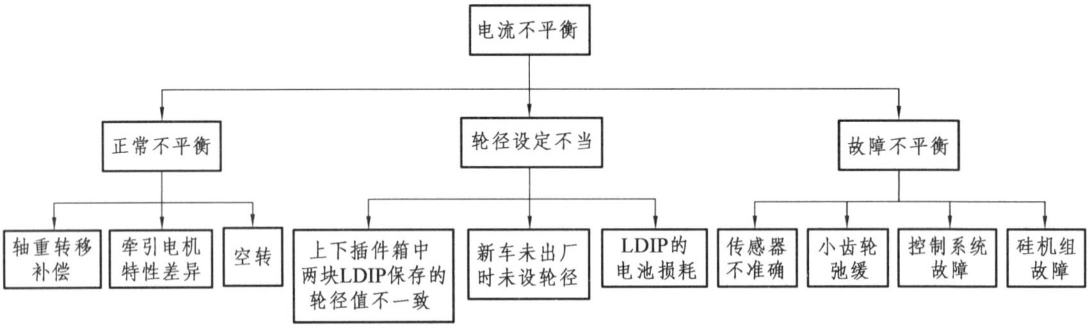

图 5-18　电流不平衡的原因

正常不平衡可能是由牵引电动机特性差异、空转及轴重转移补偿引起的。两转向架的电动机特性差异可造成轻微的不平衡，一般应在 100 A 以下，如果超过该值就要查找其他原因。由于空转（滑行）造成的不平衡应该是短暂的，空转恢复后，两转向架的电动机电流应趋于平衡。轴重转移补偿会使前转向架电机减流和后转向架电机增流，这只是在电机电流大于额定电流时才会出现，额定电流以下无轴重转移补偿。

轮径设定不当会引起两转向架的电机电流不平衡。因为每轴速度不仅与车轮转速有关，还与它的轮径有关。轮径设置值保存在 LDIP（机车信息处理插件）中，它自带可充电电池用于数据记忆。如果两转向架轮径设定不一致，即使转速相同，但最后反映出的速度是不同的。当从恒流起动加速时，两转向架进入准恒速控制就不同步，速度高的那个转向架的电机电流会明显减少，即使在准恒速控制时，由于两转向架速度不同也会造成电机电流的差异。造成轮径设定不同的原因可能有：① 新车出厂时未设定轮径，在工厂试验线上由于速度低而在恒流控制时问题不明显，但机车在干线上运行后问题就会暴露出来；② 由于更换 LDIP 插件，上、下插件箱中两块 LDIP 保存的轮径值不一致；③ 机车运行一段时间后，LDIP 的电池损耗造成数据丢失。

故障不平衡的原因有四种：① 电流和电压传感器不准确，造成电流不一致，通常是使用中传感器发生漂移、静差过大所致，可在静止时低级位、在格式 2 下检查各个电机的电压和电流，如果静差超过 50 A 或 50 V，应予更换；② 硅机组的某个桥臂损坏，在低速时电流差别不会明显，可通过增加移相控制量来达到所要求的电流，当速度提高后，可用的整流桥已全开放、整流电压不能再增高时，两转向架的电机电流差就会非常明显；③ 小齿轮弛缓引起的电机转速升高而导致电流减少，当同一转向架上两个电机电流的差值达到某一程度（30%）并持续一段时间后，小齿轮弛缓保护动作，以防止电机损坏；④ 如果其中一个转向架的控制系统出现故障，自然会造成该转向架电流不正常，从而出现两转向架的电机电流不平衡。

上述电流不平衡的多种原因中，与计算机系统故障直接相关的有 2 种，此外，轮径设定与维护有关。

3）电流冲动原因分析

引起电流冲动的原因如图 5-19 所示。

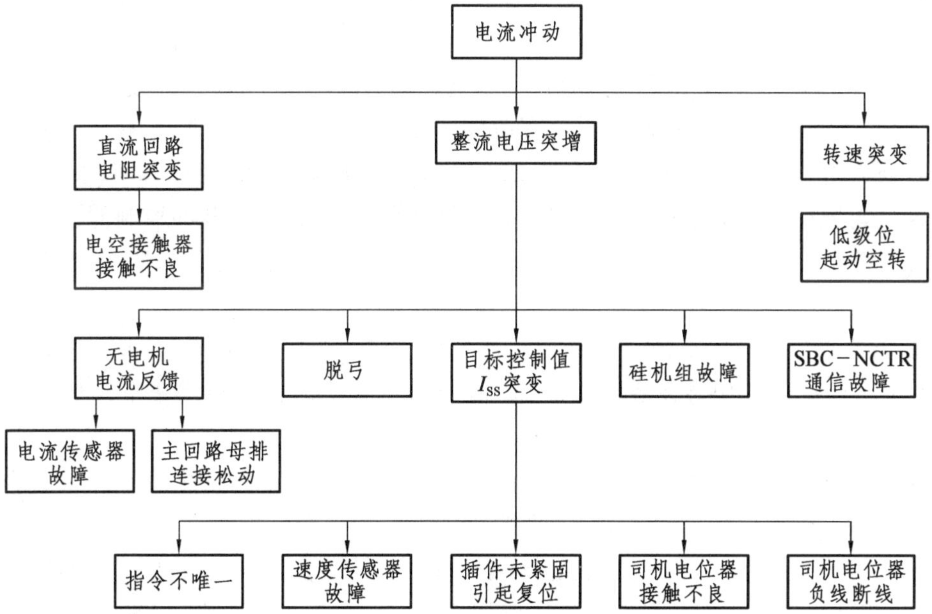

图 5-19　电流冲动的原因

直流电机有下列基本公式：

$$I_M = \left[U_d - C_e \cdot n \cdot \Phi\right] / \sum R$$

式中：I_M 为电机电流；U_d 为整流电压；C_e 为电机常数；n 为电机转速；Φ 为磁通；$\sum R$ 为直流回路电阻。

磁通 Φ 取决于励磁电流 I_F，而 I_F 与 I_M 间在未削磁时，与固定分路系数成比例；在削磁以后，与磁场削弱系数成比例。由上述公式可见，造成 I_M 冲动的原因是：$\sum R$ 突变或 U_d 突增、n 突变。

转速突变发生在空转时，尤其在低级位时引起的电流冲动比较明显。例如，手柄 4 级，机车刚起动时，$v = 2$ km/h，空转发生时 $\Delta v = 6$ km/h，亦即空转的轴转速增至 4 倍，电机电流就会变得很小，而空转恢复时电机电流又回到 480 A。高级位上的空转对电流冲动的影响相对要小些。如果在低级位时而空转时而恢复，就会造成电流来回摆动，如果有两个电机同时发生这种情况，就会造成电机窜动的感觉。这种情况在实际现场机车起动时发生过多次。如果手柄先在 2 级停留，待有了速度后再升到 4 级，就可以减少这种情况的发生。

$\sum R$ 的突变可造成 I_M 冲击。$\sum R$ 突变一般是因电空接触器触头接触不良所致。这种情况在机务段也时有发生，主要原因是因为机务段用的电空接触器触头都为无银触头，而原设计为银氧化锌触头。

无银触头由于氧化及触头压力不够，造成初始接触电阻大，接触不良，电压提高后使氧化层薄弱处击穿，开始点接触导电。随着电流通电发热和电压的继续提高，触头表面产生溶蚀，随着溶蚀区的扩大，使接触电阻突然变小，这样会造成电机电流的突变而引起电机电流冲击。因此，在新造机车上必须禁用无银触头，对已出厂的机车应限期分批更换。

影响 U_d 突变的第一个原因是 I_M 反馈，开始无电流反馈，之后回路接通，由于移相控制量已经较大而造成电流冲动，这可能是由于电流传感器故障或主回路母排连接松动引起的。

影响 U_d 突变的第二个原因是脱弓。在固定区段，由于弓网关系配合不好，脱弓造成的电流由 0 到大电流的冲击，任何级位上都可能发生。目前，脉冲控制器只要无网压超过 26.59 ms 就封锁脉冲，如果脱弓接近 0.5 s，则在脱弓期间，由于脉冲控制器已封锁脉冲，电机电流为续流，当弓网关系恢复正常时，必然会产生很大的电流冲击。脱弓 0.5 s 以上，欠压保护动作。

影响 U_d 突变的第三个原因是硅元件损坏，可造成一个桥臂不导通。此时若在正常位，并不会发生电流冲击；如果在故障位，且由已故障的那个转向架控制全车，则会发生电流冲动。

影响 U_d 突变的第四个原因是脉冲控制器 NCTR 与单板机通信发生故障，如果单板机的 PI 调增长很快，则通信恢复时，由于移相控制量的突变也会引起电流冲击。

影响 U_d 突变的另一个重要原因是给定量（即目标控制值 I_{ss}）的突变。这可能是：① 司机给定电位器接触不良，指令时有时无；② 司机给定电位器负线断线，手柄一离开零位就给出最高值；③ 指令不唯一，非操作端的司机给定不在零位，操作端一旦给出牵引命令，虽然级位在 0 位，但另一端已发出级位指令；④ 插件未紧固好，速度增大后由于振动造成插件接触不良而复位；⑤ 速度传感器松脱造成速度信号时有时无，无速度时处在恒流起动状态，有速度时处在无流状态，从而引起电流的大幅度摆动造成冲击。

综上所述，造成电流冲动的多种原因中，属于计算机控制系统的故障只有 2 种，绝大部分故障是由外部原因造成的。

2. 过载

发生下述情况，都可能引起过载而使主断路器跳闸：

（1）司机台仪表显示在正常范围内时过载，即假过载，原因是计算机控制系统内部 A/D 工作异常或保护逻辑误动作。

（2）电流传感器故障无电流反馈时发生过载。

（3）电压传感器故障失去限压功能时。

（4）硅机组触发电路故障时。

3. 窜车

所谓“窜车”是指司机控制器手柄一离开“0”位就有较大的电枢电流，以下情况可能引起该故障：

（1）司机控制器指令不正常，手柄一离开“0”位，就有大的输出。

（2）同步信号相位反接。

（3）操作端信号不唯一。

（4）计算机控制器内部无电流反馈信号。

（5）变流器触发级故障。

4. 励磁电流给不上

（1）励磁接触器没有闭合，励磁电路未形成回路。

（2）励磁接触器辅助节点不良。

（3）预备、零位不正常。

（4）速度传感器故障。

5. 无加馈电流

（1）励磁未达到限制值。

（2）加馈桥未工作。

故障现象与故障原因是多种多样的，以上只是一般性地介绍，只有全面了解了机车，并在实际运用中积累经验，总结和提高，才能做到有的放矢，手到“病”除。

二、故障定位

1. 确认是否计算机柜故障

计算机控制柜以高可靠性为主要设计原则，从元器件的选型、采购、筛选以及生产过程中的质量保证措施和调试实验程序都是十分严格的。一般来说，计算机柜的工作是可靠的，同时计算机控制系统又是一个十分复杂的系统。因此，为了少走弯路，在怀疑计算机控制装置故障之前，应该首先确认：

（1）主电路、接点控制电路及检测部件等环节是否正常，因为计算机控制柜必须依赖这些部件提供的信号来工作。

（2）主电路是否已经构成，线路接触器主接点及辅助接点是否可靠闭合。

（3）与计算机柜有关的状态控制信号是否送到计算机柜，是否正确，如牵引、牵引响应、制动、制动响应、“0”位、准备、操作端、转向架切除等。

（4）给定值（司机控制器指令）及反馈值是否正确送到了计算机控制柜，如司控器指令、速度信号、电机电流、电机电压、励磁电流等。

（5）网压同步信号是否正确送到了计算机控制柜。网压同步信号可以通过以下几种办法来确认：① 司机台故障显示屏的显示；② 液晶显示屏的故障显示；③ 打开计算机控制柜门盖，观察插件面板指示灯状态和通过测试孔测量可疑信号。

2. 计算机控制箱故障范围判别

计算机控制箱正常工作时：09 插件面板“工作”绿灯亮；05 插件 10A 灯亮；57 号插件 7A 灯闪烁；按下 41 号插件面板按钮，该板如有数码管应显示“FF”。

故障时，可以根据故障现象来确认故障范围：

（1）电源：

钮子开关开位
- 灭灯——无 10 V 输入
- 红灯——电源中断
  - 电源板故障
  - 外电路故障
  - 相箱或插件上有电源接地

（2）特性控制级：

57号板 7 A 灯光
- 闪烁不均匀——总线上插件不稳定
- 恒亮或恒灭——多为总线上插件故障

（3）变流器控制级：

按 41 号板按钮
- 如有数码管显示 FF ——正常
- 数码管显示非 FF ——故障

（4）其他：

① 41 号板 29A 灯亮或 61 号板 2B 灯亮，表示特性控制级与变流器控制级级间通信故障。

② 01 号板 2B 灯亮，表示解调值超限。

③ 05 号板 10A 灯灭或闪烁，表示网压过零同步信号故障。

三、常见故障应急处理

下面以 SS_{7E} 型机车计算机控制系统为例，介绍一些常见故障的处理方法。

1. 计算机控制系统死机

如果出现该故障现象，司机应先将主手柄回零后，按司机操纵台上的“复位”按钮，再重新提手柄。对于由计算机死机造成的故障，在按“复位”按钮后应能够消除。

如上述方法不行，应采取另外一个更为有效的办法，即将“电子控制”自动开关断开后再合上，使 CPU 上电初始化。

2. 空转/滑行保护

在计算机柜副柜面板上设有钮子开关，向上为空转保护投入，向下为空转保护切除。若遇到速度传感器故障、空转保护频繁动作，则可切除空转保护。空转保护切除时，有关空转保护的程序仍在运行，仍会进行自动撒砂和空转显示，但不进行减流。

3. 正常无流

正常无流又有两种情况：① 手柄位置不当，由控制特性引起的无流，例如，牵引手柄放在 N 级，当机车速度大于 $10N$ km/h 时必然产生无流现象，此时只升高手柄级位就会有电流产生，再如，制动放在 N 级时，当机车速度小于 $10N$ km/h 时，也会无流，此时若将手柄转向更低级位就会有电流产生；② 由安全系统要求产生的卸载无流，机车计算机控制装置在接到此命令后卸载封锁脉冲。

无流故障现象与处理如下：

（1）线路接触器未闭合，主电路未构成。观察司机调速手柄是否离开“0”位在牵引级位上，如不在牵引级位上，属于正常；如在牵引级位上，则检查高压电器柜线路接触器 KM1～KM6 是否吸合，不吸合，则把调速手柄退回“0”位，检查处理线路接触器故障。

（2）预备、“0”位、牵引、制动等状态信号不对，引起计算机柜封锁脉冲。在机车运行过程中，最常见的是预备不好，即司机主台显示屏上预备灯不灭。

① 预备灯不灭，KM7、KM8 不吸合：LCU 显示故障为 LCU 脱扣，如不换向，则为 FA20 脱扣；如换向，手柄向前位不吸合而拨向后位吸合，则是 YV5、YV6 或联锁故障；如拨向制位吸合，则为 YV9、YV10 或连锁故障；如仍不好，则为 51 号调压阀故障或调压过低，造成换向开关不到位。

② 预备灯不灭，KM7、KM8 吸合：第一，可以分别用一架车试验以区分是否为 KM7、KM8 联锁故障，如为联锁故障，可以短接（上、下短接），但应防止接地，短接后手柄拨到“0”位，“0”位灯不亮，KL10 吸合；第二，更换 LCU；第三，如蓄能灯亮，则为 9KF 故障，可短接 850～650 线。

③ 预备灯灭、无压无流：当 AT 一架显示故障时，手柄回“0”位，按复位键，如仍不好，可以更换 AT 柜；当两架同时显示故障时，检查恢复 AT 脱扣，如一架无励磁电流，则为该架机车的励磁回路快熔烧坏或电流传感器故障，如两架均无压无流时，应更换 AT 柜。

（3）计算机柜未收到司机给定指令，可能是由于司机控制器电位器无电源、电位器无输出、传输线断线或接触不良引起，应检查处理电位器及接触线。

（4）计算机柜未收到牵引响应或制动响应信号。这可能是因为牵引主电路或制动励磁电路未构成，也可能是因为线路接触器和励磁接触器的联锁接点不良。检查线路接触器、励磁接触器的联锁触头接点是否良好，如不好则处理或更换。

（5）计算机柜中，某个插件箱的电源插件不正常，电源插件故障使插件箱无法工作。电源插件自身带有过流过压保护，如果由于电源自身过流过压保护动作，电源插件也不能产生正常的电源，这时则用分合“电子控制”自动开关的方法，使电源重新启动就可解决。

（6）计算机柜封锁脉冲。脉冲控制器复位封锁脉冲的条件有 10 种情况，一般应首先考虑没有同步电压或插件未插到位。此外，外部复位继电器不释放、带插座的芯片接触不良等也可能造成无流。检查复位继电器或插件上的芯片是否松动、接插件是否插紧牢固。

4. 电流不平衡

1）由传感器引起的电流不平衡

机车交车过程中，出现电流传感器和电压传感器有正偏或负偏。当传感器加上了 ± 24 V 电源后，此时电机虽无电流或无电压，但仪表上仍有显示。一般固定的静态偏差很少见，绝大多数都是在牵引制动反复操作几次后产生的，此时若断开 ± 24 V 电源，偏差就可以消失。在静止加馈试验时，某个电机无加馈电流，也可能是由于电流传感器负偏引起的；电机电流相差 100 A 也是由传感器正、负偏造成的。表现的现象虽然不同，但原因就是一个，出现这种情况须更换电流传感器，以消除故障。

如果静止时就有电机电压显示，也必须更换相应的电压传感器。

由于电流传感器不正常造成的电机电流不平衡，往往表现是某一电机电流偏大或偏小。同一架的三个电机电枢并联，整流电压相同，由于电机特性差异引起的负荷分配不均不应该太大，若同一架的两个电机电流相差很大，就应对电流传感器进行检查，如发现确实为传感器故障须更换传感器。

2）硅元件损坏引起的电流不平衡

当某个桥臂的快熔烧损，硅元件击穿或损坏时，必然会引起两架电流的不平衡。在主桥没有全开放以前，电流不平衡现象并不明显，因为系统为闭环控制，可以靠增加 U_{E1} 来得到所需的电流。当主桥全开放或已达到电机限压时，电机电流不平衡现象加剧。即使将转换开关转至故障位，由良好的一架计算机柜控制全车，此现象也不能消除。运行中可检查两架的 U_{E1}（65 号板位 30B），若发现某 U_{E1} 相差较大，回库后应对硅元件和快熔进行检查更换。

3）由于轮径设定不当引起的电流不平衡

在恒流起动时，两架电流相同，但进入准恒速控制时，两架有先后，电流不平衡，此现象容易在新车上产生。通过显示屏上的按键对轮径进行设定后，再运行时电流不平衡现象消失。

每个插件箱都按相同的方法对 4 个速度进行处理，所得结果应是相同的，此数据再乘上轮径系数(实际轮径与半磨耗轮径的比值)才是机车的实际速度。对于新车，在轮径未设定前，两架的轮径值肯定不会一致，因而计算得到的机车速度也不一致，这就是两架进入准恒速先后不一致的原因。通过对上、下机箱 65 号板位 26B 的测量，可以发现有明显差别。

轮径设定值保留在有备用电池的 RAM 中，若电池亏损，应予更换，否则也会造成上、下机箱轮径设定值的不同。另外，当更换 LDIP 故障记忆传送插件时，也必须重新设定轮径，以免上、下机箱轮径设定值不一致。

4）由于计算机本身故障引起的电流不平衡

在发现两架电流不平衡后，将转换开关转到故障位，由良好的一架计算机柜控制全车，若此时电流不平衡现象消除，有可能是由于计算机本身引起的。

要判断是哪个插件故障引起的，需要对现象进行综合分析。简单可行的办法是：将上、下机箱相应的插件对调，一般首先对调脉冲放大和脉冲控制器插件，其次可对调继电器转换插件和模拟量输入/输出插件。如对调以后故障消失，则可断定是该插件故障，更换插件即可。

5）由于空转引起的两架电流不平衡

此现象属于正常现象。空转时，由于空转保护引起减流，在空转消除后，两架电流恢复平衡。

6）由接插元器件松动引起的电流冲动或无流

每个插件上，为了便于更换，有些集成芯片加装了插座。机车的震动可能造成芯片与插座接触不良，应定期检查，并按紧所有带插座的芯片。

7）速度传感器故障引起的电流不平衡

当速度传感器故障或连接松脱时，会引起防空转保护误动作，从而引起电流不平衡。从 65 号板位 27A ~ 30A 读取 4 个速度，可以判断速度传感器有无问题。如有问题则更换速度传感器及连接线。

5. 过载

（1）电流传感器故障，无电流反馈时，更换电流传感器。

（2）电压传感器故障，失去限压功能时，更换电压传感器。

（3）变流器触发级故障时，应检查触发电路输出脉冲是否正常。

发生上述情况，都可能引起过载，使主断路器跳闸。

6. 窜车

所谓窜车，是指手柄一离开“0”位就有较大的电枢电流。

（1）操作端信号不唯一，即非操作端的扳钮开关有的不锁在“0”位。检查非操作端的扳钮开关是否锁在“0”位，如不在“0”位则均拨到“0”位。

（2）计算机柜内部无电流反馈，U_{E1}很大。

（3）变流器触发级故障。

以上分析了可能引起常见故障的原因，重要的是要根据现场情况进行综合分析、判断。出现故障时，一般应首先排除芯片松动和插板没插好的因素，然后再进一步寻找其他原因。如运行途中窜车保护动作，主断路器跳闸，应重新闭合主断路器，按复位按钮，如消除不了，则须无电转换 AT 柜。

第六章　机车新型制动系统

随着电力电子技术和计算机技术的发展，电力机车和内燃机车普遍从直流传动技术向交流传动技术转换；为了使机车制动系统与传动控制系统更好的配合，机车制动机技术也从原来的开环逻辑控制方式向计算机闭环、网络控制转变。但计算机、网络式控制的机车制动机技术过去均被德国克诺尔、法国法维莱、美国西屋等国外企业所垄断，我国以往的机车制动系统对国外技术的依赖性很强。

为了降低机车制造成本、掌握机车核心技术、走自主创新的道路，铁道部于 2005 年决定立项研发具有自主知识产权的机车制动机新产品，之后，南车株洲机车厂在原 DK-1 型电空制动机的基础上，研制出具备完善的计算机模拟控制、网络通信、故障智能诊断等信息化功能的新一代机车电空制动机——DK-2 型电空制动系统。本章就 DK-2 型制动机的基本组成和工作原理做简要介绍。

第一节　DK-2 型制动系统概述

一、DK-2 型制动系统的应用发展情况

2009 年 10 月，采用 DK-2 型制动系统的万吨重载组合列车在神华铁路正式开行。2012 年以来，DK-2 型制动系统已完成了在 SS_{4B} 型、SS_4 改型、TM_3 型、HX_D1 型、HX_D1C 型、HX_D1D 型机车上的安装，出口新加坡的 15 台电力、蓄电池双能源的地铁工程维护车也装用 DK-2 型制动系统。经实际运行证明，DK-2 型制动系统运用安全、稳定、可靠。

我国铁路制动技术的进步主要体现在机车制动机和制动摩擦材料的发展方面。以西门子制动系统为借鉴，运用网络控制技术发展了我国自主品牌的 DK-2 型制动系统。中国拥有完全自主知识产权、制动精度更高、能对故障实现即时报警与自我诊断的升级版 DK-2 型电-空制动机已在我国广泛应用，标志着中国机车车辆制动机技术成功迈入当今世界最为顶尖的第 3.5 代技术的行列。

新一代制动系统以网络化、信息化、智能化为主要标志。该型制动机不仅实现了集约化、模块化，维护更加简便，尤为关键的是，其最为核心的大脑硬件——制动控制单元，以及大脑的思维-控制程序均由中国科研人员自主开发。由于实现了数字化与网络化，该型制动机的制动力输出精度更高，可以把当今业界最难控制的普通长大编组旅客列车的制动精度提高到

动车组的等级，还可以解决长大重载组合列车制动同步性与一致性这一重载列车技术难点，其技术指标达到国际先进水平。

二、DK-2 型机车制动机功能简介

DK-2 型制动机是一种具备计算机模拟控制、网络通信、故障智能诊断等信息化功能的机车电空制动机。

DK-2 型制动机能实现列车自动制动与机车单独制动、空电联合制动、断钩保护、列车充风流量检测、无动力回送、制动重联、列车电空制动、列车速度监控配合等基本制动功能；具备单机自检、故障诊断、数据记录与存储等智能化、信息化功能；具备 MVB、CAN 等网络通信接口，适应现代机车制动机信息化以及网络控制的发展要求。

三、DK-2 型制动系统的主要部件及装车位置

随着 DK-2 型制动系统的发展，DK-2 型制动系统目前已在多种机车上装车使用。下面主要介绍 HXD1D 机车上安装的 DK-2 型制动系统。

DK-2 型制动系统的组成与装车位置如图 6-1 所示。

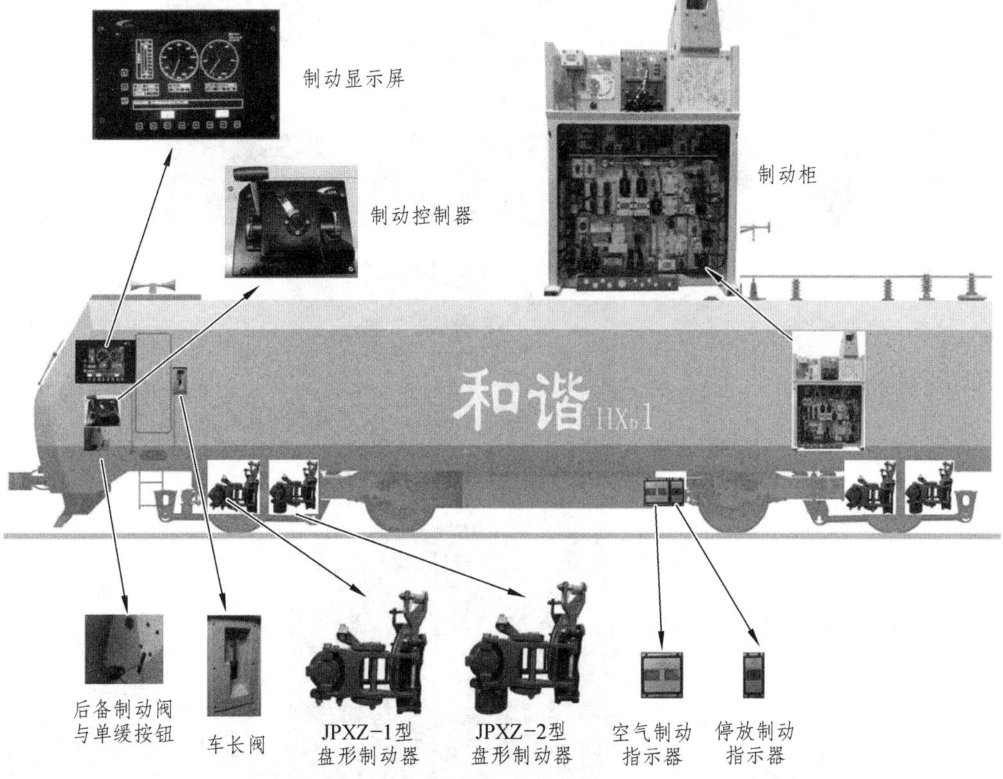

图 6-1　DK-2 型制动系统的组成及装车位置

DK-2 型制动系统主要由以下部件组成：

（1）安装在司机室的制动控制器、后备空气制动阀、车长阀、显示屏等操纵显示部件。

（2）安装在制动柜内的制动控制单元、分配阀、紧急阀、中继阀、重联阀、放风阀、电空阀、传感器等电空控制部件。

（3）安装在转向架上的 JPXZ-1 型及 JPXZ-2 型盘形制动器等基础制动装置部件。

四、司机室制动机的操作及显示部件

司机室制动机的操作及显示部件如图 6-2 所示。

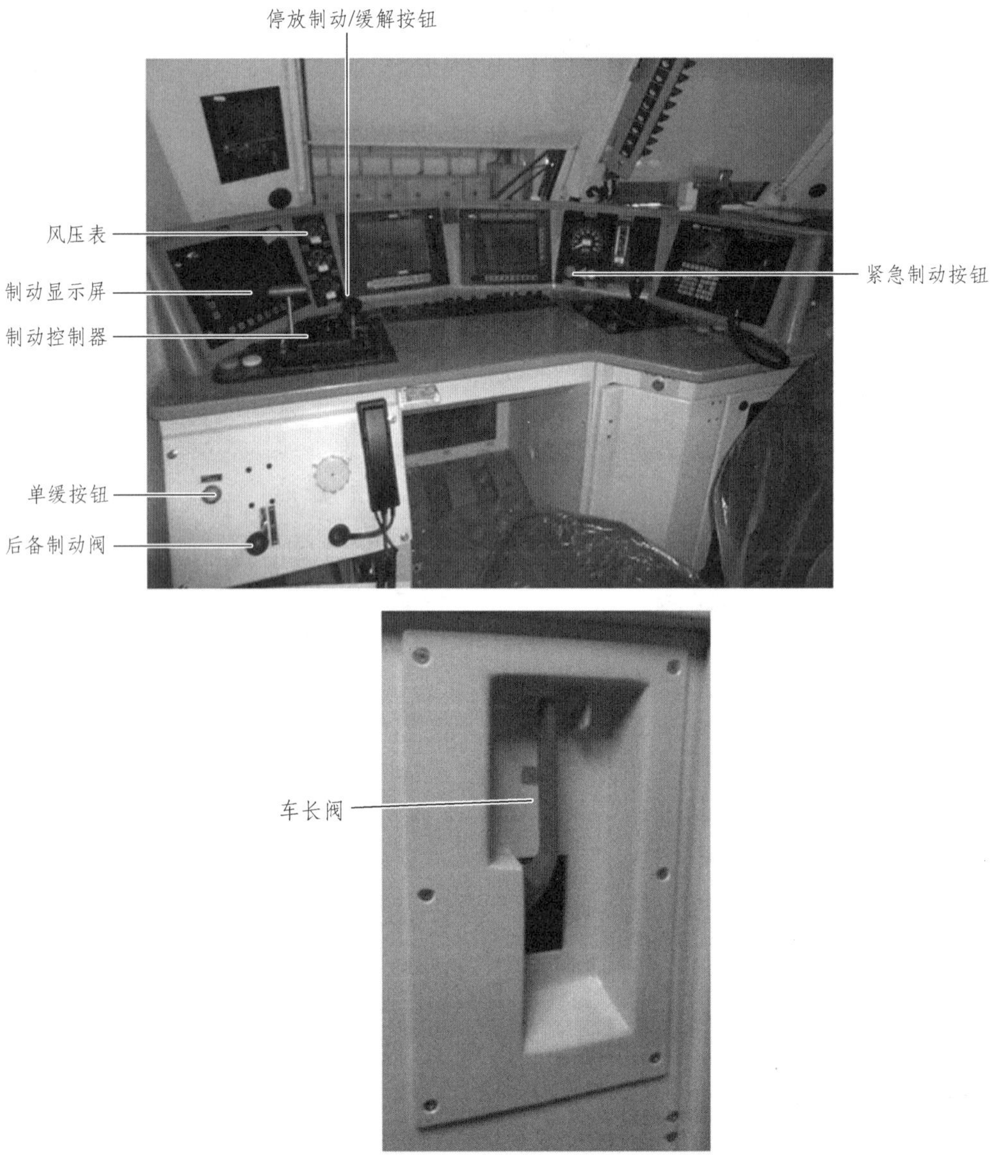

图 6-2　司机室制动机的操作与显示部件

1. 制动控制器

制动控制器是制动系统的主要操作部件，如图 6-3 所示。它的主要功能是：发送电信号指令到制动控制单元 BCU 上，为机车制动机提供自动制动和单独制动等指令，同时还具备紧急位机械排风功能。

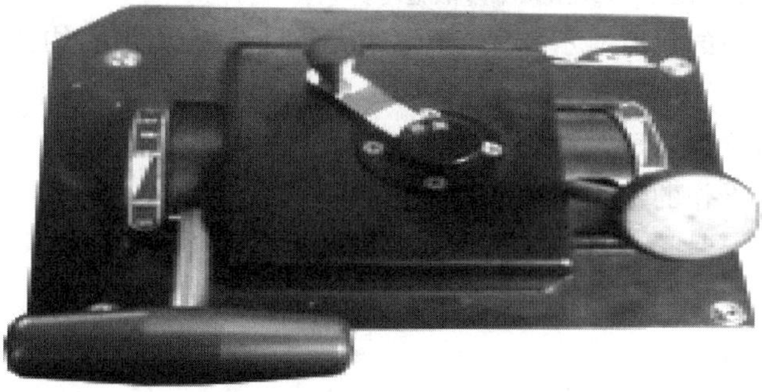

图 6-3　司机制动控制器

制动控制器具有两个操作手柄：自动制动控制手柄（大闸手柄）和单独制动控制手柄（小闸手柄）。其操作方式符合 TB-2056 的要求。

（1）大闸手柄推到最前位为紧急位（带排风），往后拉依次为重联位、全制动位、常用制动区、初制动位、运转位。

（2）小闸手柄最前位为全制动位，往后依次为制动区、运转位和侧压缓解位。

2. 制动显示屏

制动显示屏外观如图 6-4 所示。

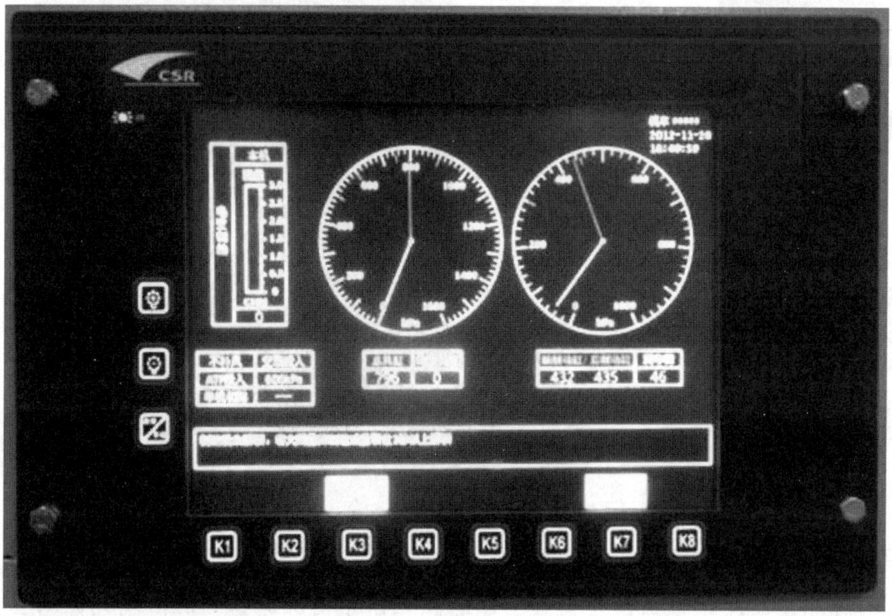

图 6-4　制动显示屏

制动显示屏采用 10.4 英寸、点阵不低于 640×480TFT 的彩色液晶显示器。显示屏操作系统选用 LINUX，上层应用程序采用 QT 专业版开发工具。通过 CAN 总线实现显示屏与 BCU 之间的实时通信

制动显示屏的主要功能有：

（1）实时显示 BCU 钮子开关的状态信息。

（2）屏上的风压表的数值显示总风缸压力值、列车管压力值、均衡风缸压力值、前后制动缸压力值。

（3）屏上的流量计动态显示列车管的充风流量值。

（4）显示制动机操作的提示信息和故障信息。

（5）提供机车号、时间、日期、软件版本号的显示及设置功能。

（6）单机自检、事件记录和传感器校准等列车诊断功能。

3. 风压表

制动系统风压表如图 6-5 所示。

风压表通过管路与相应的压力容器连接，主要功能是实时显示总风缸压力、均衡压力、制动缸压力、列车管压力。

4. 紧急制动按钮

当出现紧急情况时，司机可按下紧急制动按钮，触发列车或机车紧急制动。该按钮需经顺时针旋转才能复位，如图 6-6 所示。

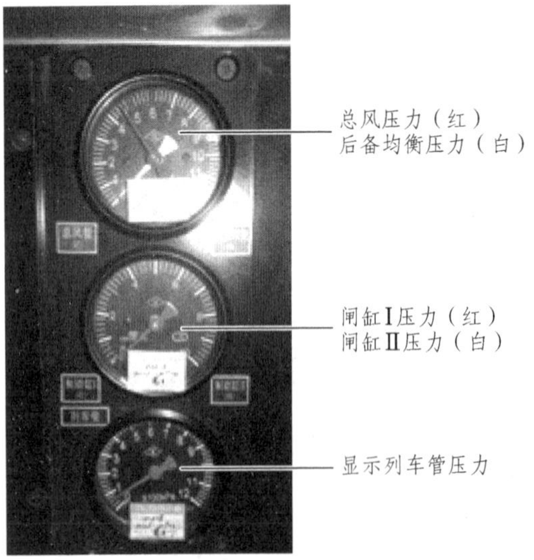

图 6-5　风压表

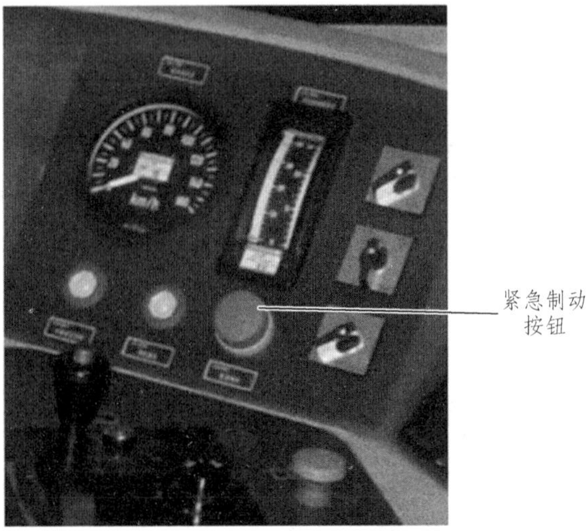

图 6-6　紧急制动按钮

5. 停放制动/缓解按钮

停放制动的主要作用是当机车不被占用时防止机车意外溜放，停放制动作为一种弹簧蓄能制动来实现，如图 6-7 所示。当按下停放制动按钮（红色）时，该按钮发出红光，表明机

车停放制动已施加；当按下停放缓解按钮（绿色）时，停放制动按钮红光熄灭，表明机车停放制动已经缓解。

图 6-7　停放制动按钮与停放缓解按钮

6. 后备制动

“空气位”时，可通过操作司机台面上的后备制动阀来实现制动，如图 6-8 所示。后备制动阀有三个作用位置：制动位、中立位、缓解位。其对外接有总风调压阀管、均衡风缸管以及一个排大气缩孔。

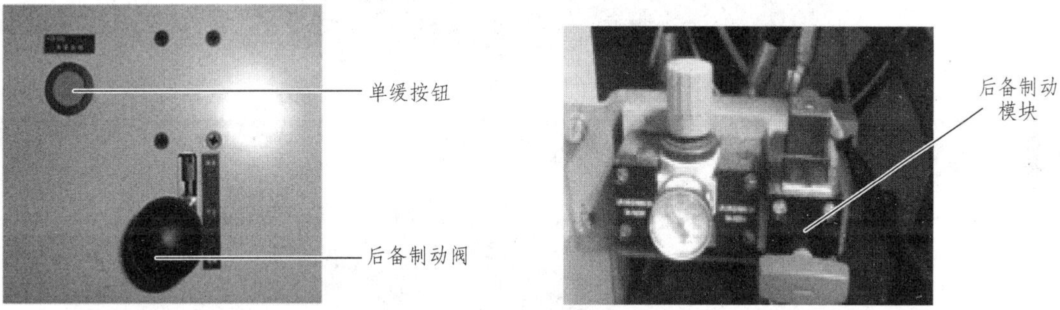

图 6-8　后备制动

操纵后备制动阀，能实现均衡风缸充风缓解和排风减压制动。单缓按钮用于空气位时单缓机车。

7. 车长阀

当出现紧急情况时，司机可快速拉下车长阀，使机车或列车紧急制动。

五、制动柜

制动柜是制动系统的重要部分，它主要由骨架、停放制动模块、列车/制动缸控制模块、制动控制单元 BCU 等部件组成，如图 6-9 所示。制动系统通过制动柜来实现列车管、制动缸、停放制动缸的压力控制。

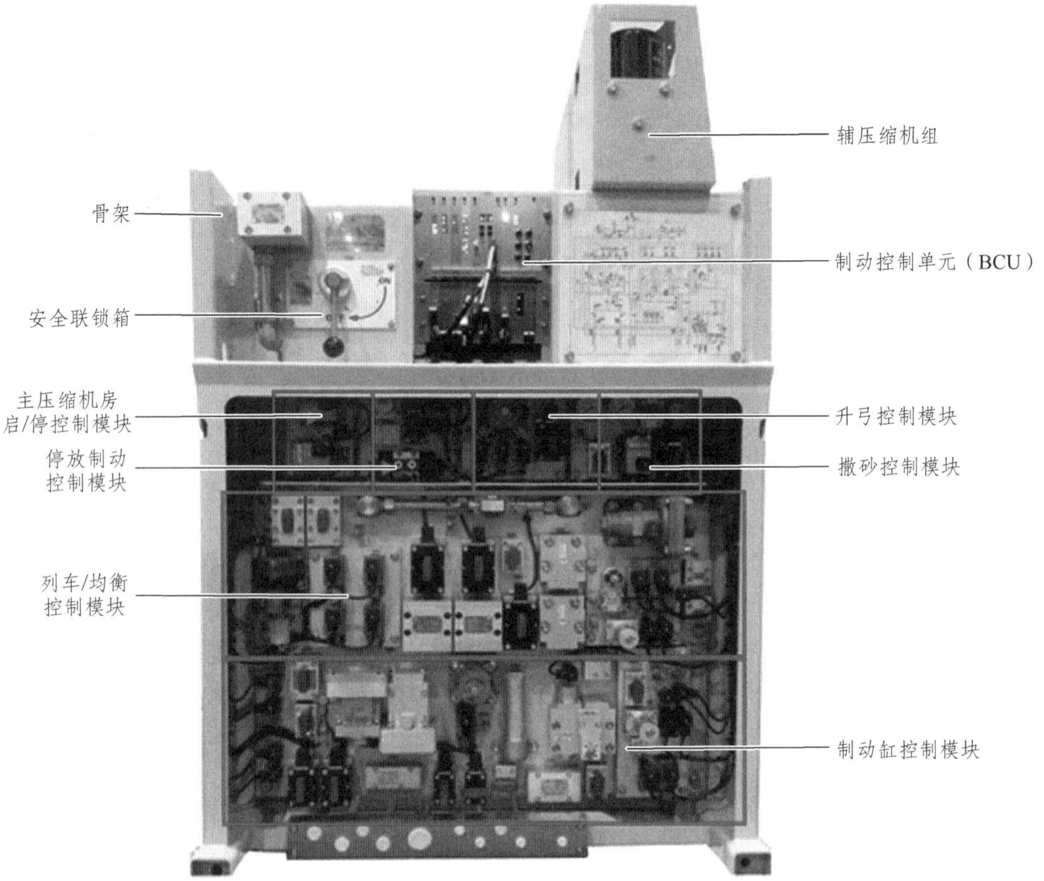

（a）制动柜正面图

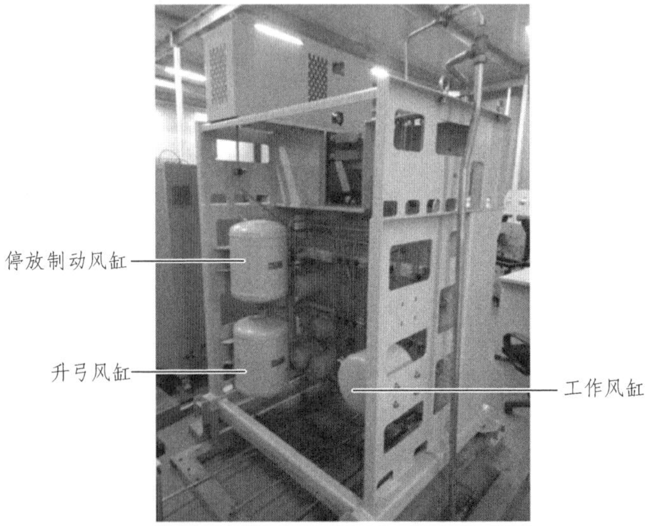

（b）制动柜背面

图 6-9　制动柜正面与背面结构图

1. 列车/均衡控制模块

列车/均衡控制模块的主要功能是控制列车管的初充风和再充风、常用制动排风和紧急制动排风、列车管前后遮断等。列车/均衡控制模块由中继阀、紧急阀、紧急放阀、遮断阀、流量计、转换阀、调压阀、电空阀、传感器、塞门及气路板等部件组成，该模块中还包含两个小模块，即电空阀集成模块和均衡控制模块。

1）均衡控制模块

均衡控制模块是采用高速电空阀、压力传感器以及 PWM 脉宽调制方式实现对压力精确控制的 EP 闭环模拟控制模式，均衡风缸升压、减压速度都符合 TB/T 2056 的相关规定。

在 EP 闭环模拟控制模式下，制动控制单元接收大闸发出的均衡风缸目标值命令，比较目标值与压力传感器反馈的均衡风缸实时压力值，通过对进、排气高速电空阀的 PWM 控制，达到精确控制均衡风缸压力的目的。

保护电空阀可以确保系统失电时均衡风缸的自动减压排风，实现失电常用制动。

2）中继阀

中继阀是常用制动与缓解时制动管压力控制的执行元件，它根据均衡风缸的压力变化来控制列车管的压力变化，从而完成列车的制动、保压和缓解。中继阀主鞲鞴的动作灵敏度为 10 kPa。

3）电动放风阀

制动机设置了两个电动放风阀，它接受电磁阀的控制，紧急制动时迅速打开制动管排大气的通路，确保实现紧急制动时制动管的压力迅速下降。

4）紧急阀

紧急阀在检测到制动管压力迅速下降时动作，一方面开通制动管通大气的通路，加快列车管的排风，提高紧急制动灵敏度和紧急制动波速；另一方面同时接通列车分离保护电路，使列车紧急制动的作用更可靠。

2. 制动缸控制模块

制动缸控制模块的主要功能是根据系统指令输出制动缸压力，实现预控风缸闭环控制、电子分配阀和空气分配阀切换、机车单缓等功能，它还包含一个小模块，即闸缸预控模块。

1）分配阀

分配阀是 DK-2 型机车制动机的重要部件之一，它根据列车管压力空气的变化来改变容积室的空气压力，从而间接控制机车制动缸的制动、缓解和保压。

分配阀主要由阀体、主阀部、均衡部、紧急增压部组成；另外还设置了工作风缸、容积室等。

2）电子分配阀

电子分配阀与均衡风缸控制模块类似，实现制动缸预控压力的数字化闭环控制。

3）重联阀

重联阀能使乘务员只需操作本务机车制动机，就能保证重联机车的制动与缓解作用与本务机车协调一致。

3. 制动控制单元 BCU

BCU 是制动机的核心控制部件，如图 6-10 所示。它用来实时、快速地处理制动机模拟量、网络通信数据以及制动机信息化数据，实现机车制动机控制、状态监控及故障诊断、显示、报警、数据记录存储、网络通信等功能。为了和 CCU 交换制动系统的信号，BCU 与 CCU 的接口通过 MVB 连接进行通信；采用 CAN 总线实现制动机内部显示设备之间的通信。

图 6-10　制动控制单元 BCU

1）故障诊断与安全导向

BCU 具备制动机状态实时监测、故障自动诊断功能，并将故障按其严重程度进行分级，根据不同级别采用不同的处理策略，这些策略包括数据记录、信息提示、自动实施常用制动或紧急制动等处理机制。

2）数据记录与存储

BCU 具备数据记录与存储功能。对于制动指令数据、压力与流量值、网络通信数据、故障信息、关键部件（如塞门与重联阀的位置）的状态信息以及制动控制单元的输出信息等内容，可通过 BCU 的 USB 接口将存储的上述数据导出，供地面分析使用。

4. DK-2 型制动机的结构框图

DK-2 型制动机的结构控制框图如图 6-11 所示。

机车制动缸的压力控制由分配阀的均衡部根据制动缸预控压力来完成。最后由 CCU 决定分配阀均衡部控制的制动缸压缩空气能否进入制动缸。

制动缸的预控压力由电子分配阀与分配阀的主阀部分别完成。正常工作时由 BCU 根据制动管的压力变化和小闸的手柄位置控制电子分配阀完成制动缸预控压力的数字化闭环控制。当电子分配阀故障、制动系统无电时，由分配阀作用部来完成制动缸预控压力的控制。紧急制动时由分配阀主阀部与紧急增压阀部共同完成制动缸预控压力的 450 kPa 的控制。

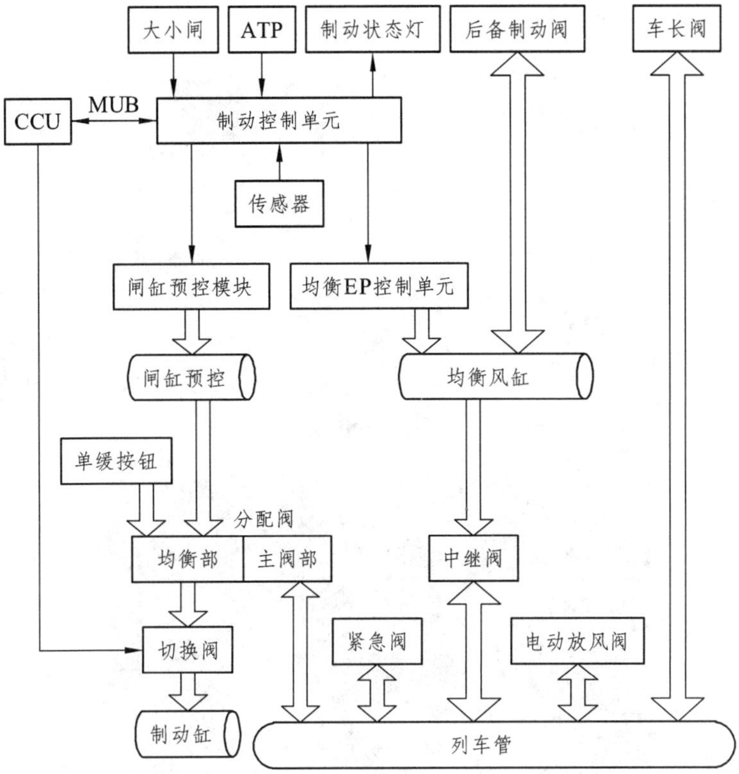

图 6-11　DK-2 型制动机的结构框图

制动管的压力在常用制动与缓解时由中继阀根据均衡风缸的压力变化来自动控制。紧急制动时，由电动放风阀和紧急阀配合实现制动管压力在 3 s 内迅速下降至零。在制动管压力控制失灵的紧急情况下，由司机拉下车长阀实现制动管压力迅速下降，以确保行车安全。

均衡风缸的压力在正常情况下由 BCU 根据大闸手柄位置来实现均衡风缸控制模块的数字化闭环控制。当均衡风缸控制模块故障时，制动机转入“备用制动”模式，由备用制动阀来完成均衡风缸压力的简单控制。

第二节　DK-2 型制动系统的操作说明

DK-2 型制动系统的操作主要包括制动机运行模式设置和显示屏操作。

一、制动机运行模式设置

闭合电空制动电源约 40 s，待制动机状态指示灯长亮后，将电空制动控制器自动制动手柄置于重联位 3 s，如传感器及电空阀无故障，制动机将被激活。

1. 内重联模式（作为主机牵引）

当机车牵引客车或货车时，机车以内重联模式运行。操纵节制动显示屏上钮子开关的信息栏显示：不补风、空联投入、ATP 投入、定压 500 kPa（600 kPa），同时显示屏流量表上方显示“本机”字样，如图 6-12 所示。

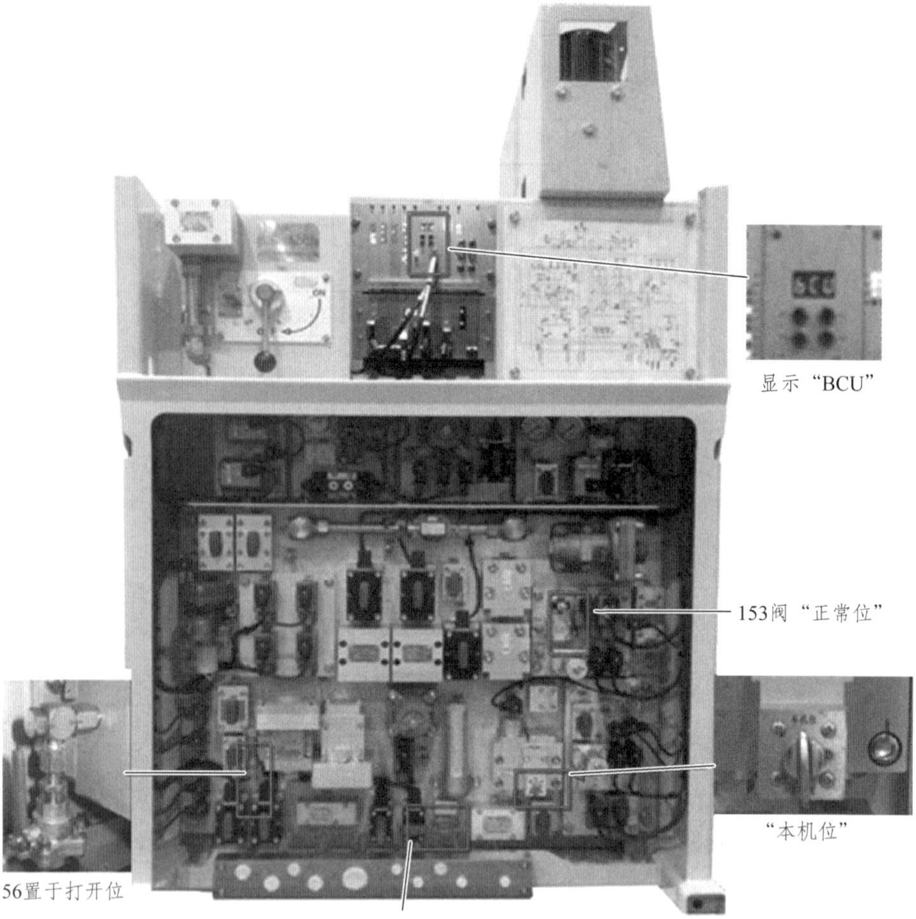

图 6-12　内重联本务机车制动柜状态

非操纵节制动显示屏上钮子开关的信息栏显示：不补风、空联投入、ATP 投入、定压 500 kPa（600 kPa），同时显示屏流量表上方显示“补机”字样。

（1）非操纵节大闸置重联位、小闸置运转位，并拔出制动控制器的钥匙。

（2）操纵节制动柜上：

① 重联阀转换按钮置于“本机位”（若需转换位置，须先将转换按钮向里推，然后再转动 180° 到所需的位置后松开）。

② 分配阀缓解塞门 156 置于打开位。

③ 转换阀 153 置于“正常位”。

④ 无火塞门 155、无火安全阀塞门 139 处于关闭位，其他所有塞门都应开通。

⑤ 制动控制单元 BCU 数码管将显示“BCU”。

2. 外重联模式

当机车以外重联模式运行（和前部机车连接列车管、平均管、总风联管），机车作重联补机时，需在两节机车上进行以下操作：制动柜重联阀上的转换按钮打到“补机位”，分配阀 156 塞门置于关闭位，大闸置重联位，小闸置运转位，闸位锁定后将钥匙取出。

操纵节制动显示屏上钮子开关的信息栏显示：不补风、空联投入、ATP 投入、定压 500 kPa（600 kPa），同时显示屏流量表上方显示“补机”字样

注意：如果重联补机的某节机车制动机处于空气位或电空位但无电空制动电源，还应将该节机车中继阀列车管塞门 115 关闭。

3. 后备制动模式

后备制动操纵方式是作为“电空位”故障后的一种应急补救操纵措施，以免在区间途停而影响线路正常运行。在该位操纵时，不具备“电空位”操纵时齐全的功能，后备制动具有制动位、中立位、缓解位 3 个操作位置，只能保证全列车的制动、保压、缓解的基本功能，如图 6-13 和图 6-14 所示。

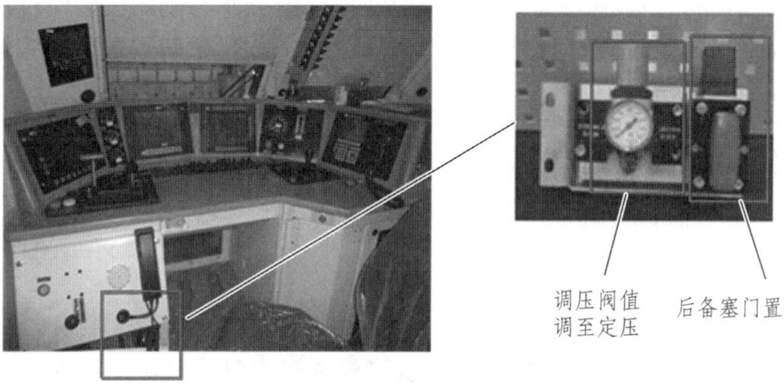

图 6-13　司机室后备模块设置

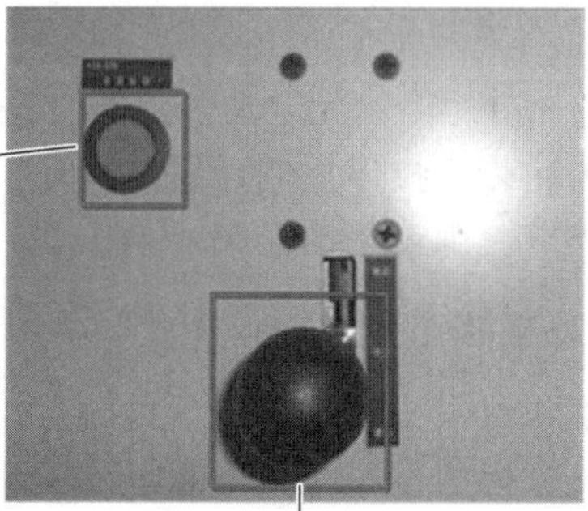

图 6-14　后备制动操纵设备

1）司机室后备模块设置

将操纵节司机室后备制动模块上的后备塞门打开，电源柜制动机电源断电。

2）制动柜设置

将操纵节制动柜上的 153 转换阀由“正常位”转到“空气位。

3）试闸

操作后备制动控制手柄，对机车进行制动（将手柄往上推）和缓解（将手柄往下压），调节后备制动调压阀，使其输出压力为列车管定压，按压后备制动单缓按钮可以单缓机车。

4）操作注意事项

（1）操纵空气后备制动阀可对全列车进行制动、保压和缓解，单缓机车则要按单缓按钮。

（2）应将自动制动控制器和单独制动控制器手把放在运转位。

（3）需紧急制动时，可按压紧急按钮或者拉车长阀，同时将后备制动阀手把移放至制动位。

（4）因列车管具有补风作用，后备制动阀减压后放至中立位保压时，要注意监视列车速度的变化，防止长时间保压时车辆制动机自然缓解。

（5）如果非操纵节机车制动机处于空气位或电空位但无电空制动电源，还应将非操纵节机车中继阀列车管塞门 115 关闭。

因为空气位的制动机性能不齐全，不能长期使用，但可作为制动机电空位故障时的一种维持运行的补救操作措施，因此在操作时必须格外注意，做到正副司机密切协调，方能确保行车安全。

4. 无火回送设置及检查方法

无火回送时，无火回送机车制动、缓解由牵引机车控制，无火回送操作步骤如下（以下操作均在两节车上完成）：

1）确认停放制动缓解并切除停放制动

（1）将总风充至 600 kPa 以上，按压司机室停放缓解按钮，确认停放制动完全缓解（车下停放制动指示器完全变绿）。

（2）将操纵节大、小闸都置于运转位，将列车管充风至定压，缓解机车（操作前应确认机车已打好铁鞋）。

（3）关闭停放制动塞门 177，待单元制动器停放缸压力降为 0，观察停放指示器完全变红后，方可手动缓解停放制动（手拉停放制动缓解拉环），手动缓解后应检查机车所有制动器闸片和制动盘是否已经分离，确认手动缓解成功。

2）正确设置各塞门以及手柄

（1）将大闸手柄置于重联位、小闸手柄置于运转位，将制动控制器钥匙转至“关”并取出钥匙。将重联阀转换开关打向“本机位”。

（2）关闭以下各塞门：中继阀列车管塞门 115、紧急增压塞门 137 、第二总风缸隔离塞门 A10。

（3）打开以下各塞门：无火安全阀塞门 139、无火塞门 155、分配阀缓解塞门 156。

（4）制动系统断电。

3）检查试验步骤及方法

（1）连接牵引机车将无火机车列车管充至定压，闸缸压力应为 0，同时所有制动器闸片和制动盘应缓解分离。

（2）操作牵引机车列车管减压、充风，无火机车制动、缓解作用正常；在常用全制动与紧急制动工况下，无火机车制动缸压力应限制在 250 kPa ± 10 kPa。

（3）操作牵引机车列车管常用全制动，待无火机车制动缸压力稳定后，测量无火机车制动缸泄漏量应不超过 10 kPa/3 min，测试时间应大于 10 min。

二、制动显示屏操作

1. 制动显示屏

显示屏界面主要由“主界面”、“电空制动设置界面”、“维护界面”、“显示信息界面”等组成。通过触发主界面和子界面按键可进入各级子界面，各级子界面均设有“返回”、“主界面”按键，通过触发“返回”按键可返回上一级界面，通过触发“主界面”按键可返回显示屏主界面。

2. 显示屏欢迎界面

显示屏启动时即进入欢迎提示入口界面。当欢迎界面启动一段时间后，自动关闭欢迎界面进入主界面。

3. 显示屏主界面

显示屏正常启动时进入主界面，如图 6-15 所示。主界面的主要功能是：实现均衡风缸、总风缸、列车管、前制动缸、后制动缸等压力和流量参数的显示，制动机钮子开关状态信息、操作提示信息和故障提示信息显示及时间、日期和机车编号信息显示。主界面上设置有“电空制动”按键和“显示信息”按键，可通过触发按键进入相应的子界面。

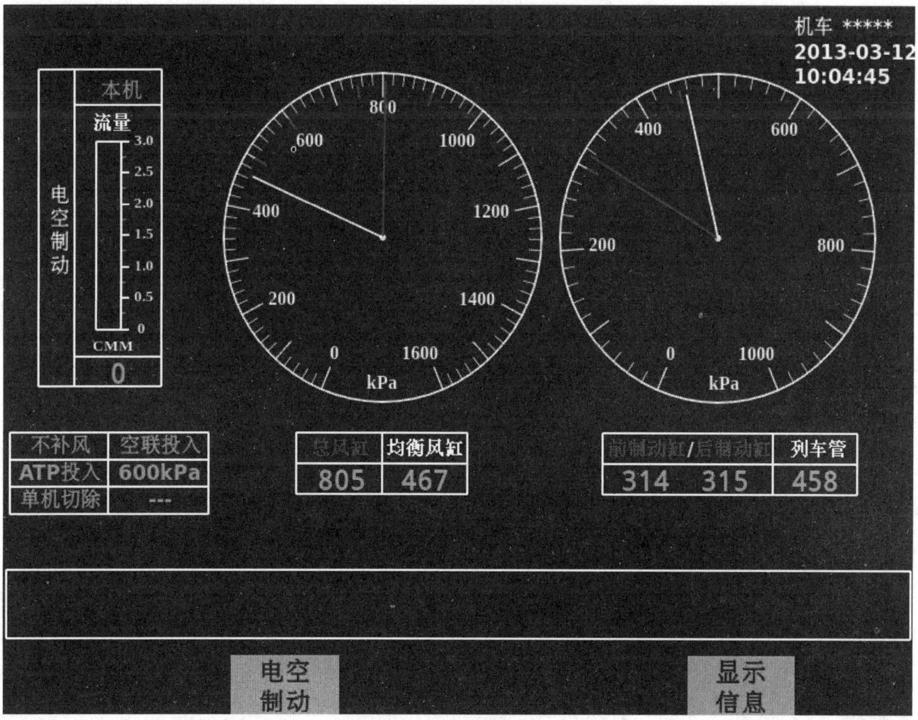

图 6-15 显示屏主界面

4. 电空制动设置界面

电空制动设置界面的主要功能是提示 BCU 面板钮子开关设置信息，界面上设有“确定”按键或“维护”按键和“主界面”按键。电空制动设置界面为两种方式触发：

（1）通过主界面电空制动按钮进入该界面。

（2）当钮子开关状态发生变化时，程序会自动跳转到该界面，而该界面只出现“确定”键，只有按下“确定”键才能进行其他操作。

5. 维护界面

在电空制动设置界面触发“维护”按键进入维护功能界面。维护界面的主要功能是显示维护菜单，说明各维护模块的功能，实现单机自检、事件记录、传感器校准功能子界面的连接功能。

1）事件记录

按下维护界面的“事件记录”按键，查看事件记录。事件记录显示列车事件/故障发生的日期和时间、事件/故障类型、事件/故障描述，可以上下翻页，每页显示 20 条记录，也可以通过设置时间，显示固定时间以后的所有事件/故障。

2）事件查询界面

当按下“查询”键，进入“事件记录”界面，通过左移、右移、递增、递减设置查询的时间，按下“确定”键，显示查询结果。

6. 显示信息设置

在主界面按下“显示信息”按键，进入显示信息界面，该界面作为机车编号、时间日期、语言、软件版本功能界面的入口界面。

1）机车编号设置

当按下显示信息界面的“机车编号”按键，进入机车编号设置界面。设置机车的编号，可通过“左移”“右移”“递增”“递减”按键设置，按下“确定”键，将设置的机车编号显示在主界面的右上方。

2）时间日期设置

当按下显示信息界面的“时间日期”按键，进入时间、日期设置界面。设置时间、日期，同样通过“左移”“右移”“递增”“递减”按键设置，按下“确定”键，将设置的时间、日期显示在主界面的右上角。

3）软件版本号显示

按下“显示信息”界面的“软件版本”选项，可以查看当前软件的版本号。

7. 亮度调节

制动显示屏支持屏幕亮度手动和自动调节，通过显示屏面板左侧的三个按键实现，即“+”“–”“A”键。当手动调节时，触发“+”“–”按键；当自动调节时，触发“A”按键。

第三节　DK-2 型制动系统的故障处理

一、故障处理分类

DK-2 型制动系统与一般机车空气制动系统在结构、性能及操作等方面有较大的不同，故障的性质与特征也不相同，造成故障的原因也较为复杂，一般可分为控制电路故障、阀类部件故障、管路及连接部分故障及操作不当这四个方面的故障。

1. 控制电路故障

DK-2 型机车制动系统的操纵与转换控制系统采用电控方式，因此常出现一些控制电路故障。例如：接线头、插座、插头的虚接和电子元件的虚焊会造成控制功能的错误；而开关接点不良，电空阀线圈断路和控制导线的短路、接地等会造成执行部件不动作。

2. 阀类部件故障

在 DK-2 型机车制动系统中，阀类部件的故障会直接影响到气路的作用。这类故障大多是发生在阀类部件内的滑动件上。例如：由于缺少油脂润滑，各种鞲鞴和分配阀的滑阀、节制阀会出现卡滞，造成风路不能沟通；由于动作频繁和老化等原因，弹簧件会失效，影响阀类部件的正常动作，橡胶件会出现龟裂造成窜风和漏风，使阀类部件不能动作或性能下降。同样，阀类部件内的小孔堵塞也会影响阀类部件的作用。

3. 管路及连接部分故障

这类故障的现象一般比较明显，主要表现为堵塞和泄漏，也有部分阀座内部暗孔内泄引起的窜风。例如：管道内部混合的机械杂质会在管道弯曲部分或变径处造成堵塞，而管接头和部件安装面则常会发生泄漏现象。

4. 操纵不当造成的故障

DK-2 型机车制动系统是一个比较复杂的系统，司机在使用机车前，必须全面学习并掌握 DK-2 型机车制动系统的功能与作用，并按照制动系统的操作方法来操纵机车，如果违反操作方法或操作不当，也会使制动系统出现故障。例如：塞门开闭不对，重联装置位置不对，非操纵端大闸及小闸的手柄位置不对，后备制动塞门位置不对，都将使制动系统不能正常工作。

二、故障处理方法

首先，必须熟悉 DK-2 型机车制动系统的控制电路和空气管路，而且要熟悉各部件的内部结构、作用原理和制动机的操作方法，以便快速、准确地判断故障。

对机车制动系统所出现的故障大致判断一下，按分类方法将故障分类。例如：通过观察电空阀、压力开关动作是否正常，可以把故障区分成电路故障或气路故障。

对每一种故障现象，可以根据经验从最易发生故障的地方入手查找并处理故障；也可以根据分析，并按照电路或气路顺序一处一处查找并处理故障。

三、操作运用典型故障分析

1. 制动机启动后，操作大、小闸，制动机没有反应

（1）可能原因：① 大小闸电源开关未闭合；② 制动机未解锁。

（2）解决方法：① 闭合大小闸电源开关；② 确保非操作节大闸置于重联位，小闸置于运转位，机械锁闭钥匙被拔出。将操作节大闸置于重联位 3 s 解锁（注意制动显示屏上的提示）。

2. 制动机解锁成功后，大闸运转位，但列车管不充风

（1）可能原因：① 电空制动总风塞门 157 处于关闭位；② 中继阀列车管塞门 115 处于关闭位；③ 机车紧急制动按钮按下后，未手动复位。

（2）解决方法：① 将 157 塞门置开通位；② 将 115 塞门置开通位；③ 将机车紧急制动按钮手动复位。

3. 制动机解锁成功后，大闸运转位，均衡不充风

（1）可能原因：电空转换阀 153 置于空气位。

（2）解决方法：将 153 置于正常位。

4. 将大闸置于制动区，闸缸不上闸

（1）可能原因：① 制动缸塞门 119、120 处于关闭位；② 工作风缸初充风未充满。

（2）解决方法：① 将 119、120 塞门置于打开位；② 大闸置于运转位 90 s 以上，再进行制动操作。

5. 大闸紧急制动后，操作大闸至运转位，列车管不能充风（非单机模式下）

（1）可能原因：制动机紧急锁未解除。

（2）解决方法：机车紧急制动而且机车速度为零时，制动显示屏将提示紧急解锁倒计时，倒计时 60 s 后，需将大闸手柄置于紧急位然后回运转位充风解锁（注意制动显示屏上提示），由其他原因引起的机车紧急制动也需上述同样操作来解锁。

6. ATP 或 CCU 发出惩罚制动，制动机施加惩罚制动后，列车管无法缓解至定压

（1）可能原因：① 惩罚源没有消除；② 制动机惩罚锁未解除。

（2）解决方法：

① 确保惩罚源消除，如果惩罚源一直存在而且机车需要临时动车，可以临时将 BCU 的 ATP 钮子开关拨至“ATP 切除”以切除惩罚源。

② 如需解除惩罚制动，首先惩罚源必须消除，同时需要将自动制动手柄置于重联位 3 s，制动机才能完成解锁。

7. 制动柜中电动放风阀 94 或电动放风阀 98 排风不止

（1）可能原因：① 机车紧急制动按钮按下后，未手动复位；② 电动放风阀 94 或电动放风阀 98 故障。

（2）解决方法：

① 将机车紧急制动按钮手动复位。

② 电动放风阀 94 故障可通过关闭塞门 117 隔离，电动放风阀 98 故障可通过关闭塞门 118 隔离。塞门 117 或 118 关闭，显示屏会有相应提示。

8. 制动显示屏提示“请确认钮子开关状态”消息

（1）可能原因：人为改变 BCU 钮子开关状态。

（2）解决方法：当制动显示屏上出现“请确认钮子开关状态”消息提示，确认钮子开关状态后，在操作端显示屏上按“确认”键。如未按下“确认”键，制动显示屏将不会出现其他消息提示，以免影响制动机正常操作。

第七章　列车监控诊断与新型行车安全设备

第一节　LKJ-15 型列车运行监控记录装置

列车运行监控记录装置是以保障列车运行安全为主要目标的列车超速防护设备，在实现安全速度控制的同时，采集、记录与列车运行有关的各种机车运行状态信息，促进了机车运行管理监控的自动化。原 LKJ2000 型监控装置采用车载主机预先存储地面线路数据的控制方式，在运行时根据列车所处位置，按顺序调取车载存储线路数据，按列车信号显示状态并根据列车速度、距前方信号机距离实时计算控制模式曲线。当列车速度超过控制模式限速时，监控装置实施报警、卸载、常用制动及紧急制动控制，防止列车越过关闭的信号机或超过各种限制速度。

LKJ-15 型列车运行监控记录装置是新一代升级产品，吸取了 LKJ2000 型监控装置的成熟技术经验，在技术等级、功能、性能和可靠性等方面都有了较大程度的提高，并且在功能扩展性和各项技术设备的接口配合方面均做了优化设计。新型 LKJ-15 型列车运行监控记录装置不仅采用预先存储地面线路数据，能支持全路 LKJ 车载基础数据的存储，而且支持无线接收线路应答器提供基础数据方式，能够满足列车在不同线路上的运营要求。本节介绍 LKJ-15 型监控装置的主要功能和应用。

一、LKJ-15 型监控装置的基本组成及技术特点

1. 基本组成

LKJ-15 型监控装置主要包含主机单元、DMI 扩展单元、应答器信息接收单元、轨道电路信息读取单元（机车信号）、压力传感器、速度传感器、隔离模块等。根据运用需求，可增配雷达传感器、司法记录器。其结构框图如图 7-1 所示。

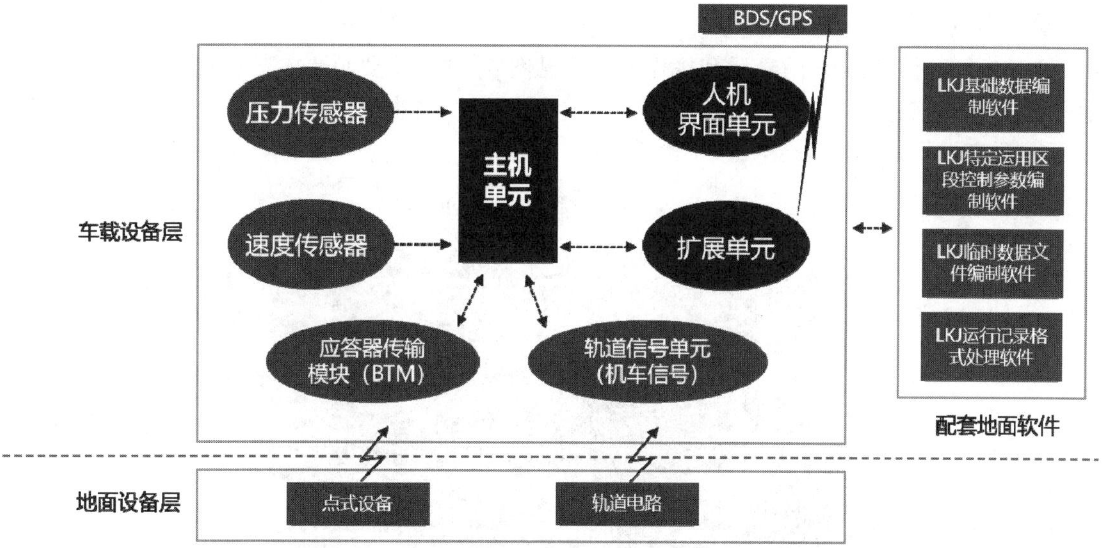

图 7-1　LKJ-15 型列车运行监控装置的结构框图

1）主机单元

主机单元是 LKJ-15 型车载系统的核心，通过接收的轨道电路信息、点式设备信息、列车状态信息及人机交互指令信息，结合车载预存或地面应答器提供的线路基础数据，依据列车制动属性，完成目标距离模式曲线计算，监控列车安全运行，同时记录列车运行相关信息。其车载设备框图如图 7-2 所示。

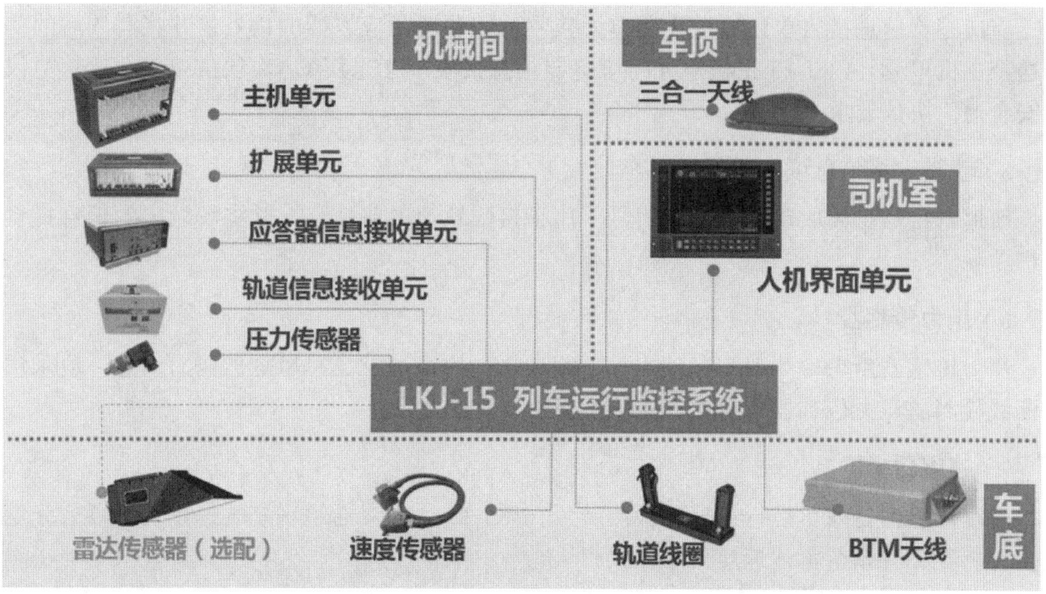

图 7-2　LKJ-15 型监控装置的车载设备框图

2）扩展单元

扩展单元包括开关量信号采集、BDS/GPS 信息接收、车地无线通信及对外通信接口等。

3）DMI

DMI 单元是 LKJ-15 的显示和操作中心（见图 7-3），主要负责参数和信息输入，控制信息及运行状态信息显示，揭示载入，控制指令输入；控制曲线，线路情况及列车速度等信息显示；语言提示等功能。

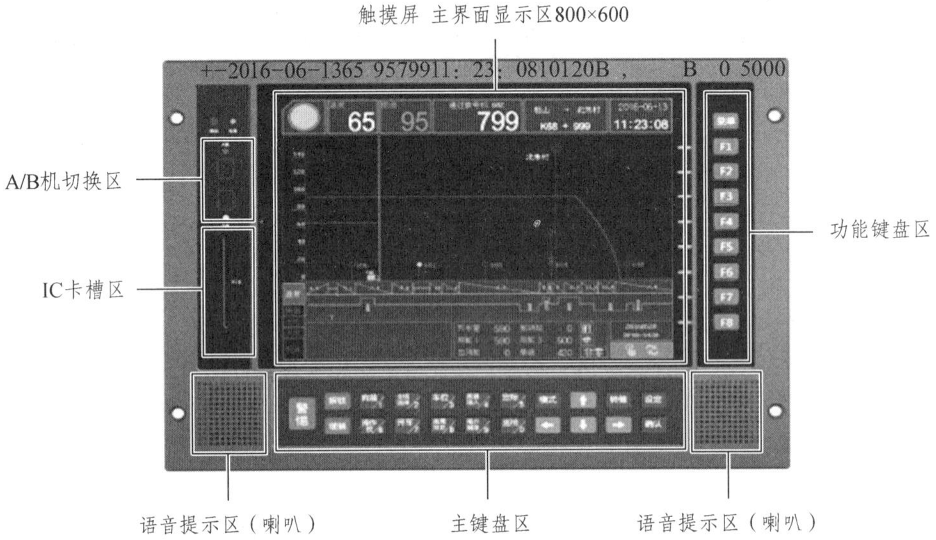

图 7-3　DMI 单元界面

4）应答器信息接收单元

应应答器信息接收单元通过天线单元接收、解调地面应答器的信号，并将解调后的信息传送至主机单元。LKJ-15 主机单元与应答器信息接收单元采用 CAN 通信接口，通信协议符合安全通信协议要求。

5）轨道电路信息读取单元（机车信号）

轨道电路信息读取单元（机车信号）用于接收轨道电路信息，并将解调出的信息提供给主机单元。

6）压力传感器

压力传感器用来检测列车制动主管、制动缸、均衡风缸、总风缸的压力信息。应采用支持断线检测的压力传感器，按冗余方式配置。

7）速度传感器

速度传感器是列车运行速度的检测装置，LKJ-15 适配六通道霍尔式速度传感器或光电式速度传感器，并预留雷达速度传感器接口。

2. 技术特点

1）高安全性

LKJ-15 系统采用二乘二取二安全计算机，系统安全完整性等级达到国际铁路标准 SIL4

级；制动输出部分采用符合 EN50205、EN61810-1 标准的安全继电器，信号的采集和输出均使用双系冗余，提升了接口的安全性；关键部件间的通信符合 ISO／IEC 10118-3 标准的硬件加密机制；对外通信接口采用一对一独立通信，同时结合软件加密认证策略等手段，保障系统通信安全。

2）高可靠性

关键插件和模块均为双套冗余，克服了 LKJ2000 简单冗余设计的痼疾；系统高度集成化，大幅减少了系统内接插件数量，系统结构更趋于优化；采用非接触式安装的霍尔式转速传感器和二线制电流型压力传感器，提升了系统测速测距和压力采集的可靠性；系统各单元间通信采用 UL 认证标准的高性能汽车级隔离集成芯片器件以及 360° 全屏蔽技术的通信线缆，通信抗干扰能力强。

3）功能升级

表 7-1 所示为是 LKJ-15 型与 LKJ2000 型列车运行监控装置性能的对比，主要表现在以下几个方面：

（1）适应线路广。同时支持车载计算机预存基础数据和应答器提供基础数据两种方式，能够满足列车在不同线路上的运行要求。

（2）交互功能更优。优化人机交互界面，增加根据站点自动筛选运行径路、特定车次自动关联车站、运行径路以及引导性支线选择等功能。

（3）控制模式更精准。LKJ-15 系统在揭示控制、岔群控制、股道控制、应答器信息应用等方面均进行了优化调整与提升。

（4）接口更丰富。增加了总风缸压力采集接口，预留 CMD、司法记录器等设备的接口。

表 7-1　LKJ-15 型与 LKJ2000 型列车运行监控装置性能对比表

名称与内容	LKJ-15	LKJ2000
安全计算机架构	二乘二取二 SIL4	双机热备冗余
DMI 架构	双模冗余	单机
主机与 DMI 通信速率	100 Mb/s	0.5 Mb/s
基础数据存储容量	128 MB	2 MB
记录存储容量	128 MB	1.75 MB
记录密度	高	低
速度通道数	4 路	3 路
压力通道数	5 路	4 路
工况通道数	16 路	8 路
DMI 分辨率	800×600	640×480
按键寿命	>100 万次	>10 万次
触摸屏	有	无

二、监控装置的控制模式

无论是 LKJ-15 型还是 LKJ2000 型列车运行监控装置，它们的监控参数选取和监控模式设计是相同的，用在动车组上的列车监控装置主要有下面几种监控模式。

1. 正常监控模式

动车组司机进行有效参数设定并按压【开车】键后，监控装置进入正常监控模式。

正常监控模式下，监控装置采用车载主机预先存储的地面线路数据顺序调用的方式，结合动车组自动信号显示状态（或前方临时限速）并根据列车运行速度、距前方信号机距离（或前方临时限速位置）实时计算控制模式曲线。当列车速度超过控制模式限速时，监控装置实施报警、卸载、常用制动及快速制动控制，防止列车越过关闭的信号机或超过设置的各项允许速度。

2. 降级 ZTL 控制模式

在下列情况下，监控装置进入降级控制模式：① 开机后自动进入降级状态；② 设定完成未按压【开车】键前；③ 监控数据终止时；④ 读监控数据错误时；⑤ 退出“动车组信号故障”模式时。

ZTL 模式控制方式如下：

（1）进行信号。运行中，动车组自动信号为进行信号、监控装置转入降级时，模式按延迟 2 000 m 后限速 60 km / h 控制。2 000 m 延迟距离未走完且运行速度达到 60 km / h 时实施周期报警，报警方式为 4 s 间隔、7 s 连续报警。按压【警惕】键应答解除报警。2 000 m 延迟距离走完后，限速按 60 km / h 控制。

（2）关闭信号。运行中，动车组自动信号为关闭信号（含白灯）、监控装置转入降级时，模式按延迟 800 m 后限速 20 km / h 控制。800 m 延迟距离未走完且运行速度超过 5 km / h 时，实施周期报警，报警方式为 4 s 间隔、7 s 连续报警。按压【警惕】键应答解除报警。800 m 延迟距离走完后，限速按 20 km / h 控制。

（3）降级状态下动车报警。降级状态（非调车、出入库）下，如动车组自动信号显示停车信号（含白灯）且运行速度超过 5 km / h 时，监控装置实施周期报警，报警方式为 4 s 间隔、7 s 连续报警，司机在 7 s 内未按压【警惕】键进行应答操作时，监控装置实施紧急制动。

3. 调车控制模式

按压【调车】键、输入专调车次或在平面调车状态时，监控装置自动转入调车监控模式。

普通调车控制模式的最高限制速度为 40 km / h。

限制速度值 – 实际速度值≤0 km / h 时，语音提示报警。

限制速度值 – 实际速度值≤ – 1 km / h 时，解除动车组牵引力。

限速速度值 – 实际速度值≤0 km / h 时，实施 7 级常用制动控制。

限制速度值 – 实际速度值≤ – 5 km / h 时，实施紧急制动控制。

在调车、降级、出库和出站控制模式下，没有 1、4 级常用制动，只有 7 级常用制动控制。

4. 非正常行车控制模式

1）走停走控制模式

在自动闭塞区段，当分区信号机前动车组自动信号显示停车信号时（模式曲线在信号机前限速为 0），列车在该信号机前停车 2 min 后监控装置自动解除停车控制模式。列车起动后，监控列车以最高不超过 20 km / h 的速度运行到次一架信号机，按其显示要求监控列车运行。

2）路票行车模式

在该模式下，监控装置解除对列车所在线路的出站（发车进路）信号机和下一站间所有分区通过信号机的停车控制功能，运行至接车站进站信号机前，按其对应的动车组信号显示要求监控列车运行，并按该次列车交路最高允许速度的 80% 自动调整最高限制速度。

3）绿色许可证行车模式

在该模式下，监控装置解除列车在本架信号机的停车控制功能，监控列车最高以不超过 45 km/h 的速度运行通过出站道岔。

4）引导行车模式

（1）自动引导。在进站（接车进路）信号机前，动车组自动信号显示半黄半红闪灯信号，监控装置 SD1、SD3 指示灯闪烁时，监控列车以不超过 20 km/h 的速度通过该信号机。

（2）普通引导。在进站（接车进路）信号机前，动车组自动信号显示半黄半红灯或白（红）灯，当列车运行速度低于 20 km/h 时，允许司机按压【解锁】键解除停车控制模式；监控列车以不超过 20 km/h 的速度越过进站（接车进路）信号机。

（3）特定引导。特定引导的进站（接车进路）信号机前，列车运行速度低于 60 km/h 时，允许司机顺序按压【开车】键、【解锁】键解除对该信号机的停车控制功能；监控列车以不超过 60 km/h 的速度通过该进站（接车进路）信号机。

（4）地面信号确认。司机确认地面信号机显示绿灯、绿黄灯，动车组信号显示双黄灯时，进行相应操作后，监控装置解除自列车接近的信号机至次一架信号机前的动车组信号掉白（红）灯的停车控制；动车组信号接收到次一架信号机的显示后，按其显示要求监控列车运行。

5）机车信号故障模式

动车组按信号故障模式运行时，显示屏显示“机车信号故障”字样，监控装置不再按动车组信号显示监控列车运行，对客运列车按该次列车交路最高允许速度的 80% 监控列车运行。

5. 其他控制模式

（1）补机控制模式。动车组无补机状态。

（2）故障交权模式。当监控主机中 A、B 机同时故障时，故障指示灯点亮，显示器发出故障报警，要求司机在 3 min 内关断主机电源，否则实施快速制动。

（3）防溜控制模式。监控装置设有手柄防溜控制模式，防溜控制模式只在监控状态下有效，调车和降级模式下取消防溜控制功能。当动车组未加载由停车状态动车，速度≥3 km / h 或者移动距离≥10 m 时，装置连续语音提示“注意防溜”。如未按键应答或加载时，10 s 后实施快速制动控制。

第二节　TAX2 型机车安全信息综合检测装置

TAX2 型机车安全信息综合监测装置（如图 7-4 所示）给轨道动态检测设备、弓网检测设备、机车语音录音设备、TMIS 及 DMIS 列车运行信息传输设备和轴温监测设备提供了公用信息平台，由该工作平台中的通信记录单元一方面实时获取监控装置采集到的时间、千米标、速度、车号和车次等统一基准的重要列车运行信息，向 TAX2 主机箱内各功能模块单元发布广播信息，另一方面综合各功能模块单元检测到的信息进行记录，记录的格式与 LKJ2000 型监控装置的数据记录格式相同，可以用监控装置转储设备进行数据的转储，并利用其地面处理软件系统进行地面分析处理和数据管理。另外，通过装置中的信息传输单元（如 TMIS 单元、DMIS 单元），可以将列车运行的信息实时传送给有关地面设备，以便实现对机车的动态跟踪管理，提高机车的周转率和利用率。该装置既解决了所有检测信息以统一时间、千米标作为基准坐标记录的问题，又解决了数据的转储、分析管理和车地信息传输问题，同时也节约了资源和便于对设备的统一维护。

图 7-4　TAX2 型机车安全信息综合监测装置

一、TAX2 装置的组成及结构

TAX2 装置采用符合 GB 3047.2 和 GB 3047.4 机械尺寸要求的 4U 标准机箱及插件单元式结构，机箱面板宽 60R。它以电源单元、通信记录单元作为基本单元配置，其他已开发的功能单元有：轨道检测单元、弓网检测单元、TMIS 单元、DMIS 单元、无线列调语音录音单元；另外，预留 4 个单元位置用于备用功能单元的扩展。机箱各单元布置见图 7-5。

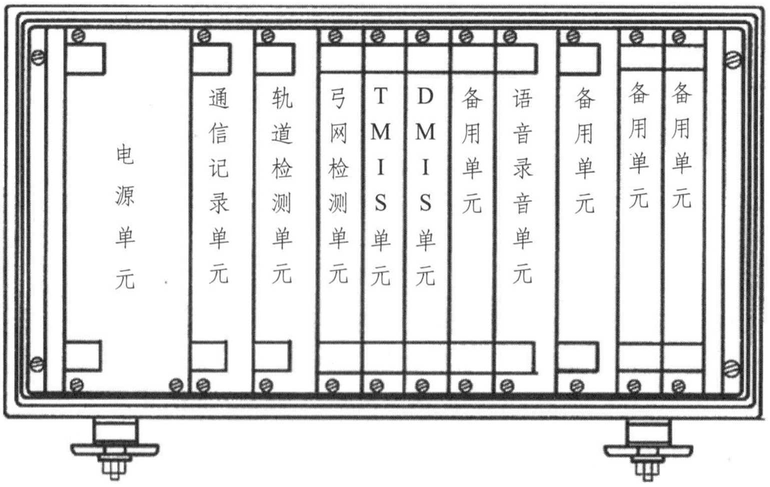

图 7-5　TAX2 装置机箱各单元的布置

二、TAX2 装置各单元的功能

TAX2 装置的系统结构框图如图 7-6 所示。

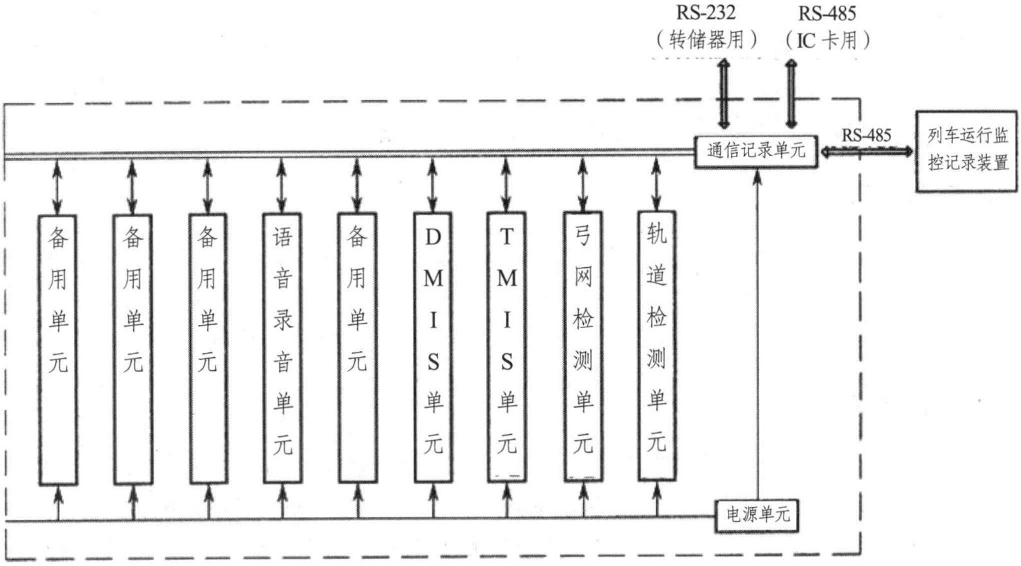

图 7-6　TAX2 型机车安全信息综合监测装置的系统框图

TAX2 装置内部采用由电源单元集中供电的方式，由电源单元提供 + 5 V、± 12 V、+15 V、+ 24 V、+ 110 V 电源给各单元的电路及其相关外部设备（如：传感器、机车标签等）供电。各单元选用任何一种电源均必须采取 DC-DC 变换器等方式与系统电源隔离，以提高系统电源工作的可靠性。通信记录单元为 TAX2 装置的核心，通过它获取监控装置的运行信息，完成对各功能单元反馈信息的记录及对外数据转储的功能。TAX2 装置中除电源单元外，其余各单元均带有单片机和通信接口。因此，TAX2 装置是一个带有多级串行通信的多计算机系统。

TAX2 监测装置以电源单元和通信记录单元作为基本配置，其他单元可根据不同功能选配。下面介绍各选配单元的功能。

1. 轨道检测单元

本单元用于机车运行时动态检测轨道的技术状况。其基本原理是通过安装在机车上的振动传感器检测机车在运行时的横向和垂向加速度值，在对其进行分析处理后得出机车在运行轨道上的晃动等级，从而判定相关地点的轨道状况。本单元还将横向超限和垂向超限的时间、地点、加速度值等数据实时反馈给通信记录单元进行记录，以便地面进一步分析和及时对轨道设备进行维护。

2. 弓网检测单元

本单元用于电力机车运行时动态检测弓网的技术状况。本单元对由拉出值和硬点冲击超限检测传感器检测到的拉出值超限、硬点冲击超限等信号进行处理，同时能及时检测到电力机车在运行线路上的弓网状态，并将确定的拉出值和硬点冲击超限点的时间、线路千米标、速度等信息实时反馈给通信记录单元进行记录，以便地面进一步分析和及时对弓网设备进行维护。

3. TMIS 单元

本单元是机车标签写入单元，它的主要功能是从监控装置获取车次、车号、本/补、客/货、时间、千米标等列车运行信息，并实时传送给车号识别系统中的机车标签设备，再由车号自动识别系统的地面识别设备和管理设备传送给 TMIS 系统，完成 TMIS 系统对机车的动态跟踪管理。

4. DMIS 单元

本单元是 DMIS 工程无线车次号校核系统的车次等信息的传输源。它的主要功能是将从监控装置获取的列车运行时间、千米标、车次、信号机编号和速度等信息经调制后，通过机车电台传输到车站地面电台，再传送给 DMIS 系统，完成对机车的调度管理。

5. 语音录音单元

语音录音单元是无线列调语音录音装置的车载设备。该单元将机车乘务员通过列车无线调度电话进行的收/发语音信号，按数字压缩形式，并以从监控装置获取的时间、千米标作为基准坐标进行存储记录，再通过地面语音回放器来转储以及还原回放语音信号，以加强对“车机联控”的规范化管理。

6. 备用单元

本单元是预留的尚待开发的功能单元。HX_D 型电力机车大多选装 TMIS 单元、DMIS 单元、语音录音单元和机车信号通信单元。

第三节　机车车载安全防护系统

近年来，随着机车交路的不断延长、运行速度的不断提高以及牵引重量的不断加大，机车在运用现场的安全事故也时有发生，直接损失和间接损失巨大。例如，走行部轴箱轴承、电机轴承等故障；列车在运行中发生折角塞门非正常关闭引发的冒进、冲撞事故；机车高压绝缘破坏，引起接触网烧损，造成大面积停电；机车内部电线电缆短路、过热及其他原因引起的机车火灾；列车供电故障，造成列车不能正常出库、发车等，均严重影响了列车运用安全和运营秩序。虽然在机车上也先后安装了一些行车安全设备，但由于各监测设备在标准、功能、安装、人机界面、维护管理等方面不统一，无法纳入规范化管理和信息化处理网络，无法适应安全管理、跨局运用等现实需求。

一、6A 系统的功能定位及总体组成

机车车载安全防护系统（以下简称“6A 系统”）就是针对机车运行过程中危及安全的重要事项、重点部件和部位，在前期已有的各分散机车安全设备的基础上，采用实时检测、监视、

报警并实现统一功能接口、统一数据存储、统一安装方式、统一人机界面、统一维护操作，整体研究设计而形成的平台化的安全防护装置，用于提高机车防范安全事故的能力。6A 系统以 CMD 系统为传输平台，与车载计算机系统、LKJ 监控系统共同构成机车数据源，如图 7-7 所示。

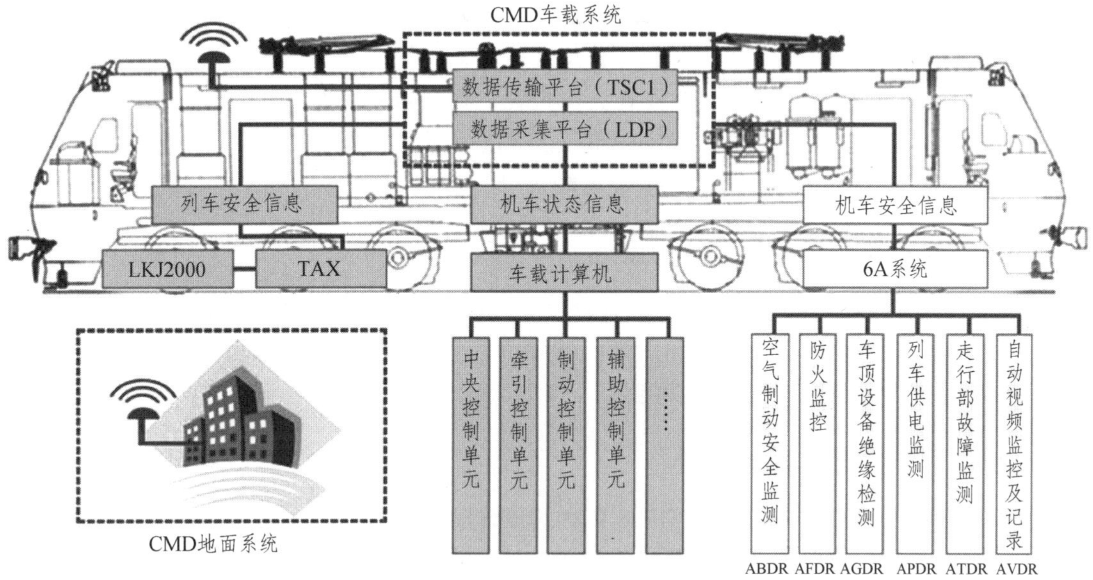

图 7-7 6A 系统与其他系统设备之间的关系框图

6A 系统主要由中央处理平台和机车高压绝缘检测子系统、机车防火监控子系统、机车自动视频监控及记录子系统、机车列车供电监测子系统、机车空气制动安全监测子系统、机车走行部故障监测子系统六个子系统构成，如图 7-8 所示。

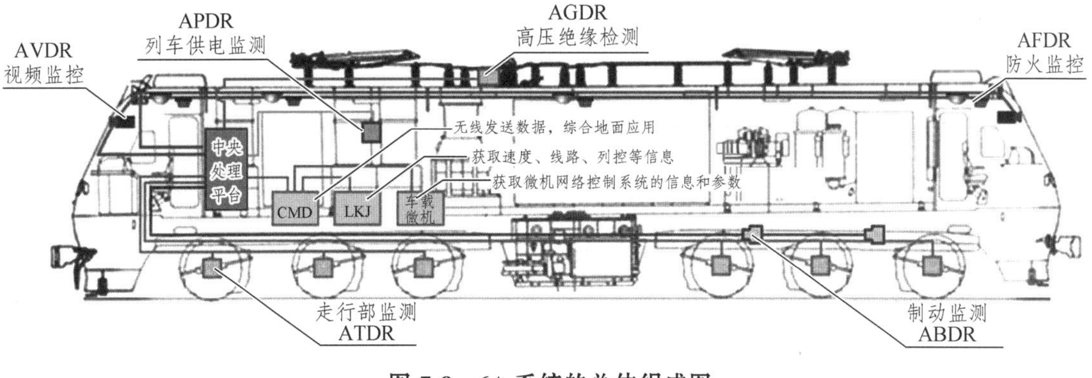

图 7-8 6A 系统的总体组成图

二、6A 系统的主要功能

1. 中央处理平台

中央处理平台（CPP）具有综合处理报警、安全信息存储、人机交互界面、平台统一供电、实时网络传输、双处理器冗余工作、监测子系统可扩展等功能。

2. 机车高压绝缘检测子系统

机车高压绝缘检测子系统（AGDR）具有升弓前对机车高压绝缘状态进行确认、记录高压绝缘测试数据、防止盲目升弓而引起接触网烧损等功能。

3. 机车防火监控子系统

机车防火监控子系统（AFDR）具有火灾报警、火情可视，在司机室、机械间等处布设烟温复合探头，在地板线槽内布设感温电缆，监测车内司机室、机械间等处温度、烟雾的变化，预防机车电气、油气起火事故发生等功能。

4. 机车自动视频监控及记录子系统

机车自动视频监控及记录子系统（AVDR）具有监控路况、司机室、机械间等处的视频图像，实现与防火系统的联动，视频图像存储和调用分析，通过记录司机操作、运行路况、机械间图像等进行辅助事故分析等功能。

5. 机车列车供电监测子系统

机车列车供电监测子系统（APDR）具有接地诊断（漏电流检测）、对机车及后部列车供电状态进行监测、列车供电状态及故障记录，可在机车出库、挂车、运行过程中对列车供电状态进行实时监测，实现列车供电系统故障分析和报警等功能。

6. 机车空气制动安全检测子系统

机车空气制动安全检测子系统（ABDR）具有列车折角塞门非正常关闭监测、机车停放制动非正常施加监测，预防列车因折角塞门关闭、制动失灵引起的行车事故，预防机车意外带闸行车事故等功能。

7. 机车走行部故障监测子系统

机车走行部故障监测子系统（ATDR）具有走行部轴承温度和冲击监测，通过振动谱分析，检测走行部轴箱轴承、电机轴承和踏面的早期故障，以降低走行部事故的发生等功能。

三、6A 系统的显示界面

在正常情况下，为了不干扰司机操作，6A 系统的显示终端主界面仅显示时间（如图 7-9 所示）；可根据需要选择查看司机室司机操作的图像（如图 7-10 所示）。

当发生报警后，主界面自动显示报警信息，并发出语音提示，司机可根据报警信息，选择查看相应子系统的详细数据（如图 7-11 所示）；假设前述发生走行部报警后，司机可查看各轴的温度和振动状态（如图 7-12 所示）。

当发生火灾报警后，主界面首先显示报警信息并发出语音提示，随后系统自动切换到火情发生部位的视频图像，便于司机及时观察和确认（如图 7-13 所示）。

图 7-9　6A 系统终端主界面

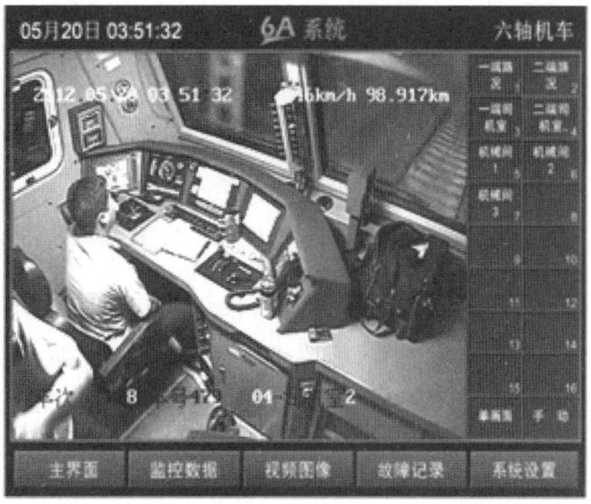

图 7-10　司机室司机操作的图像

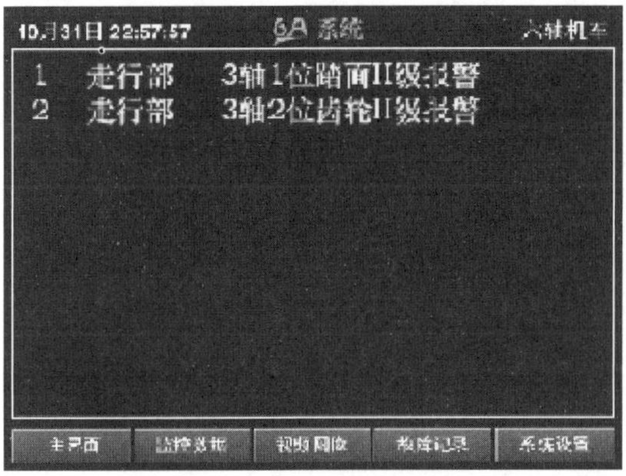

图 7-11 查看 6A 系统子系统的详细数据

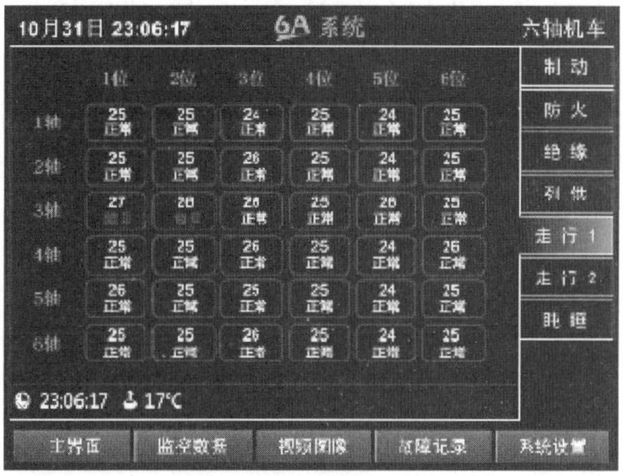

图 7-12　查看各轴的温度和振动状态

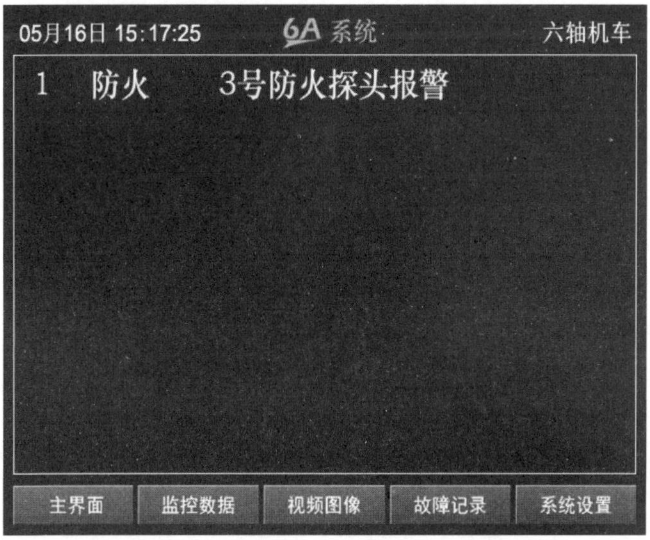

图 7-13　6A 系统发出火灾报警信息的界面

四、6A 系统的操作使用

司机上车后，将 6A 系统的电源空开（QA64）和监控系统的电源空开（QA56）闭合。司机台左侧的音视频显示终端会启动，并进入 6A 系统界面。用手指先点击一下屏幕，会在屏幕的下方显示操作界面按钮，此时可选择下列任意项操作：

（1）点击【监控数据】--【制动】按钮，显示速度值和风管压力值。

（2）点击【监控数据】--【防火】按钮，显示传感器和火灾报警。

（3）点击【监控数据】--【绝缘】按钮，检测时显示检测电压值。

（4）点击【监控数据】--【列供】按钮，显示列供状态及电压电流值。

（5）点击【监控数据】--【走行 1】按钮，显示所有轴位的温度值。

（6）点击【视频监控】按钮，显示各个通道的视频图像。

（7）点击【故障记录】--【本次上电】按钮，显示本次开电后发生的故障信息。

（8）点击【故障记录】--【历史故障】按钮，显示历史曾经发生的故障信息。

（9）按照《绝缘检测操作说明》进行高压绝缘检测（注：6A 系统的任何报警都不会控车）。

1. 绝缘检测

绝缘检测操作如表 7-2 所示。

表 7-2　6A 系统的绝缘检测操作

检测频率	1. 发生弓网故障或车顶高压设备故障，按程序在对故障检查处理后，必须进行车顶绝缘检测 2. 途中发生接触网跳闸、停电或机车网压为零停车检查处理后，必须进行车顶绝缘检测 3. 车顶高压设备缠绕异物，在清除异物或采取高压隔离相应端受电弓后，必须进行车顶绝缘检测 4. 库内停留机车在首次升弓前，必须进行车顶绝缘检测 5. 对电力机车车顶进行检修、检测后的机车在转入有电区前，必须进行车顶绝缘检测
环境要求	打雷、闪电等极端恶劣天气，不进行检测
检测要求	1. 机车电钥匙处于断开或拔出状态 2. 机车顶部及地沟无人，天窗处于关闭状态 3. 除照明和 6A 系统本身外，其他负载全部关闭
检测方法	1. 将控制气路柜上的蓝钥匙插入系统主机-绝缘检测板卡的钥匙孔中，拨到“开”位 2. 按下“出库检测”按钮，板卡屏幕会显示检测电压及结果 3. 检测完毕后，将蓝钥匙拨到“关”位，并拔出，放回原位
报警处理	1. 如遇到异常或绝缘报警，请将蓝钥匙拨到“关”位，至少 5 s 后再重新将蓝钥匙拨至“开”位，按照测试要求重新进行检测，以便确认检测结果 2. 如果最终确认绝缘低于报警阈值，绝缘检测装置处于报警状态，此时不得升弓

2. 数据下载

机车运行一个交路回到机务段整备时，需要将运行过程中记录的数据下载，并导入到“6A 地面专家系统”中，由相关技术人员进行数据查看分析，以便指导检修。

（1）将中央处理平台数据下载数字证书【license】文件放入 U 盘的根目录下即可，确认下载的时间天数。

（2）将 6A 系统开电，待 CPU 板卡显示出版本信息和时间信息后表示系统启动完毕。

（3）将被授权的 USB 硬盘插入 CPU1 板卡前面板的 USB 插孔中，被插入 USB 硬盘的 CPU 板卡液晶屏显示“CPU 下载...下载天数”字样。

（4）当 CPU 板卡液晶屏显示“CPU 下载...完成”时，即可拔出 USB 移动硬盘，下载完毕。（30 天的数据 10 min 左右即可下载完毕）

五、安装方案

现以 HXD3C 型机车为例，说明 6A 系统的安装配置情况（见表 7-3）。

表 7-3　HXD3C 型机车的 6A 系统安装配置情况

系　统	位　置	数 量	说　明
中央处理平台	6A 主机箱内	1 套	
制动监测子系统（ABDR）	6A 主机箱内	1 块	制动监测板卡
	制动柜的列车管出口的管路上	1 只	列车管压力传感器
	停放单元切除塞门之后的管路上	1 只	停放缸压力传感器
	在制动柜的均衡缸管路上	1 只	均衡缸压力传感器
绝缘检测子系统（AGDR）	6A 电源箱内	1 块	绝缘检测板卡
走行部监测子系统 1（ATDR）	6A 电源箱内	1 块	走行部 1 板卡
	车下轴承	36 只	传感器
列供监测子系统(APDR)	6A 主机箱内	1 块	列供监测板卡
防火监测子系统(AFDR)	6A 主机箱内	1 块	防火板卡
	司机室 1 顶部	1 只	高温探头
	司机室 1 顶部	1 只	烟温复合探头
	司机室 2 顶部	1 只	高温探头
	司机室 2 顶部	1 只	烟温复合探头
	制动机上方、中轴线位置	1 只	高温探头
	制动机上方、中轴线位置	1 只	烟温复合探头

续表

系　统	位　置	数 量	说　明
防火监测子系统(AFDR)	中梁、中轴线位置	1 只	高温探头
	中梁、中轴线位置	1 只	烟温复合探头
	人孔盖、中轴线位置	1 只	高温探头
	人孔盖、中轴线位置	1 只	烟温复合探头
	列供柜 1 柜体上方	1 只	高温探头
	列供柜 2 柜体上方	1 只	高温探头
	通道地板下动力电缆区	1 条	感温线缆
音视频显示终端	一端司机台左侧墙壁	1 台	音视频显示终端 A
	二端司机台左侧墙壁	1 台	音视频显示终端 B
视频监控子系统(AVDR)	6A 主机箱内	3 块	视频采集、存储板卡
	前后司机台右侧	各 1 只	路况摄像头
	前后司机室顶棚右侧	各 1 只	司机室摄像头
	机械间走廊顶棚，均匀分布	3 只	机械间摄像头

六、6A 系统的检修

6A 系统的检修分为日常检修、月度检修和季度检修三个类别。

1. 日常检修

1）故障查看

机车入库后，服务人员上车查看 6A 系统本次运行的报警情况，并做好记录工作。所有故障现象可拍照留存。

查看方法：在任何一端的音视频显示终端的【故障查看】-【历史故障】界面查看近期的故障。

2）数据下载

在机车运用初期（暂定一个月），正常情况下要在机车每次入库后下载 6A 系统过程数据，运用稳定后，机车每次入库检查后如有报警信息，需要立即下载过程数据；如果无报警，可根据实际情况安排每周下载一次数据。

3）检修维护

机车运用时期，需要对运用机车进行日常的检查和维护。要根据 6A 系统的使用说明，通过音视频显示终端查看各显示界面，对中央处理平台和各子系统的通信进行状态检查，确认所有子系统均能正常工作。如果发生子系统报警或自检故障，要通知相应的子系统现场售后服务人员进行故障判断和排除。

2. 月度检修

机车运用时期，每个月需要对 6A 系统进行定期功能状态确认，以确定 6A 系统所有功能正常，并达到铁运涵【2011】737 号文件规定的各项功能要求。检修中如发现问题应立即通知 6A 系统服务人员进行故障确认并处理，然后将处理结果上报机务段技术科。

3. 季度检修

机车运用过程中，每 3 个月要进行 1 次完整的功能验证试验，以确定中央处理平台和各子系统报警功能正常。

七、6A 系统的功能验证

1. 机车空气制动安全监测子系统（停放制动非正常施加监测模块）的试验方法

（1）在机车处于静止状态下，观察制动监测界面，应无停放制动意外施加故障报警。

（2）调整停放缸压力小于 370 kPa，观察制动监测界面，应无停放制动意外施加报警。

（3）调整 LKJ，模拟机车速度大于 5 km/h。

（4）查看制动界面，应在 10 s 内报停放制动意外施加。

（5）调整停放缸压力大于 370 kPa，查看制动界面报警，应在 10 s 内解除。

（6）调整停放缸压力小于 370 kPa，查看制动界面，应在 10 s 内报停放制动意外施加。

（7）LKJ 速度调整为 0 km/h，查看制动界面，报警应该在 10 s 内解除。

2. 机车空气制动安全监测子系统（机后防折关监测模块）的试验方法（“客本”或“货本”模式、非调车工况）

（1）将机车自阀移至运转位，将列车制动管风压充至定压 500 kPa 或 600 kPa 并稳定后，自阀减压 140 kPa 或 170 kPa。

（2）查看 6A 制动监测显示界面显示的贯通辆数，误差不大于技术条件的要求。

（3）减压操作并显示贯通辆数 10 s 后，自阀再充风至定压并稳定，查看 6A 制动监测显示界面显示的贯通辆数，误差不大于技术条件的要求。

3. 机车防火子系统的试验方法

防火监控子系统采用三种前端防火探测设备：烟温复合探头、高温探测器以及感温电缆，应分别对这三种探测设备进行基本功能检查。

（1）观察音视频显示终端的防火界面，应无火灾报警发生或探头自检故障。

（2）用专用磁铁接触传感器，防火探头会报警，同时音视频显示终端自动切换到相对应的摄像头监测图像。

（3）点击复位按钮，防火探头报警消失。

4. 机车高压绝缘检测子系统的试验方法

在机车顶部干燥的状态下进行绝缘检测验证试验。

（1）将控制气路柜上的蓝钥匙插入 6A 系统主机-绝缘检测板卡的钥匙孔中，拨到“开”位。

（2）按下“出库检测”按钮，板卡屏幕会显示检测电压及结果。

（3）按下“运行检测”按钮，板卡屏幕会显示检测电压及结果。

5. 机车走行部故障监测子系统一基本功能检查的试验方法

（1）查看音视频显示终端的走行 1 界面，所有轴位的轴温均能正常显示。

（2）所有轴位无其他报警显示。

6. 机车列车供电监测子系统的试验方法

（1）将 2 kΩ 电阻接入列供柜 600 V+与地之间。

（2）给列供柜提供控制电源，在司机操纵台依次开弓、合主断，列供钥匙给电操作。

（3）观察司机室音视频显示终端的列供界面和万用表，此时漏电流应为 100 mA 左右。

（4）将接地电阻更换为 800 Ω，列供柜接地隔离开关拨到隔离位；同步骤（1）（2）（3），观察音视频显示终端的列供界面和万用表，漏电流应为 160 mA 左右。

（5）将列供柜接地隔离开关拨到投入位，列供柜给电且延时几秒后，列供柜输出隔离，漏电流下降，音视频显示终端上报正线接地故障。

7. 机车自动视频监控及记录子系统的试验方法

（1）跟车添乘观察机车运行中的图像质量，进行直观评价（清晰、无扭曲、无抖动、流畅）。

（2）将 USB 移动存储硬盘进行视频下载数字证书授权，确认下载的视频通道和时间。

（3）将 6A 系统开电，待 CPU 板卡显示出版本信息和时间信息后表示系统启动完毕。

（4）将被授权的 USB 硬盘插入 AV3 板卡前面板的 USB 插孔中，CPU 板卡即显示“视频下载中”字样。

（5）当 CPU 板卡液晶屏显示“下载完成”，即可拔出 USB 移动硬盘，下载完毕。

（6）用专用视频播放软件对视频文件进行播放，对图像质量进行直观评价。

八、6A 系统报警及故障处理

6A 系统报警及故障处理如表 7-4 所示。

表 7-4　6A 系统报警及故障处理

节点名称	序号	故障名称	处理办法
制动监测子系统（停放制动非正常施加监测模块）	1	停放制动异常施加	如果停放缸压力小于 370 kPa，实施一次停放制动缓解操作
	2	列车管压力传感器故障	机车回库后更换传感器
	3	停放缸压力传感器故障	机车回库后更换传感器
	4	均衡缸压力传感器故障	机车回库后更换传感器
制动监测子系统（折角塞门关闭监测模块）	1	流量传感器故障	停车检查等待救援
	2	折角塞门关闭	停车检查等待救援
防火监测子系统	1	防火探头故障	机车回库后更换防火探头
	2	防火探头报警	按国铁集团和铁路局的机车火情处理方案处理
绝缘检测子系统	1	绝缘报警	确定检测方法是否正确，再检测一次，确认后严禁升弓
	2	板卡故障	机车回库后更换板卡
	3	功率模块通信故障	机车回段后检修功率模块
走行部监测子系统	1	传感器故障	机车回库后更换传感器
	2	系统自检故障	机车车回库后更换板卡
	3	温度传感器故障	机车回库后更换传感器
	4	振动传感器故障	机车回库后更换传感器
	5	温升报警	按照段方关于轴温报警相关规定执行
	6	超温报警	按照段方关于轴温报警相关规定执行
	7	轴承报警	按照段方关于轴温报警相关规定执行
	8	齿轮报警	按照段方关于轴温报警相关规定执行
	9	踏面报警	按照段方关于轴温报警相关规定执行
视频监控子系统	1	采集卡 1 通信故障	机车回库后更换采集卡 1
	2	采集卡 2 通信故障	机车回库后更换采集卡 2
	3	硬盘故障	机车回库后更换 AV3 板卡
	4	摄像头自检故障	机车回库后更换摄像头
列供监测子系统	1	正线接地	回库后检查
	2	负线接地	回库后检查
音视频显示终端	1	错误对话框	回段后检查或更换音视频显示终端
	2	蓝屏	回段后更换音视频显示终端

第四节　机车远程监测与诊断系统

目前，我国已在 HXD1、HXD3、HXN3、HXN5、SS7E 等型号的机车上加装了机车远程监测与诊断系统（Chinese locomotive remote Monitoring and Diagnosis system，以下简称“CMD”系统），并在国铁集团、相关铁路局及站段建立了地面系统，实现了机车运行状态信息、故障数据等机车数据的实时获取和实时传输至地面的功能，具备了机车远程监视、故障实时报警、远程维护支持、故障统计、运行回放等功能。

一、CMD 系统的定位及基本原则

1. CMD 系统的定位

CMD 系统作为铁路机务信息系统的核心子系统，是机务车载数据集成、车地无线传输的平台。CMD 系统整合了列车运行监控装置（LKJ）、机车网络控制系统（TCMS）、机车车载安全防护系统（6A）、语音、智能电（油）表等运行记录信息及故障信息，实现了车对地、地对车数据的采集处理传输，为国铁集团、铁路局、机务段/检修段、机车制造及修理厂商提供了机车定位、实时状态数据监测、实时故障报警、远程诊断、视频点播、统计分析、机车车载电子履历管理、专家支持系统、信息共享和功能接口等功能，并对来自 LKJ、TCMS、6A、语音、智能电（油）表的信息进行综合分析与展示，通过调用各专业分析软件接口实现详细分析。

2. CMD 系统的基本原则

CMD 系统是机务信息化的重要组成部分，该系统的工作不应影响机车其他系统的正常运行。车载信息由铁路移动数据传输统一平台（以下简称“MTUP”）接入铁路内网，国铁集团、铁路局、机务段/检修段间的数据传输采用 MTUP，地面综合应用子系统按照国铁集团、铁路局、机务段/检修段 3 层管理结构进行部署，采用统一基础编码，实现数据共享。

二、CMD 系统的构成及基本功能

1. CMD 系统的构成

CMD 系统由车载子系统、数据传输子系统和地面综合应用子系统组成（如图 7-14 所示）。车载子系统由机车车载综合信息监测装置（以下简称“LDP”）、北斗卫星导航系统（以下简称“北斗”）通信天线、无线局域网 WLAN/第三代移动通信技术 3G 定位天线及配套线缆组成。数据传输子系统由全球移动通信系统 GSM、通用分组无线服务技术 GPRS/3G、铁路移动通信系统 GSM-R、GPRS、WLAN、北斗、MTUP、通信服务器和无线转储服务器等组成。地面综合应用子系统由数据处理中心、综合服务平台和运行维护管理三部分组成。

车载子系统实现机车安全信息、机车状态信息、机车监测信息的采集、处理及记录，视频信息的采集、处理（仅封装），机车电子履历记录，接收北斗/全球定位系统 GPS 的定位信息，实现对 TCMS 和 6A 系统授时、LKJ 信息广播等功能。车号识别作为机车动态信息源之一直接接入地面综合应用子系统。

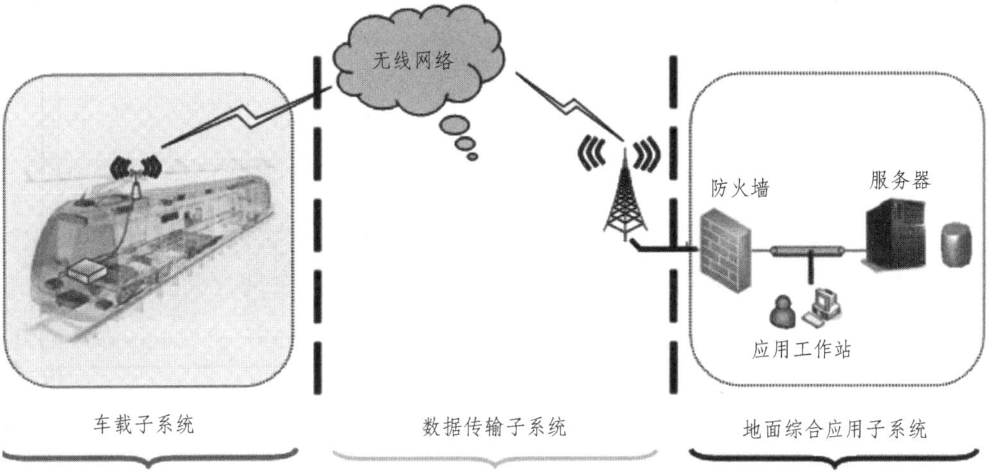

图 7-14　CMD 系统的构成

数据传输子系统将上述信息发送到地面综合应用子系统并接收来自地面综合应用子系统的指令信息。通过北斗短报文发送的实时信息经 MTUP 进入国铁集团通信服务器，通过 GSM GPRS/3G、GSM-R GPRS 发送的实时信息经 MTUP 进入铁路局通信服务器，通过 WLAN 发送的非实时信息经防火墙进入机务段无线转储服务器。点播的实时视频信息通过 3G 发送到外网视频服务器。实时信息通过铁路统一传输平台实现国铁集团、铁路局和机务段/检修段三级间及跨局数据传输。

地面综合应用子系统实现机车定位、实时状态数据监测、实时故障报警、远程诊断、视频点播、统计分析、机车车载电子履历管理、专家支持系统等功能，通过信息共享和功能接口与外部系统进行数据交互和功能调用。国铁集团用户原则上只使用统计分析功能；铁路局用户除统计分析功能以外，原则上还具备机车定位、视频点播、实时状态数据显示和电子履历管理功能；机务段/检修段用户原则上能够使用所有功能；机车制造及修理厂商通过授权亦可访问系统的实时故障报警、远程诊断、专家支持和电子履历管理等功能。

一般情况下，国铁集团层可以查看全路机车状态；铁路局可以查看本局配属/支配机车状态、在本局线路上运行的其他局机车状态、查看本局乘务员所在机车状态；机务段/检修段可以查看本段配属/支配机车状态、查看本段乘务员所在机车状态（CMD 系统的总体功能框图如图 7-15 所示）。

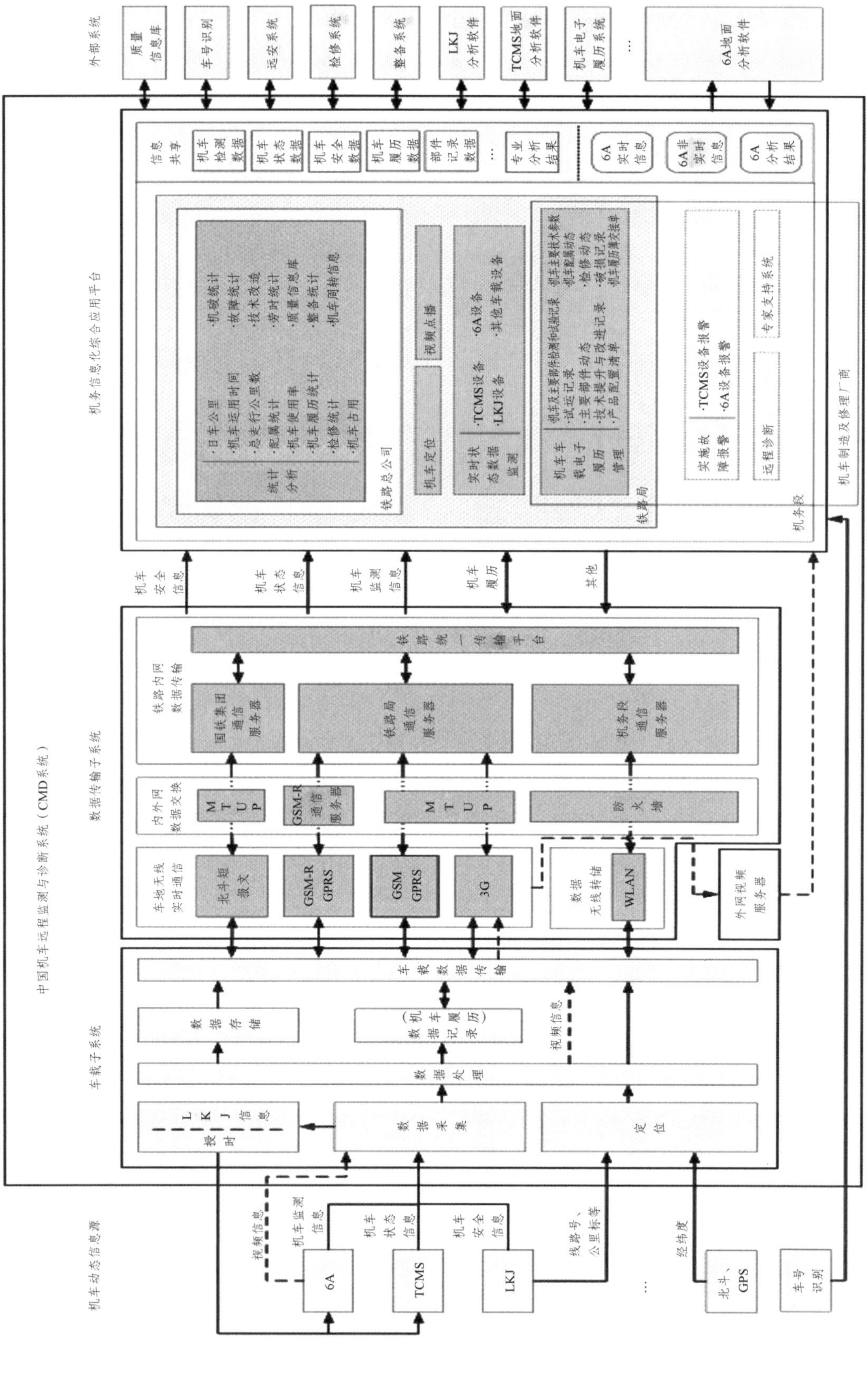

图 7-15　CMD 系统的总体功能框图

2. CMD 系统的基本功能

（1）实时追踪机车的运行位置。机车运行实时信息监测包括：TCMS 实时状态数据监测，6A 系统实时状态数据监测，LKJ 实时状态数据监测，其他车载设备实时状态数据监测。

（2）机车设备实时故障报警，包括：TCMS 实时故障报警，6A 系统实时故障报警。

（3）机车故障远程诊断。机车视频信息实时点播和历史回放。

（4）统计分析，主要包括日车千米、机破统计、机车运用时间、故障统计、总走行千米数、配属统计、技术改造、劳时统计、机车使用率、质量信息库、机车履历统计、机车周转信息、检修统计、整备统计和机车占用等指标的统计分析。

（5）机车车载电子履历管理。电子履历内容至少应包含：机车及主要部件检测和试验记录、机车主要技术参数、试运记录、机车配属动态、主要部件动态、检修动态、技术提升与改进记录、破损记录、产品配置清单、机车履历簿交接单等内容。通过与机车电子履历系统接口，实现对机车及部件全寿命周期记录。

（6）信息共享和功能接口。包括：与列车运行安全系统信息共享和功能接口，与整备信息系统信息共享和功能接口，与检修信息系统信息共享和功能接口，与其他专业分析软件信息共享和功能接口。

（7）专家支持系统。

（8）其他扩展功能。

三、CMD 系统信息的分类及传输方式

1. CMD 系统信息的分类

（1）按信息的种类可分为机车状态信息、机车安全信息和机车监测信息。其中，机车状态信息是指机车运行过程中牵引、制动、网络、辅助等系统的状态数据和故障信息；机车安全信息是指机车运行过程中与行车安全相关的信息，来源于 LKJ；机车监测信息是指与机务运用相关的机车综合监测等信息，如机车空气制动安全监测、机车防火监控、机车高压绝缘检测、列车供电监测、机车走行部故障监测、机车自动视频监控等信息。

（2）按传输的时效性可分为实时信息和非实时信息。其中，实时信息是指机车在运行过程中由 LDP 实时采集及发送的机车状态信息、机车安全信息、机车监测信息等；非实时信息是指故障记录文件和事件记录文件等大容量数据，这些信息在机车入库时转储到地面服务器。

（3）按传输的方向可分为车到地信息和地到车信息。其中，车到地信息包括机车安全信息、机车状态信息、机车监测信息、6A 系统记录数据、TCMS 记录数据、LDP 记录数据及机车电子履历等；地到车信息包括地面指令、故障处理意见和地面存储的机车电子履历等。

2. CMD 系统信息的传输方式

1）实时信息的传输方式

（1）定时传输方式：定时传输由时间触发，传输周期可设置，传输内容包括关键的机车状态信息与基本信息，如机车速度、工况、机车位置、机车号、车次等信息。

（2）事件触发传输方式：该类信息传输由事件触发，包含过分界口、过站、换乘、车次和乘务员变更等事件，传输内容与定时传输方式的一样。

（3）故障触发传输方式：故障信息传输由故障事件触发，传输的内容应包括机车故障和相关环境数据。

（4）数据（点播）方式：数据点播传输由地面远程触发，根据地面综合应用子系统的指令传输相应类型的机车数据。

2）非实时信息的传输方式

（1）无线自动转储，由命令触发，当车载子系统识别到合法的 WLAN 网络时，与数据传输子系统建立起网络连接，并从相关的存储单元中获取记录文件，将记录文件传输给数据传输子系统，将记录文件自动转储到地面。

（2）人工手动转储，由 U 盘插入触发，通过注册 U 盘进行手动转储，系统对证书进行认证后将自动转储记录文件到 U 盘，完成手动转储。

3）视频信息的传输方式

CMD 系统应具备将 6A 视频信息传输到地面外网视频服务器的功能。视频的传输由远程控制命令点播触发，应至少具备两种传输方式：

（1）视频流传输方式，可连续实时传输视频流信息，适用于宽带无线网络畅通的情况。

（2）图片传输方式，以图片方式传输某通道的某一时刻的画面，适用于无线网络带宽不足的情况。

四、CMD 系统的车载子系统

1. 车载子系统的构成

车载子系统由机车车载综合信息监测装置（以下简称“LDP”）、北斗通信天线、WLAN/3G/定位天线及配套线缆等组成（如图 7-16 所示）。车载子系统主要完成对机车状态信息、机车安全信息和机车监测信息的采集、存储、传输，通过机车与地面的双向数据交互，实现对在途机车的远程实时监测与故障诊断，为机车运用、检修和维护提供数据支持。车载子系统具备重联接口，对于内重联机车，LDP 采用主从机方式，A 节车的 LDP 为主机，B 节车的 LDP 为从机，主从机之间采用以太网通信。LDP 从机的北斗通信天线、WLAN/3G/定位天线以及无线通信插件、北斗/GPS 插件、合路器插件等作为可选配置。非重联机车的车载子系统配置与内重联机车 A 节的配置一致。

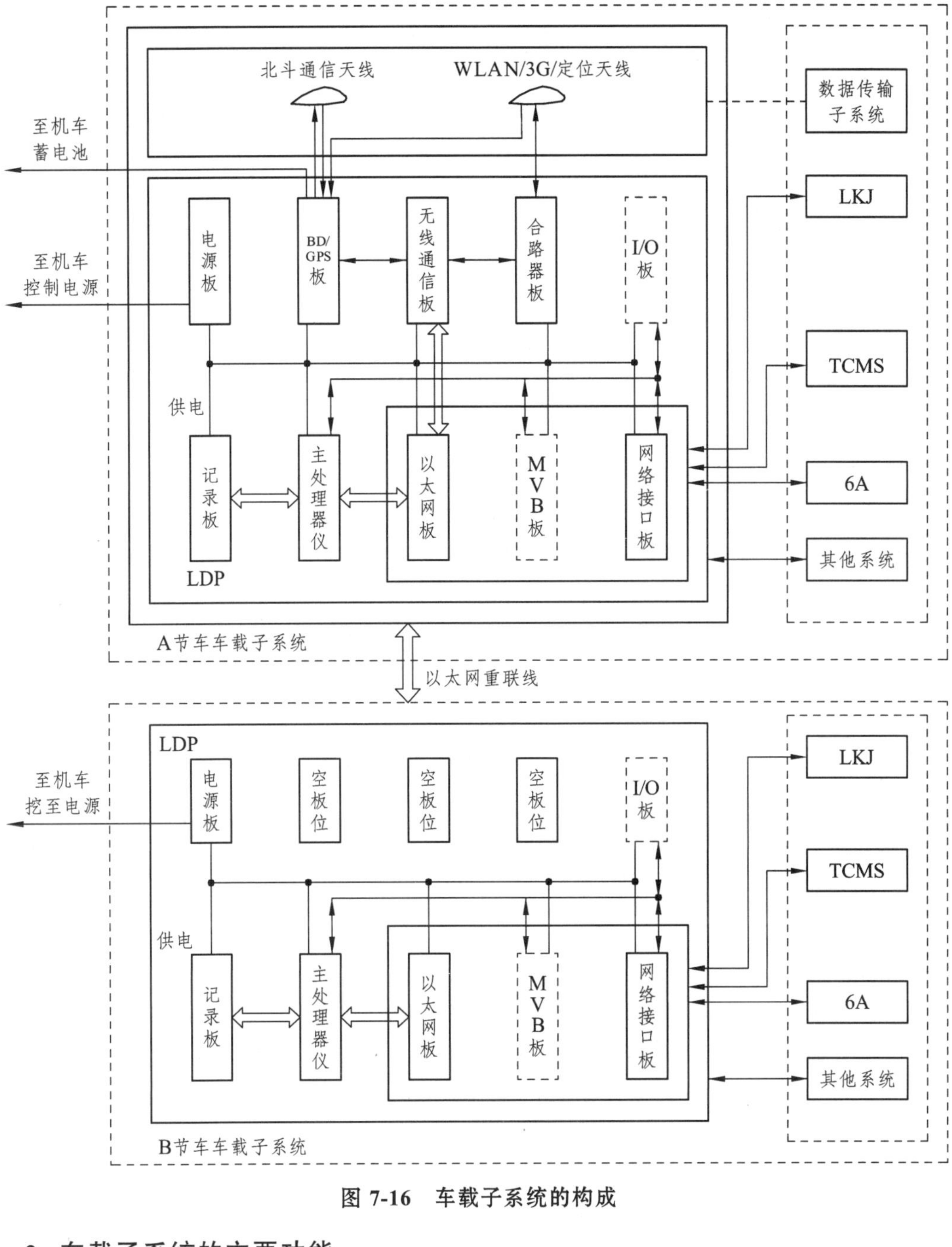

图 7-16　车载子系统的构成

2. 车载子系统的主要功能

1）数据采集

车载子系统主要采集机车安全信息、机车状态信息、机车监测信息等。

（1）机车状态信息。从 TCMS 采集的机车状态信息，包括司机操作、机车工况、机车故障、设备工作状态、通信状态、控制等信息。

（2）机车监测信息，从 6A 采集的机车监测信息，包括机车空气制动安全监测、机车防火监控、机车高压绝缘检测（选配）、列车供电监测（选配）、机车走行部故障监测、机车自动视频监控及记录等信息。

（3）机车安全信息。从 LKJ 采集的机车安全信息，包括司机号、信号机、车站、千米标、列车管压力、进出站等信息。

（4）定位信息。包括经纬度、海拔、速度、时间信息。

（5）通过 I/O 接口采集的模拟量、数字量信息。

（6）地面综合应用子系统的远程信息，包括远程点播命令、配置信息、机车履历信息、专家诊断信息等。

2）数据处理

（1）点播数据处理：具备对地面综合应用子系统的点播请求；可进行点播数据处理、事件识别与处理、故障数据识别与处理、数据分发处理、文件数据处理等。

（2）数据记录：记录机车履历信息，记录机车全寿命周期的造、修、用的相关信息，在获得授权的情况下，通过 WLAN 从地面系统同步到 LDP 中，实现机车履历信息的随车管理。

（3）数据传输与转储：分/实时信息的传输、视频信息的传输、北斗短报文信息的传输与记录文件的转储，能根据不同需求采取不同的策略，将数据传输至数据传输子系统。

（4）机车定位：根据从 LKJ 采集到的线路号、车站号、千米标等信息实现机车的定位功能，具备北斗/GPS 定位功能，提供机车位置、海拔、时间等信息。

（5）授时：具备系统授时功能，通过总线采集 LKJ 的时间信息，实时给 TCMS、6A 系统发送时间信息。

五、CMD 系统的数据传输子系统

1. 数据传输子系统的构成

数据传输子系统由 GSM GPRS/3G、GSM-R GPRS、WLAN、北斗、MTUP、铁路统一传输平台、通信服务器和无线转储服务器等组成（如图 7-17 所示）。数据传输子系统主要完成车-地数据的双向传输、地面数据的跨局传输。数据传输子系统的网络由无线和有线两部分组成。无线网络目前依托 GSM GPRS/3G、GSM-R GPRS、WLAN、北斗，具备向 4G 升级的条件，主要完成车-地数据传输；有线网络利用已有的铁路综合 IT 网络，主要完成国铁集团、铁路局、机务段/检修段三级网络范围内的数据传输。GSM GPRS/3G、GSM-R GPRS、WLAN 车-地通信采用 TCP/IP 协议，北斗车-地通信采用短报文方式，铁路内网数据传输采用铁路统一传输平台。MTUP 为应用系统提供在铁路内网和移动公网间传输实时数据的服务，所有通过移动公网进入铁路生产网的应用系统都必须经过 MTUP 接入。数据传输子系统通过 GSM GPRS/3G、GSM-R GPRS、北斗实现车-地实时通信，在隧道、山区等无线网络信号没有覆盖的地区将不能正常工作；通过 WLAN 实现车-地非实时信息双向传输。

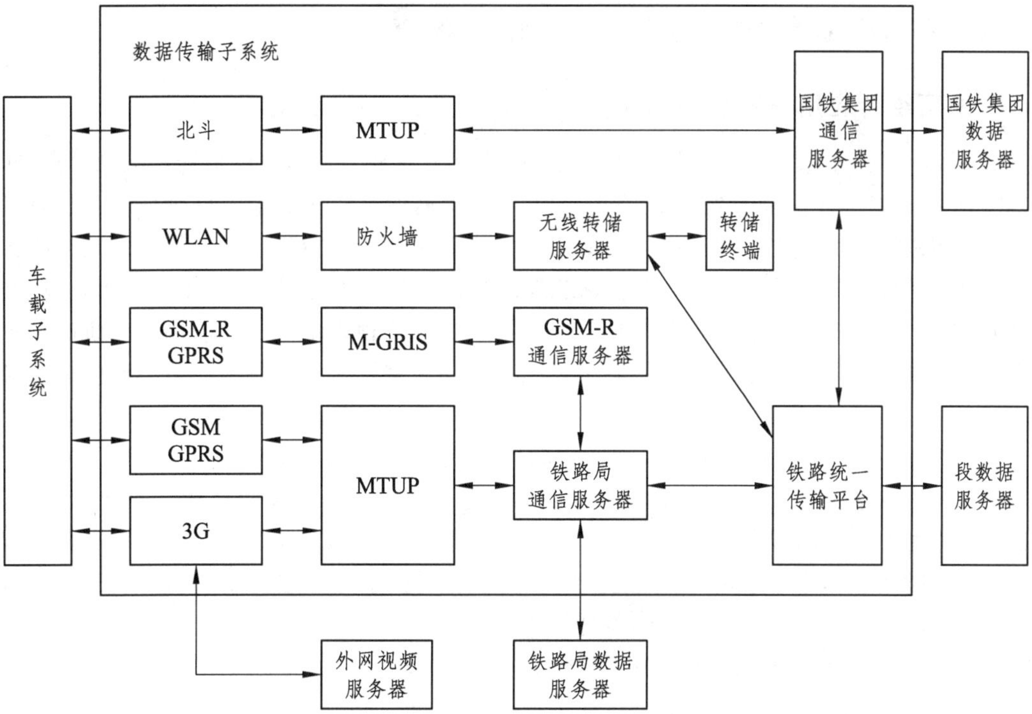

图 7-17　数据传输子系统的构成

2. 数据传输子系统的主要功能

1）车-地无线实时通信

机车在途运行时，把车载子系统采集的机车状态信息、机车安全信息及机车监测信息等车到地实时信息通过 GSM GPRS/3G、GSM-R GPRS、北斗传输到地面通信服务器；地面通信服务器把地到车实时信息通过 GSM GPRS/3G、GSM-R GPRS、北斗发往车载子系统。在机车控制电源关闭时，能通过北斗短报文通信向地面发送机车位置信息和机车基本信息。机车监测信息中的视频信息通过 3G 网络传输到铁路外网视频服务器上。

2）数据无线转储

机车入段后，通过 WLAN 实现车-地非实时信息双向传输。可以利用 WLAN 将 6A 系统、TCMS、LDP 等车载设备的记录数据、机车电子履历等大容量信息发送到无线转储服务器，同时把转储结果信息写入到段数据服务器。

3）内、外网数据交换

车-地实时信息通过部署在铁路局的 MTUP 实现从 GSM GPRS/3G、GSM-R GPRS、北斗到铁路内网的内、外网数据交换；车-地非实时信息通过部署在机务段/检修段的防火墙实现从 WLAN 到铁路内网的内、外网数据交换。

4）铁路内网数据传输

CMD 系统依托铁路综合 IT 网，采用 MQ 传输方式，通过铁路统一传输平台实现国铁集团、铁路局、机务段/检修段间的数据传输。

六、CMD 系统的地面综合应用子系统

1. 地面综合应用子系统的构成

地面综合应用子系统主要由数据处理中心、综合服务平台和运行维护管理三部分组成（如图 7-18 所示），按照国铁集团、铁路局、机务段/检修段、机车制造及修理厂商分层管理架构，为各级领导、业务主管和业务人员等用户提供机车运用、故障诊断等管理功能，提供基于业务的数据分析与统计，为其他信息系统提供数据接口。通过铁路统一传输平台、车-地无线传输网络、北斗发送过来的数据信息，经过解析处理后存入地面综合应用子系统的数据库服务器中，再经过分析统计后形成界面、报表，向用户展示机车运用、故障诊断等机车各方面的汇总统计。同时，CMD 系统对外与质量信息库、车号识别系统、运安系统、检修系统、整备系统、LKJ 分析软件、TCMS 地面分析软件、6A 系统地面分析软件、机车电子履历系统等各种外部信息系统集成，通过接口收/发数据，达到信息互联互通的目标。根据业务需求，地面综合应用子系统部署在国铁集团、铁路局、机务段/检修段的局域网内，通过权限配置满足不同层级的角色需求。CMD 系统地面综合应用子系统采用三层 B/S 架构开发，配备数据库服务器一套，运行数据处理中心的各种软件和数据库管理软件；配备应用服务器一套，运行综合服务平台和运行维护管理的各种软件。

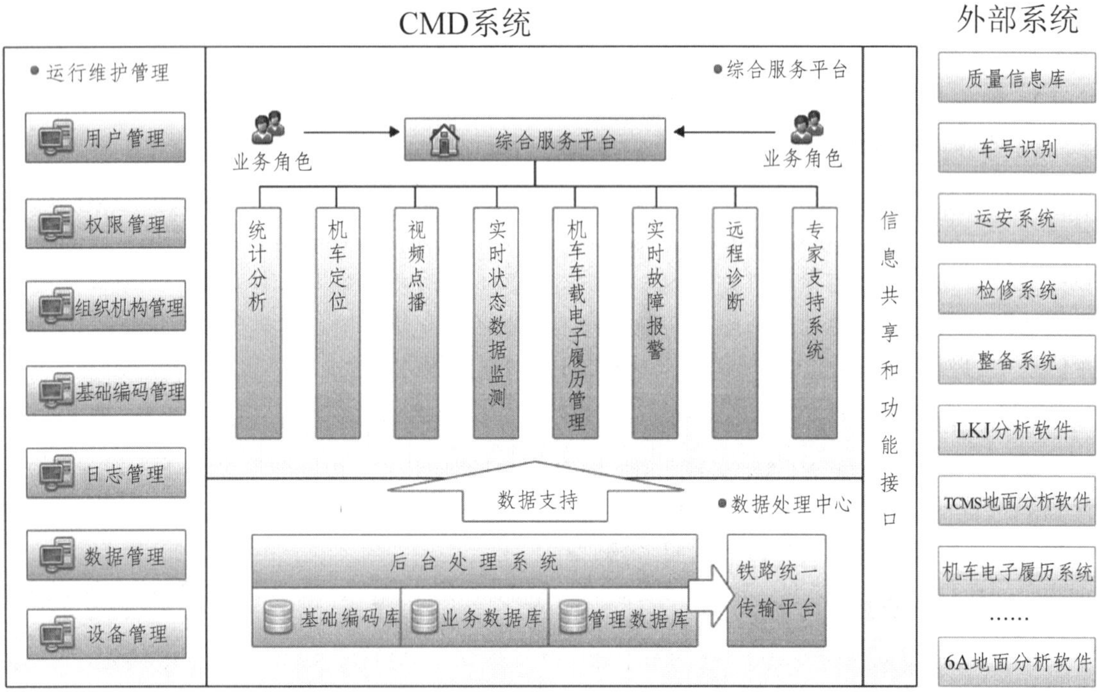

图 7-18 地面综合应用子系统的构成

2. 地面综合应用子系统的主要功能

1）数据处理中心

数据处理中心包括国铁集团、铁路局、机务段/检修段三级数据处理中心，具体实现对机

车数据的处理及管理功能。

（1）机车到地面的信息：

① 实时信息处理：

·国铁集团地面综合应用子系统入库处理程序实时接收各铁路局通过铁路统一传输平台发送过来的车载信息，分析处理后存入国铁集团地面综合应用子系统的数据库服务器中，供国铁集团级综合服务平台调用。国铁集团可以查看全路机车状态。

·铁路局地面综合应用子系统入库处理程序实时接收来自车地无线传输网络的机车的实时信息，分析处理后存入铁路局地面综合应用子系统的数据库服务器中，供铁路局级综合服务平台调用。铁路局可以查看本局配属/支配机车状态、在本局线路上运行的其他路局机车状态、查看本局乘务员所在机车状态。

·机务段/检修段地面综合应用子系统入库处理程序实时接收铁路局通信服务器转发的本段配属机车实时信息，分析处理后存入机务段/检修段地面综合应用子系统的数据库服务器中，供机务段/检修段级综合服务平台调用。机务段/检修段可以查看本段配属/支配机车状态、查看本段乘务员所在机车状态

② 非实时信息处理：地面综合应用子系统与无线转储服务器对接，接收机车非实时信息的转储结果信息，提供查看和统计功能。地面综合应用子系统与机车电子履历系统对接，通过 CMD 系统的无线传输网络下载更新机车车载电子履历。

③ 机车视频信息处理：机车视频信息由 6A 系统提供，地面综合应用子系统点播指定机车视频后，接收机车视频信息并实时显示。

（2）地面到机车的信息：

地面到机车发送的信息包含点播信息、地面诊断结果信息、远程设置信息等。地面到机车的信息通过铁路统一传输平台发送到机车所属路局的通信服务器上，由数据传输子系统发送给指定机车。

2）综合服务平台

综合服务平台包含统计分析、机车定位、视频点播、实时状态数据监测、机车车载电子履历管理、实时故障报警、远程诊断、专家支持系统、信息共享和功能接口等功能模块，能提供机车实时经纬度、海拔信息和历史运行轨迹。

（1）实时设备状态数据信息，包含 TCMS、6A 系统、LKJ 等设备的数据。

（2）设备实时故障报警信息，包含故障代码、发生时间及故障环境数据。

（3）与各种外部系统进行数据交互，包括机车监测数据、机车状态数据、机车安全数据、机车履历数据、部件记录数据以及各种专业分析结果和 6A 系统实时/非实时等信息的数据共享。

（4）各类知识文档存储管理功能，包含故障预案等内容。

（5）监控视频实时点播和历史回放。

（6）远程诊断是结合机车历史状态、当前状态以及其他专检系统的结论，进行全面深入的数据挖掘，针对该类机车常见的问题和故障特征，为实现“状态修”奠定基础。

（7）统计分析是所有整合数据的提炼与升华，基于业务的角度针对各角色的具体要求，采用可视化方式对现有数据进行分析、统计、建议。

（8）机车车载电子履历在于构建一个详细的机车状态库，包含机车及主要部件检测和试验记录、机车主要技术参数、试运记录、机车配属动态、主要部件动态、检修动态、技术提升与改进记录、破损记录、产品配置清单、机车履历簿交接单等内容，通过与机车电子履历系统接口实现对机车及部件全寿命周期记录。

3）运行维护管理

运行维护管理实现整个地面综合应用子系统的统一配置和管理，分为基础编码维护、配置参数维护和基础业务维护，主要功能包含：用户管理、权限管理、组织机构管理、基础编码管理、日志管理、数据管理、设备管理等。

第五节　列车防护报警设备

客车列尾系统包括安装在机车司机室的列车防护报警设备(以下简称“LBJ”，即 800MHz 机车电台)、旅客列车尾部安全防护装置（KLW）、道口报警设备、施工防护报警设备、列车接近预警器、专用维护设备（含便携测试台、数据管理器和出入库检测设备）、机车数据采集编码器等部分（如图 7-19 所示）。机车数据采集编码器和 LBJ 设备安装于机车，KLW 安装于列车尾部，道口报警设备安装于道口，工务人员配备施工防护报警设备和预警器，维护人员配备便携测试台和数据管理器，出入库检测设备安装于机车出入库检测地点。

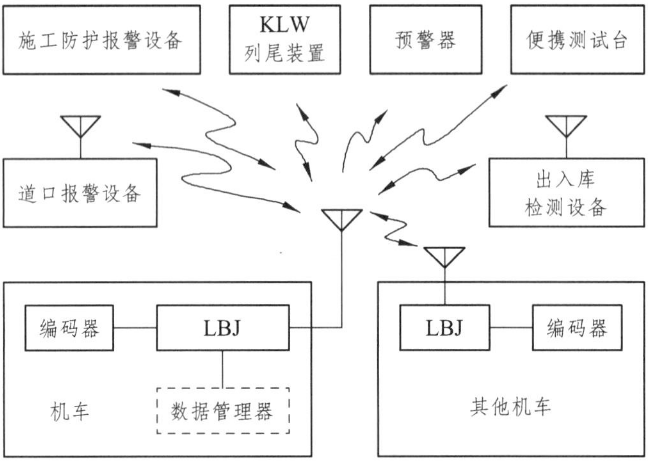

图 7-19　LBJ 设备和客车列尾系统组网图

一、LBJ 设备的组成

LBJ 设备由 LBJ 主机、控制盒、天线系统和连接电缆组成（如图 7-20 所示），与机车综合无线通信设备（CIR）组合使用时，共用 CIR 设备的操作显示终端（MMI）和机车数据采集编码器。LBJ 主机由电源单元、控制单元、备用电池、信道机、连接线缆、接口等组成（如

图 7-21 所示）。KLW 设备由主机及车顶天线、馈线、馈线转换插座、风管路、电压插座等附属装置组成，KLW 主机安装在列车首尾客车内。KLW 主机 ID 号码是每台 KLW 主机的永久性标识，在全路管辖范围内是唯一的，通过在 LBJ 输入 KLW 主机 ID 号，建立与 KLW 的唯一对应关系，LBJ 上显示 KLW 主机 ID 号，KLW 主机上显示机车号。

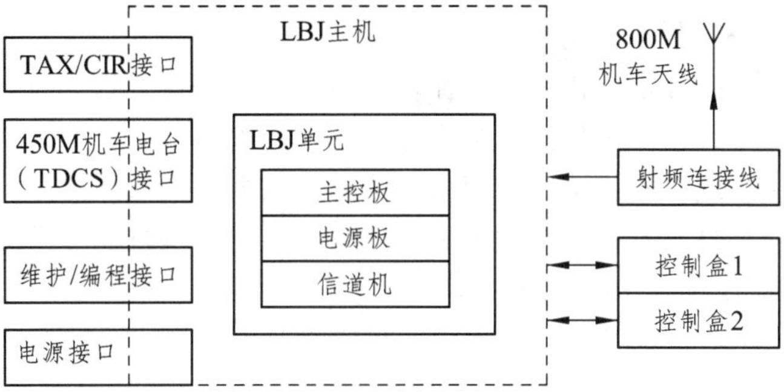

图 7-20　LBJ 设备的组成框图

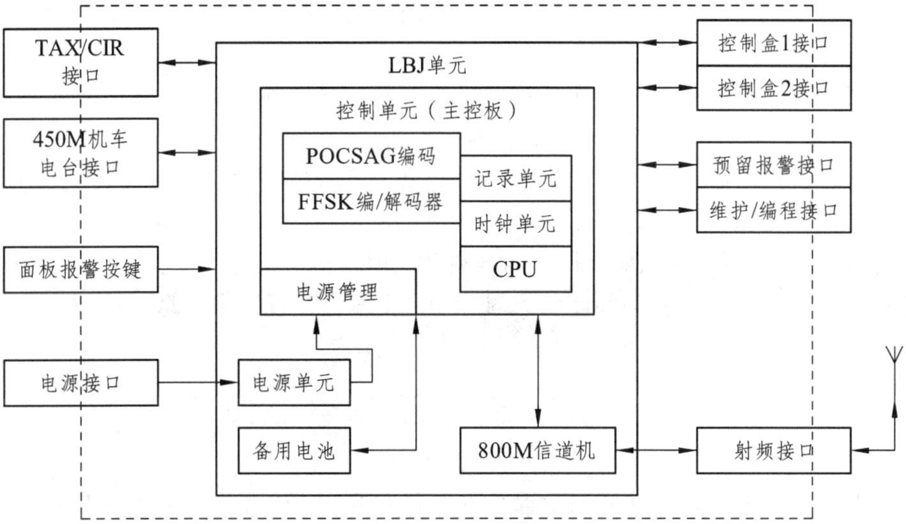

图 7-21　LBJ 主机的组成框图

二、LBJ 设备的安装方式

LBJ 设备安装分为独立式、外置式和内置式三种方式。独立式 LBJ 由主机、控制盒、天线（800 MHz）、天线馈线、控制电缆、电源电缆和连接电缆组成；独立式 LBJ 自配控制盒，在控制盒上进行功能操作。外置式 LBJ 由主机、天线（800 MHz）、天线馈线、电源电缆和连接电缆组成；外置式 LBJ 置于 CIR 设备外部，须通过连接电缆与 CIR 设备连接，CIR 控制盒替代了 LBJ 控制盒，从 TAX/CIR 接口获取机车综合信息(TAX 信息)，在 MMI 上进行功能操作。内置式 LBJ 由主机、天线（800 MHz）、天线馈线和内部线路组成；内置式 LBJ 内嵌在 CIR 设备内部，CIR 控制盒替代了 LBJ 控制盒，从 TAX/CIR 接口获取机车综合信息（TAX 信息），在 MMI 上进行功能操作。

三、LBJ 设备的主要功能

（1）LBJ 开机后，控制盒电源指示灯长亮；如果报警按键的电子铅封已经启用，工作状态指示灯长亮，否则工作状态指示灯熄灭。

（2）LBJ 配置双控制盒时，接收到列尾风压查询返回信息，只在操作端控制盒发出声光提示；其他情况下两个控制盒应同时进行声光提示。

（3）LBJ 配置多个报警触发装置时，各装置均能触发 LBJ 发送列车事故防护报警信息，但只有触发报警的装置或按下主机面板的报警按键才能解除报警。

（4）LBJ 应能接收编码器或 CIR 转发的 TAX 箱数据，获取当前车次号、机车号、机车类型、千米标和时间信息，并把机车类型和机车号转换为 8 位机车号后进行存储。不能获取 TAX 箱数据时，如果 LBJ 能获取 CIR 的综合信息，应存储 CIR 综合信息中包含的机车号。

（5）LBJ 发送列车防护报警信息或报警信息解除时，每次应连续发送 5 帧数据，以保证其他 LBJ 可靠接收。

（6）LBJ 未建立列尾连接关系或拆除列尾连接关系后，控制盒应显示机车号。

（7）LBJ 处于列尾连接故障状态时，应能发送手动列尾风压查询命令、排风制动命令和消号命令。

（8）处于列尾连接状态或连接中断状态时，如果 LBJ 意外重启，应进入列尾连接中断状态并自动向 KLW 发送风压查询命令信息，接收到列尾信息时恢复列尾连接状态。

（9）LBJ 发送列尾命令后，如果没有收到 KLW 返回的列尾信息，在发送完毕的 5 s 内应不发送列车接近预警信息，以保证 LBJ 可靠接收列尾信息。

（10）LBJ 的接近预警功能应能设置为开启或关闭状态。设置为开启状态时，LBJ 按规定发送列车接近预警信息；设置为关闭状态时，LBJ 不发送接近预警信息。

第六节　机车走行部车载监测装置

JK00430 型机车走行部车载监测装置（以下简称 JK00430 型监测装置）是专门为保证铁路机车安全运行而研制的在线车载动态监测预警装置，该装置集复合传感器技术、车载故障分析仪技术、共振解调故障诊断专家系统和工业计算机技术等于一身，在深度和广度上都对传统轴温报警器的检测范围进行了拓展，不但能对轴承的温度进行监测，而且利用共振解调技术对走行部轴承、齿轮等关键部件的工作面和轮对踏面进行全面监测诊断，并对故障进行早期报警和精确定位，从而为铁路机车的安全运行提供了坚实的技术保障，是传统轴温报警器的替代产品。

JK00430 型监测装置的技术优势主要体现在：① 率先采用了温度监测与共振解调故障诊断技术相结合的“多物理参数综合诊断”思想，监测故障的主要传感器是一种能够同时检测温度、振动和故障冲击的复合传感器，不仅大大提高了故障诊断的准确性，而且实现了故障的早期诊断；② 多级报警策略能够智能地对故障的类型、位置和级别进行精确报警，便于用户进行维修决策；③ 能够记录全程的监测数据，用于地面分析和建立信息库，为机车的维修提供历史档案和科学依据。

一、JK00430 型监测装置的系统组成

JK00430 型监测装置每台机车一套，每套装置由车上监测主机和车下传感器网络两个部分构成。车载主机通过总线与安装在走行部轴承座上的传感器和安装在转向架上的接线盒连接，还通过接口与机车的信息系统连接（如图 7-22 所示）。其中，车上部分包括：① 主机 1 台；② 副机根据不同车型的安装方案不选、选配 1 台或选配 2 台；③ TAX2 走行部监测插卡（插入 TAX2 箱的 10 号插槽）根据不同车型的安装方案选配；④ 内燃机车上选配的扩展接线盒（7 号盒）和 3 个数字温度传感器；⑤ 相关电源连接线、TAX2 箱连接线、总线转接线、转速信号连接线，无线数据下载连接线等。车下部分包括：① 接线盒，对应每条轴 1 个；② 复合传感器，对应每个测点 1 个；③ 数字温度传感器，用于环境温度监测的数字温度传感器上，对应每个接线盒安装 1 个；④ 用于其他仅测温度的测点，如内燃机车主发电机上的测点等，对应每个测点安装 1 个；⑤ 相关传感器转接线、接线盒连接线等。

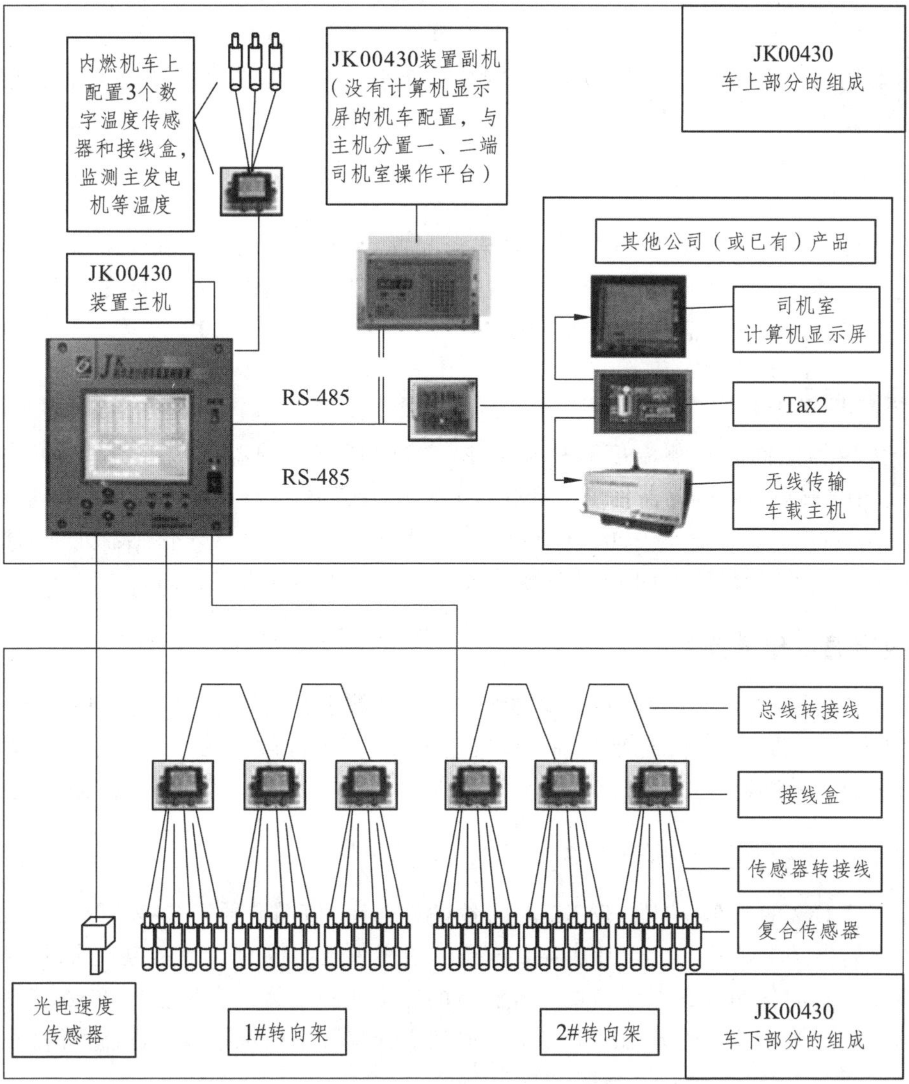

图 7-22　JK00430 型监测装置的构成示意图

此外，地面数据分析管理系统包括软件包、终端计算机和数据转储接口，每个机务段 1 套。

1. 主机

车载主机由电源转换模块、PC104-CPU 模块、PC104-A/D 模块、共振解调信息处理模块、高速光隔离数据通信模块、LCD 液晶显示屏、各种数据接口和车载数据采集分析诊断和报警的专家系统等组成，实现信息的采集、处理、分析、诊断、预警、记录、传输等功能。主机的外观设计为前面板嵌入式安装，以适合主机在机车司机室司机操作平台的嵌入式安装，也可以通过“L 型”安装底座，过渡为底板安装的方式。

2. 副机

副机是与主机配套使用，通过光隔离的 RS-485 专用数据接口，将有关需要显示报警的信息进行显示报警的装置。显示包括：① 数码管显示窗，循环显示各测点的温度；② 双色报警指示点阵，与测点一一对应，指示测点报警位置。声音报警提示：若发生轴承诊断Ⅱ级报警或温度超标，蜂鸣器发出报警提示。根据机车上司机操作平台，设置两种外观结构（A 型横式，B 型竖式），以适应装车的需要。

3. 接线盒

接线盒每个转向架配置 2 ~ 3 个，每台机车配置 4 ~ 6 个，用来实现快速循环采集与其相连接的复合传感器检测到的温度信息，并根据主机的要求向主机汇报，接受主机的指令，切换传感器，并将振动冲击信息传递到主机。

4. 复合传感器

复合传感器能同时检测温度和故障冲击。复合传感器的温度敏感器件采用的是美国 DALLS 公司的数字温度敏感器件 DS18b20，其测温范围为 –55 ~ 125 °C，温度测量误差小于 ± 2 °C；故障冲击检测范围为 100 ~ 10 000 SV，灵敏度 1 μA/10S V。传感器允许的检测对象振动小于 100 g。复合传感器用 M12 的螺栓安装在测点传感器安装孔内。

5. 数字温度传感器

在仅需要检测温度或只能检测温度的地方，配置数字温度传感器，主要包括环境温度监测、主发电机轴承温度监测、抱轴瓦轴承温度监测等。其温度敏感器件采用的是美国 DALLS 公司的数字温度敏感器件 DS18b20，其测温范围为 –55 ~ 125 °C，温度测量误差小于 ± 2 °C。

6. TAX2 走行部监测插卡

对于有 TAX2 的机车，配置 TAX2 走行部监测插卡。该插卡插于 TAX2 的 10 号插槽（即原来轴温报警器插卡位置），与 JK00430 连接的插座为后面板的 X10 插座。通过该插卡，可以将主机监测到的各测点的温度信息、各测点的冲击故障预警信息发送到 TAX2，由 TAX2 将以上信息送到机车计算机显示屏上显示、送到语音装置用声音报警、将预警信息送到车载无线主机后通过 GSM 发送到地面接收站等

7. 专用电缆

传感器连接线用于复合传感器与接线盒之间的连接，用 4 芯屏蔽线，外带塑封金属软管保护，双端带防水航空插头，数量与传感器的数量一致。总线连接线用于接线盒之间、接线盒与主机之间的连接，用 5 芯屏蔽线，外带塑封金属软管保护，双端带防水航空插头，数量与接线盒和主机的数量和一致。

二、JK00430 型监测装置与其他车载设备的信息联通

JK00430 型监测装置通过隔离的 RS-485 数据接口与 TAX2 的轴承监测接口对接，将监测到的轴承温度、冲击故障预警信息实时送到机车司机室状态屏和监控屏上显示，并进行语音提示。通过隔离的 RS-485 数据接口与装置副机对接，将监测到的轴承温度、冲击故障预警信息实时送到副机显示(主机和副机分置机车 1、2 司机室操作平台)。通过隔离的高速 RS-485 数据接口，将行车过程的冲击故障预警信息、温度报警信息通过 GPRS/GSM 移动公网，以短信息的方式向地面管理中心反馈。另外，在机车完成一个交路入库时，全程记录信息通过 2.4G 无线高速网络，自动下载到地面数据分析管理系统，分析的结果用于指导机务段进行状态维修。此外，还具有专用的数据转储接口，通过专用的数据下载器，实现数据的人工下载和系统软件的升级（如图 7-23 所示）。

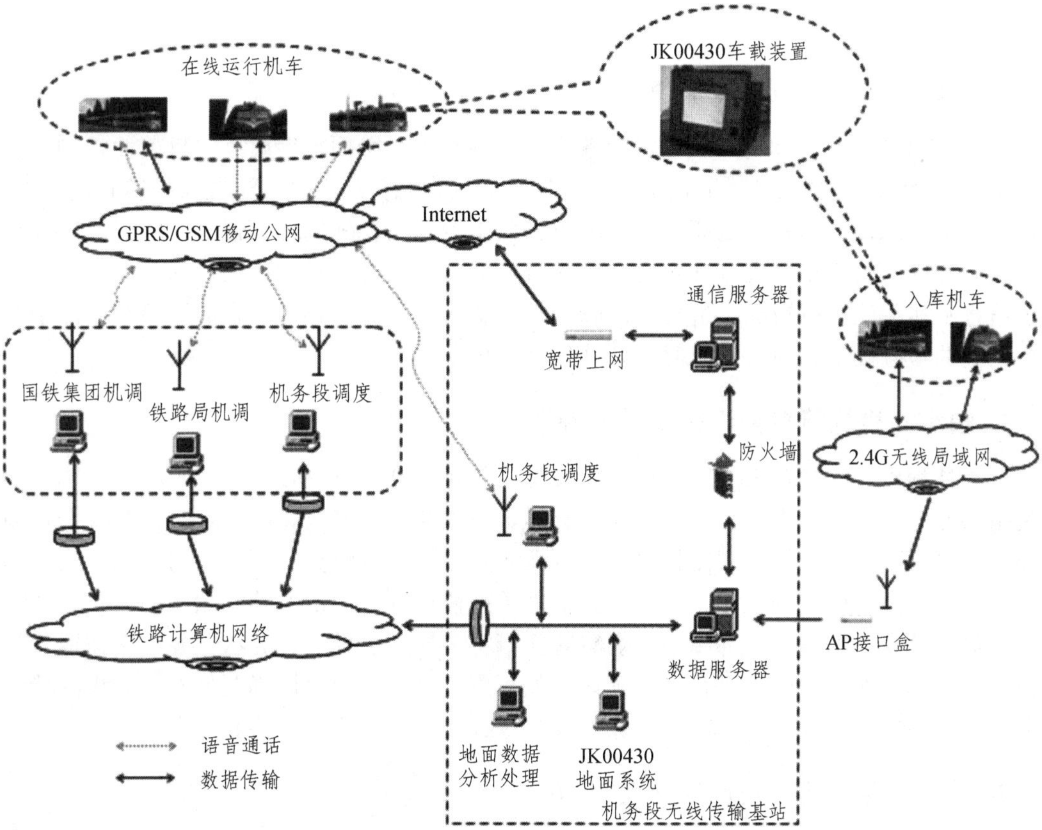

图 7-23 JK00430 型监测装置与其他车载设备的信息联通示意图

三、在线报警时机车乘务员的操作

JK00430 型监测装置是检测机车走行部轴承、传动齿轮及轮对踏面状态，保证机车行车安全的先进技术装备。乘务员必须熟悉 JK00430 型监测装置报警相关的各项功能及使用方法，特别是掌握各测点编号所对应的实际轴承位置，避免出现错判和误判现象。根据 JK00430 型监测装置的监测机理，如果某测点位置有超温故障或冲击故障，则报警应该是相对连续、持久并且是一致的。如果行车过程中是通过语音箱、计算机屏（或监控屏）、副机得到的机车走行部报警信息，则应该同时确认装置主机上同步显示有报警信息，以避免因通信线路的干扰而在主机以外的设备上产生的误报警。凡是运行中发生Ⅱ级报警，机车回段后，乘务员应按规定提票，有关人员应及时确认并排除故障，必要时应扣车处理，故障消除后方准出库。

1. 轴承、齿轮、踏面 I 级故障报警（在线警告）

行车过程中，当 JK00430 型监测装置出现 I 级轴承、齿轮、踏面报警时，主机前面板的“报警 I”指示灯亮，主机显示屏提示 I 级报警轴承、齿轮、踏面的测点位置及报警日期时间。若机车配备了副机，则副机上相应测点故障黄色指示灯亮；对于具有计算机屏（或监控屏）的机车，机车计算机屏（或监控屏）和语音箱将有相应的提示。乘务员应根据提示信息关注报警情况，特别是报警的类型和频度。如果是持续的轴承报警，则应在可能的情况下，在前方停车站停车时进行相应的检查确认，并关注报警级别的发展趋势，在回段后由有关部门进行处理。

2. 齿轮、踏面Ⅱ级故障报警（在线较严重警告）

行车过程中，当 JK00430 型监测装置出现Ⅱ级齿轮、踏面报警时，主机前面板的“报警Ⅱ”红色指示灯亮，主机显示屏提示Ⅱ级报警故障的齿轮、踏面测点位置及报警日期、时间。若机车配备了副机，则副机上相应测点故障红色指示灯亮，副机蜂鸣器响；对于具有计算机屏（或监控屏）的机车，机车计算机屏（或监控屏）和语音箱有相应的提示。乘务员应根据提示信息密切关注运行情况，进行后部瞭望，确认有无异音、异状，在前方停车站停车时应进行相应的检查确认，回段后及时提票处理。

3. 轴承Ⅱ级故障报警（在线严重警告）

行车过程中，当 JK00430 型监测装置出现轴承Ⅱ级故障报警时，主机前面板的“报警Ⅱ”红色指示灯亮，主机蜂鸣器响，主机显示屏提示轴承Ⅱ级报警故障的测点位置及报警日期、时间。若机车配备了副机，则副机上相应测点故障红色指示灯亮，副机蜂鸣器响；对于具有计算机屏（或监控屏）的机车，机车计算机屏（或监控屏）和语音箱有相应的提示。乘务员应根据提示信息立即进行后部瞭望，观察有无烟雾、异音、异味、异状，并应降速运行到前方停车站停车，对故障测点进行人工确认，如不影响运行，回段后提票处理；如果有持续的报警产生并检查时有烟雾、异音、异味、异状等，则应停侧线，等待救援。

4. 轴温超温报警（测点温度大于 90 °C）

行车过程中，当 JK00430 型监测装置出现轴温超温（大于 90 °C）报警时，主机前面板的“报警Ⅱ”红色指示灯亮，主机蜂鸣器响，主机显示屏提示轴温报警故障的测点位置及报警日期、时间。若机车配备了副机，则副机上相应测点故障红色指示灯亮，副机蜂鸣器响，对于具有计算机屏（或监控屏）的机车，机车计算机屏（或监控屏）和语音箱有相应的提示。乘务员应根据提示信息立即对测点温度的正确性进行判断,如果测点温度是持续变化上升的，而不是突变或固定在某高温度值长时间不变化，则可排除传感器故障引起的误报警，应立即采取减速措施，并进行后部瞭望，若轴承温度不再上升且后部瞭望无异常时，可维持运行并密切关注故障轴温的变化趋势，运行至前方站停车检查；若后部瞭望发现异状或轴温迅速上升，应立即停车检查，依实际情况决定是否继续运行。如不能继续运行，为防止故障轴承固死，扩大事故，要马上采取摘车溜轴降温措施，并用电台通知前、后车站。

5. 轴温温升报警（温升度大于 55 °C）

行车过程中，当 JK00430 型监测装置出现轴温温升（大于 55 °C）报警时，主机前面板的“报警Ⅱ”红色指示灯亮，主机蜂鸣器响，主机显示屏提示轴温报警故障的测点位置及报警日期、时间。配备副机的机车副机上相应测点故障红色指示灯亮，副机蜂鸣器响，对于具有计算机屏（或监控屏）的机车，机车计算机屏（或监控屏）和语音箱有相应的提示。乘务员应根据提示信息立即对测点温度及参考温度的正确性进行判断，如果测点温度或参考温度是持续变化的，而不是突变或固定在某温度值长时间不变化，则可排除传感器故障引起的误报警，应立即采取减速措施，并进行后部瞭望，若轴承温度不再上升且后部瞭望无异常时，可维持运行并密切关注故障轴温的变化趋势，运行至前方站停车检查；若后部瞭望发现异状或轴温迅速上升，应立即停车检查，依实际情况决定是否继续运行。应特别注意的是，当参考温度小于 0 °C 时，温升的报警标准是测点温度要≥55 °C，因此，在冬季行车时应对温升报警有足够的重视。

第七节　动车组司机操控信息分析系统

随着我国高速铁路的飞速发展，高铁的安全问题也越来越受到社会各界的广泛关注。动车组司机操控信息分析系统（EMU Engineer Operation Analysisstem，EOAS）正是基于及时掌握动车组司机操控行为作业状态的运用需求，综合运用监测技术、计算机技术、网络通信技术、无线通信技术、数据融合分析技术信息化手段研制而成的，它为加强动车组司机的业务指导管理提供了有效的技术手段。

一、EOAS 的整体架构及设备组成

EOAS 的整体架构分为两层、三级，其中两层包括车载层和地面层。车载层指 EOAS 车载设备，主要负责司机操作及相关数据的综合采集处理、实时传输、存储和转储；地面层分为国铁集团数据中心、铁路局数据中心和机务段设备三级（如图 7-24 所示）。国铁集团数据中心主要实现全路动车组司机操控相关数据的定向实时跟踪、集中存储、分发和查阅；铁路局数据中心主要实现本铁路局动车组司机操控相关数据的定向实时跟踪、全程记录存储和上传；机务段设备主要实现本机务段担当乘务的动车组司机操控数据的定向实时跟踪、全程

记录转储分析和音视频文件存储分析。

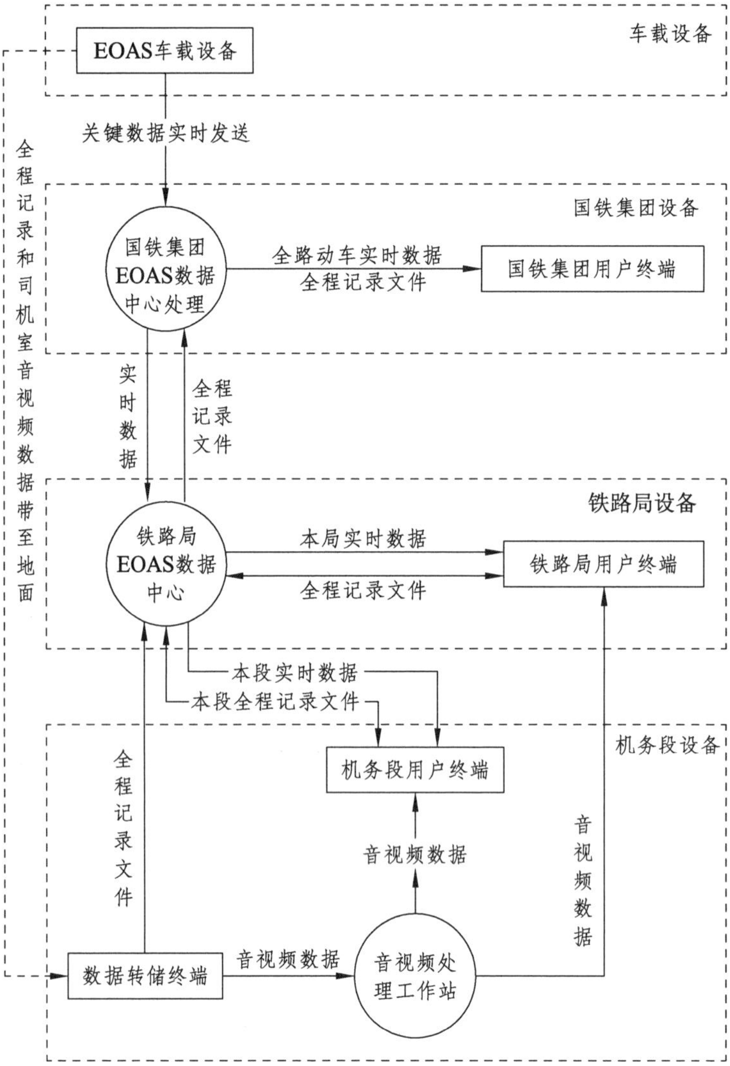

图 7-24　EOAS 系统的架构原理框图

1. 车载设备

EOAS 车载设备通过与列控设备动态监测系统（DMS）、动车组无线数据传输装置（WTD）和机车综合无线通信平台（CIR）设备接口，采集列控车载设备监测信息、车辆信息和无线通信信息，通过在动车组司机室内安装摄像头和拾音器，实现音视频信息的采集。主要包括主机、数据转储装置、司机室摄像头和拾音器、线路摄像机等设备（如图 7-25 所示）。主机由电源接口单元、CPU 核心处理单元、WTD 接口单元、CIR 接口单元、DMS 接口单元、数据转储装置接口单元、安全存储单元和底板单元等组成；数据转储装置负责接收并存储 EOAS 主机发送的 DMS、WTD、CIR 等信息，同时采集音视频数据进行编码、处理后存储；数据转储装置内置 3G /4G 实时传输模块，并设计有转储卡插拔接口，支持数据实时转储和转储卡热插拔；司机室摄像头负责司机操作的视频信息采集，发送给数据转储装置进行处理，支持红外夜视；拾音器负责司机室音频信息的采集，将数据发送给数据转储装置进行处理后存储；线路摄像机负责动车组运行前方视频信息的采集、处理和存储。

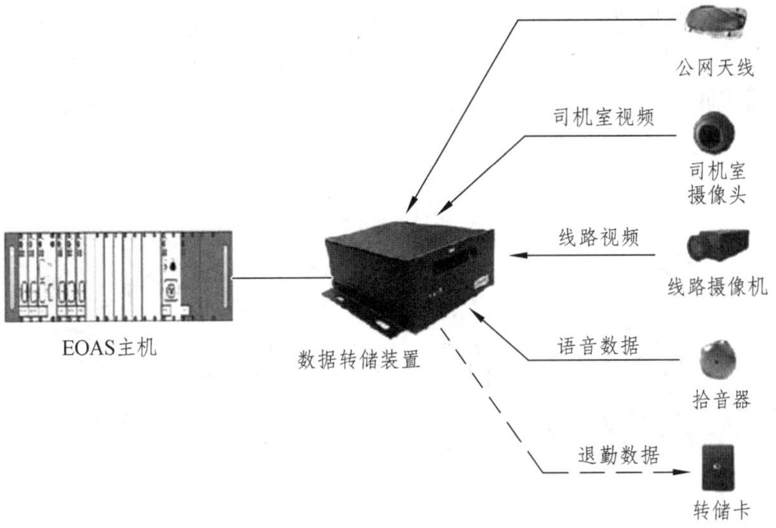

图 7-25　车载设备的组成示意图

2. 地面设备

1）国铁集团数据中心

国铁集团数据中心实时接收全路动车组 EOAS 车载设备所发送的实时数据，含列车运行状态和司机操控关键信息，结合基础数据分析后按照铁路局权限实时分发至各铁路局数据中心。同时，接收各铁路局数据中心上传的全程记录文件并集中存储，支持全路动车组的定向实时跟踪和全程记录文件查阅。国铁集团数据中心主要由数据库服务器、数据接收处理分析服务器、数据应用处理分析服务器、数据分发服务器、数据共享服务器、数据下载服务器、数据存储设备、维护工作站及用户终端等设备组成（如图 7-26 所示）。

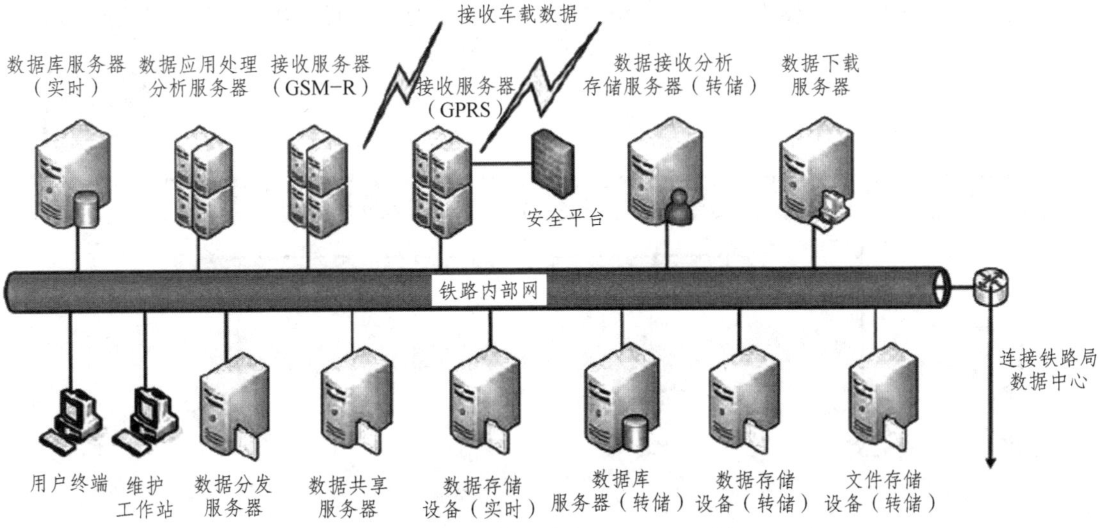

图 7-26　国铁集团数据中心设备组成示意图

2）铁路局数据中心

铁路局数据中心实时接收国铁集团数据中心分发的实时数据和各机务段上传的全程记录文件并集中存储，同时支持本铁路局动车组的定向实时跟踪和全程记录文件查阅，并可将全程记录数据文件上传至国铁集团数据中心。铁路局数据中心主要由数据库服务器、数据应用服务器、数据接收服务器、数据下载服务器、数据存储设备、文件存储设备、维护工作站及用户终端等设备组成（如图 7-27 所示）。

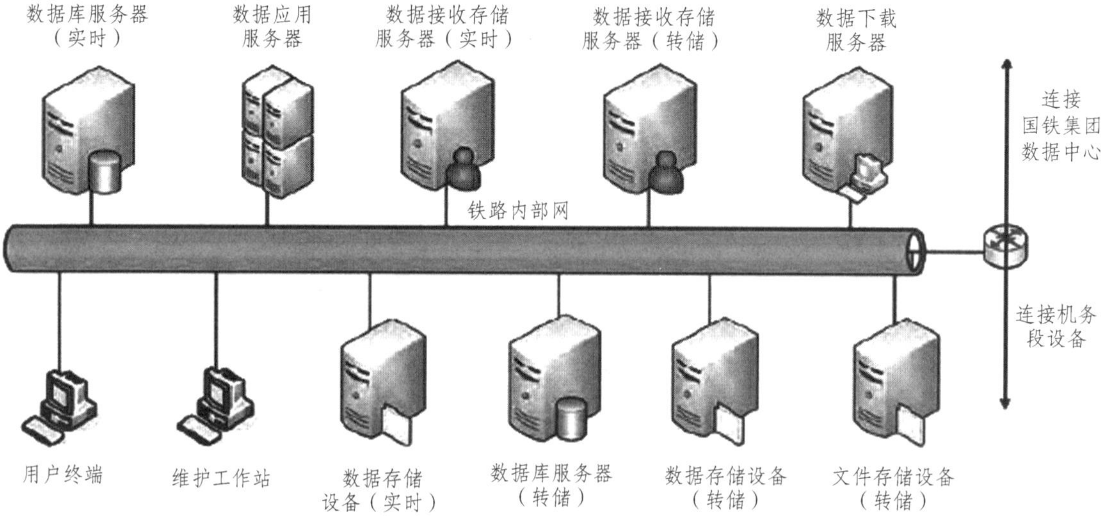

图 7-27　铁路局数据中心设备组成示意图

3）机务段设备

机务段设备主要负责对本段动车组司机值乘全程记录文件进行转储，上传至铁路局数据中心；同时对音视频数据文件进行本地存储，支持铁路局用户通过网络调阅和查询音视频数据；用户终端具备定向实时跟踪功能及转储分析、音视频检索等功能。机务段设备主要由数据传输终端、音视频工作站及存储设备、读卡器、转储卡和用户终端等设备组成（如图 7-28 所示）。

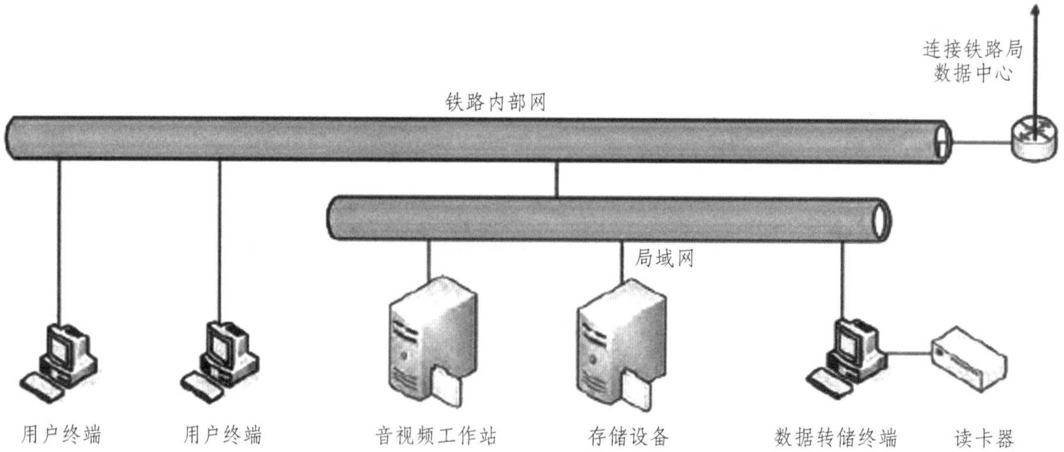

图 7-28　机务段设备的组成示意图

二、EOAS 的关键技术

1. 总线通信技术

（1）以太网总线。EOAS 车载设备针对大数据量传输和通信交互节点，使用百兆/千兆交换式以太网总线传输数据，保证各节点间的有效带宽。总线采用双向独立、隔离的数据传输方式，吞吐数据量大、管理方便、容易扩展，且通信距离远，抗干扰能力强。

（2）总线管理器。EOAS 主机采用总线管理设计，实现对总线各类模块的访问进行集中控制、周期性分配的主—从方式设计，各模块单元即插即用，支持热插拔。总线管理器定期对总线上各模块单元进行同步授时，保持数据操作的同步性和一致性，实现通信数据同步实时编码处理，保证通信稳定可靠。

2. 数据快速、安全存储技术

基于 EOAS 车载设备需要采集的数据种类多、采集频率高、数据量大、数据重要性高的特点，EOAS 系统设计并实现了安全存储模块，能够在列车发生异常等情况下保证关键数据的安全存储。安全存储模块利用铁电存储（Fermelectric RAM，FRAM）技术，不仅具备传统动态随机存取存储器（DRAM）对数据快速读取和写入访问的能力，还具备更强的低功耗写入数据能力；同时，安全存储模块中使用的数据读写校验技术能够保证数据的安全性。系统具备各类司机操控信息数据和音视频数据的综合处理能力和高防护、大容量条件下的连续存储能力。

3. 数据集成、融合、综合分析技术

EOAS 综合接收来自 DMS、WTD、CIR、司机室摄像头和拾音器、线路摄像机等设备的数据，基于 EOAS 时间轴对各类数据提供同步基准，保证各类数据在同步后能够准确。

4. 信息平台技术

在 EOAS 设计和实现过程中，结合机务部门退勤、日勤、专题、抽查、实时的分析制度，建立了国铁集团、铁路局、机务段三级系统地面层架构。其中，实时数据由国铁集团数据中心设备接收、处理和分析后，根据动车组司机编号逐级下发到相应铁路局和机务段，国铁集团、铁路局和机务段均可进行实时定向跟踪。全程记录文件由各机务段设备转储、处理和分析后，逐级上传到铁路局和国铁集团数据中心设备，铁路局和国铁集团可以对全程记录文件进行查阅。整个地面架构设计采用了统一的网络传输控制、数据安全防护和权限设置管理等设计思路，三级系统是有机的统一整体，其架构高效、合理。

参 考 文 献

[1] 曹记胜，王奇钟. 列车制动机操纵若干问题的探讨与建议[J]. 铁道机车车辆，2013(4).

[2] 张卫华，王伯铭. 中国高速列车的创新发展机遇[J]. 机车电传动，2010(5).

[3] 任富争，李如石，等. 地铁列车智能化预警系统的研究[J]. 铁道机车车辆，2018(06).

[4] 张中央. 列车牵引计算[M]. 北京：中国铁道出版社，2019.

[5] 黄问盈. 铁道轮轨黏着系数[J]. 铁道机车车辆，2010(4).

[6] 董锡明. 现代高速列车技术[M]. 北京：中国铁道出版社，2006.

[7] 张中央，孙中央. 关于货物列车制动主管定压统一问题的探讨[J]. 铁道机车车辆，2013(1).

[8] 孙中央，黄问盈. 再论我国列车空气制动力计算参数的成套性原则[J]. 铁道机车车辆，2012(5).

[9] 张建柏，彭辉水，倪大成，等. 高速列车制动技术综述[J]. 机车电传动，2011(4).

[10] 韩才元. 中国铁路内燃机车发展 50 年[J]. 内燃机车，2008(9).

[11] 马承民. 中国内燃机车制造业发展之我见[J]. 内燃机车，2008(1).

[12] 丁荣军. 现代轨道牵引传动及控制技术研究与发展[J]. 机车电传动，2010(5).

[13] 黄成荣，周平，张大勇，等. 大功率交流传动机车驱动系统选型研究[J]. 机车电传动，2010(4).

[14] 钱立新. 世界重载铁路运输技术的最新进展[J]. 机车电传动，2010(1).

[15] 黄志辉，许峻峰. 直驱转向架结构特点与应用展望[J]. 铁道机车车辆，2013(04)：67-69.

[16] 郭尽朝. 同相供电技术在神朔铁路的应用前景研究[J]. 铁道机车车辆，2013(2).

[17] 陆阳，黄金，高翔，等. 高速动车组牵引控制优化技术研究[J]. 铁道机车车辆，2013(2).

[18] 董明，姜悦礼. HXD2 型和 HXD2B 型电力机车电传动系统技术比较[J]. 机车电传动，2013(5).

[19] 李云召，陈晓峰，陈喜红，等. 33t 大轴重电力机车转向架构架的研究[J]. 铁道机车车辆，2013(6).

[20] 郭淑英. 永磁同步传动系统现状及应用[J]. 机车电传动，2014(3).

[21] 武新杰，段金辉. 行车安全装置操作与维护[M]. 北京：中国铁道出版社，2013.

[22] 铁道部运输局. 列车防护报警和客车列尾系统主要技术条件（V1.0），（运基通信[2009]690 号）.

[23] 申瑞源. 动车组司机操控信息分析系统（EOAS）设计与实现[J]. 中国铁路，2016(8).

[24] 张雄飞. 国内外永磁电机直接驱动式转向架的发展[J]. 机车电传动，2020(03)：01-07.

[25] 王青元，赵紫宁，等. 两万吨重载列车空气制动过程建模[J]. 机车电传动，2022(04)：70-76.

[26] 董克毓，魏伟. 万吨重载列车在神朔段长大下坡道循环制动优化[J]. 大连交通大学学报，2017(01)：14-20.

[27] 中国国家铁路集团有限公司运输部. 铁道概论[M]. 北京：中国铁道出版社，2022.

[28] 亢磊，刘琨，等. 350 km/h 高速货运动车组制动系统研制[J]. 大连交通大学学报，2020，41(06) 28-34.